汉字美学

顾 易　张中之　著

图书在版编目（CIP）数据

汉字美学/顾易，张中之著. —广州：广东教育出版社，2017.10
ISBN 978-7-5548-1976-0

Ⅰ. ①汉… Ⅱ. ①顾…②张… Ⅲ. ①汉字—美学—研究 Ⅳ. ①H12

中国版本图书馆CIP数据核字（2017）第230326号

责任编辑：赖晓华　姚健燕　渠　汛
责任技编：佟长缨　刘莉敏
书籍设计：赵焜森　钟　清　张雪烽

HANZI MEIXUE
汉 字 美 学

广 东 教 育 出 版 社 出 版 发 行
（广州市环市东路472号12-15楼）
邮政编码：510075
网址：http:// www.gjs.cn
广东新华发行集团股份有限公司经销
广州市岭美彩印有限公司印刷
（广州市荔湾区花地大道南海南工商贸易区A幢）
787毫米×1092毫米　16开本　28印张　359 000字
2017年10月第1版　2017年10月第1次印刷
ISBN 978-7-5548-1976-0
定价：98.00元
质量监督电话：020-87613102　邮箱：gjs-quality@gdpg.com.cn
购书咨询电话：020-87615809

汉 字 美 学
Hanzi Meixue

气质美如兰，才华馥比仙
——从『美』字说起

真、善、美是人类社会所追求的理想境界，于是，与之相适应的有智育、德育和美育，这"三育"是培人育才的三项基本内容。

美，是每个人所向往的东西，美食、美衣、美貌、美心是人们梦寐以求的东西。

我们非常敬佩先贤的睿智。他们造了一个"美"字，深刻地表达了中华美学的基本内涵和独特审美情趣。

"美"字上"羊"下"大"，是一个会意字，文字告诉我们如何去感受美，发现美，体验美。

"美"发端于味觉体验。"美"从羊，这是指羊羔，羊羔鲜嫩可口，美味无穷。中国人以"食为天"，对"美"的体验首先是从味觉开始的。《说文解字》曰："美，甘也。"清代段玉裁注曰："甘者，五味之一，而五味之美皆曰'甘'。"古代称甘、酸、苦、辛、咸为"五味"，甘甜的味觉体验显然最受人们喜爱，故以甘为"美"。古人对于舌尖上的美味，可谓大有心得！

在生产力尚未发达的上古社会，羊是常见的畜产，是祭祀等活动中的常见物品，也是日常生活中的主要副食品。肥壮的羊肉质佳、易烹调，吃起来非常美味，所以称之为"美"，而且"引申之，凡好皆谓之美"。这体现了古人对丰裕的物质条件的追求，也反映出人们在味觉上的的审美心理。

"美"是独特的视觉享受。从字形上看，"羊""大"合而为"美"，五代徐铉解释说："羊大则美。"古人以体积较大的羊为美。这说明中国传统审美观念注重一种以大为美的视觉体验。

人们赞美大自然中的大美物象，孔子曾说自己"登东山而小鲁，登泰山而小天下"；庄子在《逍遥游》中想象出其身之大"不知其几千里也"的大鲲、大鹏；唐代诗人王维描绘了"大漠孤烟直，长河落日圆"的塞上美景；明代的陈白沙欣赏"鸢飞鱼跃"的自由美好的画面。

"美"更是一种心觉境界。"美"字的上部是"羊"，象羊首之形，下部是"大"象人站立之形。"美"字就像一个人头上戴着羊头形状的装饰物一样。《说文解字》曰："羊，祥也。"它有吉祥如意的寓意，这反映了古人对于美的心理体验。

"祥""义（義）""善"等关于心觉的词语，皆从"羊"，它们都与"美"有密切的联系。《说文解字》说："美与善同意。"就是说，"美"不仅是一种心觉境界，也是一种关乎道德价值的判断。中国传统文化中关于"美"的理解，既出于道义，又最终回归于道义。如《论语》："里仁为美。"《荀子》："其民愿，其俗美。"《管子》："天地之美生。""美"不仅落实于人的个体，而且体现在社会群体之中，体现了一种传统社会秩序的和谐之美。从这一点看，中华美学与西方美学是相通的。康德说："美，是道德上的善的象征。"别林斯基说："美都是从灵魂深处发出的。"

古罗马的朗加纳斯的《论崇高》，即从修辞学的角度论述了崇高美的特质。他认为崇高风格是由庄严而伟大的思想、强烈而激动的情感、藻饰的技法、高雅的措辞和堂皇卓越的结构等因素形成的，是一种"激昂慷慨的喜悦"，一种"措辞的高妙"。

总之，追求眼、耳、鼻、舌、身等感官上的愉悦感，是人的本性，也是"美"的最初形态。当然，这种感官体验的背后，潜藏着人们对生命本源的追溯，对仁、义、礼、智、信、勇、忠、孝等道德美的某种强烈的憧憬和思慕，进而得到一种精神境界之升华。美的体验是由外到内的过程，是形态美与心灵美的结合。因此，《红楼梦》有"气质美如兰，才华馥比仙"的比喻。

德国哲学家鲍姆加登被称为"美学之父"，他首次提出了"美学"的概念，并以《美学》一书开创了美学这门独立学科。关于"美"的界限和范畴，一直是美学史上的重要命题，对此，追溯鲍姆加登的理论，可以给我们较大的启示。

1735年，年仅21岁的鲍姆加登在他的博士论文《关于诗的哲学默想录》中第一次提出了"Aesthetica"的名称。他企图创立的是研究人的感性思维、感受能力乃至感官机能的学科——感性学。这一学科名称在近代传入日本，当时的日本学者借用汉字的"美"，将其翻译作"美学"。后来，中国亦沿用"美学"的提法。由此可见，"美学（感性学）"的最初内涵，是以人的感性为研究对象的。"美"与人的感官体验有密不可分的联系。

传统的美学理论承认人体感官在审美中的感受。人的感觉有视觉、听觉、嗅觉、味觉、触觉之分，它们是来自人的眼睛、耳朵、鼻子、舌头、皮肤等不同的感受器所产生的某种神经冲动的过程。事实上，大部分人都能体会到由感官而获得的某种愉悦的体验。

通过人体感官获得美感，不仅是人类童年时期的审美特征，而且体现了人类个体本能的审美。早期的美学家已经注意到了这一现象。柏拉图在《大希庇阿斯篇》中就提到，"美"这种快感是由视觉和听觉产生的。普洛丁也提出："美主要诉诸视觉。以文词的安排和各种音乐来说，则诉诸听觉。"阿奎那、黑格尔等哲学家，亦把视觉和听觉视为与"美"关系最密切的感官。

当然，不仅视觉与听觉能够带来愉悦的感官体验，味觉、嗅觉、触觉等感官知觉也能提供一种审美空间。例如，在欣赏香水、鲜花时，我们的嗅觉感官会更加愉悦；在品评美酒、佳肴时，我们的味觉体验会更加突出；在接触雕塑、布料、瓷器等工艺品时，触觉能够让我们得到更多收获……正如美学家鲍桑葵所说："如果味觉、嗅觉、触觉、热和冷的领域中有任何东西具有同美的价值相似的话，可以肯定……是最富于暗示性的感觉，也就是最富于联想的感觉。"

　　视觉、听觉、嗅觉、味觉、触觉等人体感官体验,往往被视为审美的前提。这在中国传统文献中亦有所体现。《孟子》中说:"口之于味,有同耆(嗜)焉;耳之于声,有同听焉;目之于色,有同美焉。"这是强调各种感官与美感的联系。《淮南子》中记载:"六律具存而莫能听者,无师旷之耳也。"这是强调听觉之美。《诗经》:"手如柔荑,肤如凝脂,领如蝤蛴,齿如瓠犀,螓首蛾眉。"这是描写触觉之美。

　　当然,人体感官是审美的重要渠道,但是审美状态中的感官体验,并不仅仅是眼、耳、鼻、舌等感官本身的满足,而且也有心理和精神上——即心觉上的满足。前后二者在审美活动中是融合无间的。所以,我们犹须在视觉、听觉、嗅觉、味觉、触觉之外引入"心觉"的概念。车尔尼雪夫斯基说:"人的生命不应分割为彼此不同的两半,各有不同的本性;人的活动无论在哪一方面都应该看作是他的从头到脚的全部身体器官的活动。"表面上,审美只是某一个感官的活动,而实际上它依赖于全体感官。感性与理性、心理与生理、肉体与精神在生命里是统一的。

　　自仓颉造字以来,汉字以其浩瀚广博书写着华夏历史,以其精巧睿智注解着中华文明。"烟雨、杏花、江南""枯藤、老树、昏鸦"……一个个看似固执呆板的方块字,却成就了中国人

文之美。

汉字是中华民族文化的活化石。它走过甲骨成泥、钟鼎斑驳、竹简绢帛的古老岁月，时至今日，依然是有着鲜活的生命。西洋美术重视线条美，但是拉丁字母等单调的线条，却远逊于汉字的富丽错综。汉字有象形、指事、会意、形声、转注、假借"六书"。真草隶篆行五体，或棱角分明，或珠圆玉润。历代书家为之挥毫泼墨，或沉重古朴，或飞扬婉转，或森严宏大，或肆意狂放，这些书写线条皆是时代美学的集中表现。

汉字是形、声、义相统一的象形文字，不仅有造型之美，而且有音韵之美、意蕴之美。汉字以其独特的平仄、声调，谱写着一种根植于中国人生命的旋律与节奏。另外，汉字的灵魂与天地万物联系在一起，它反映了我国先民对自然宇宙的理解，蕴含着丰富的哲学内涵。可以说，每一个汉字，都是一首诗、一幅画，皆能妙发性灵，给人带来"美"的享受，它不仅是个符号，而且是一件件美妙的艺术品。

汉字构建了中华儿女的文化人格和心灵图谱，是中华美学研究不可或缺的文献资源。汉字造字的"象"思维，体现在中国人的审美意识中，就是强调审美过程中主客二体的融合，注重物我共美的愉悦体验。汉字的审美价值，正是根源于汉字独特的表意性质、完善的形体结构及其深厚的文化意蕴。传递汉字的美学价值，这正是我们写《汉字美学》这本书的初衷。

《汉字美学》一书共分六卷，从味觉、视觉、听觉、嗅觉、触觉到心觉去阐述汉字的美学意象。每卷对应不同的感官体验，选取若干汉字，从美学的角度进行解说。这种逻辑架构暗合于鲍姆加登关于"美学（Aesthetica）"的学术观点，具有一定的理论基础，这是对中华美学思想研究的一个新探索。

习近平总书记在文艺工作者座谈会上的讲话中强调，追求真善美是文艺的永恒价值。这也正是汉字中所体现的中华美学精神的精义所在。本书内容将汉字与美学融为一体，以独特的视角烛照"美"，用汉字揭示中国传统审美思想——什么是"美"、如何发现"美"、如何创造"美"。本书试图通过对汉字美学的研究，窥探中华美学的核心精神，如自强不息、厚德载物、天下为公、民为邦本、仁者爱人、兼济天下、融通创新、和谐共生等美好精神特质。我们愿借此汲取向上、向善的精神力量，学会发现美、感悟美、表现美。

衷心感谢阮清钰同志对本书的写作提出宝贵的意见，感谢童文霞、林成伟、钟珺同志协助收集资料和录入手稿，付出了辛勤的劳动。

作者于广州东湖畔

2017年5月28日

目录

卷一 味觉之美

品	品画先神韵　论诗重性情	003
味	细嚼清闲滋味别	011
鲜	鱼腊鲜兽皆如初	019
甘	久旱逢甘霖　他乡遇故知	027
酸	对酒不能言　凄怆怀酸辛	035
咸	白盐海东来　美豉出鲁门	043
苦	艰难苦恨繁霜鬓	051
粗	粗茶淡饭饱即休	059

卷二 视觉之美

文	文章焕以粲烂兮	069
素	梨花院落溶溶月	079
清	河水清且涟猗	087
奇	奇文共欣赏　疑义相与析	095
秀	兰有秀兮菊有芳	103
长	长风破浪会有时	113
灿	忠诚表壮节　灿烂千古后	123
工	功夫深处独心知	131
苍	吾君利物心　玄泽浸苍黔	139

001

卷三 嗅觉之美

- **香** 稻花香里说丰年　　149
- **芬** 野芳发而出香　　157
- **兰** 幽兰生前庭　含熏待清风　　165
- **淡** 淡妆浓抹总相宜　　173
- **浓** 态浓意远淑且真　　181

卷四 听觉之美

- **听** 夜阑卧听风吹雨　　191
- **音** 五音纷兮繁会　　201
- **平** 地平旷野连云直　　209
- **动** 若纳水辀　如转丸珠　　217
- **静** 深院静　小庭空　　225
- **曲** 曲折有如九回肠　　233
- **琴** 乐琴书以消忧　　241
- **弦** 行披带索衣　坐拍无弦琴　　251
- **歌** 从事因高唱　秋风起处闻　　259
- **豪** 男儿到此是豪雄　　267
- **谐** 事体和谐四海春　　275

卷五 触觉之美

厚	厚人而薄财　损上以益下	287
刚	劲节刚持君子操	297
柔	杨柳未堪折　柔条时倚风	305
顺	人生半哀乐　天地有顺逆	313
轻	竹杖芒鞋轻胜马	321
温	言念君子　温其如玉	329
凉	天阶夜色凉如水	337

卷六 心觉之美

善	清高宜养性　善事好相兼	347
神	神欢体自轻　意欲凌风翔	355
福	福兮可以善取	365
安	心安身自安　身安室自宽	375
吉	似春知道　吉梦佳辰到	383
仁	仁义为友　道德为师	391
和	松籁万声和管磬	399
孝	妻贤夫祸少　子孝父心宽	407
智	智足以周知　仁足以自爱	415
武	贫贱不能移　威武不能屈	423

味觉之美

品，众庶也。——《说文解字》

品画先神韵
论诗重性情

唐代诗人卢仝有一首《七碗茶歌》，写出了品饮新茶给人的美妙意境："一碗喉吻润，二碗破孤闷。三碗搜枯肠，唯有文字五千卷。四碗发轻汗，平生不平事，尽向毛孔散。五碗肌骨清，六碗通仙灵。七碗吃不得也，唯觉两腋习习清风生。"一杯清茶，让人润喉、除烦，越品越有味，进而获得超凡脱俗的宽大胸怀，甚至达到了羽化登仙的美好境界。

在今天略显浮躁的社会，我们尤应学习古人的生活态度。古代的名士最善于品味生活，一张琴、一壶酒、一首诗，便能从闲适中寻得找回生命本真。作书赏画时，泡一壶好茶，闲时慢慢品，品出书画之真意、人生之真谛，亦可谓是人生一大乐事。

品，会意字。

甲骨文的"品"字写作三个"口"，"口"是嘴巴的意思。金文承续了甲骨文字形，篆文则更呈整齐化。《说文·品部》："品，众庶也。"意谓"品"表示人口众多的样子。段玉裁解释说："三人为众，故从三口。"古人造字，用一张嘴巴象征一个人，所以，"品"的本义便有众多之义。另外，"品"有品尝、品味之义，在这种运用官能去感受美的方式中，人们渐渐追寻更高层次的人生意义。因此，"品"被赋予更多的美学含义，成为中国古典美学鉴赏理论的一个重要范畴。

一口一口　细细品鉴

"品"字由三个口组成，这说明"品"字的内涵与味觉有关。这种来自最原始的审美意识是在生活环境与实际体验中产生的，我们也可以将它理解为一小口一小口地啜食，慢慢地辨别滋味，享受食物。这说明，人们在"品"食物的时候，已经超越了原始社会最初填饱肚子的阶段，而进入审美、享受的境界。美食品评师对美食的品鉴，亦有循序渐进的流程，他们往往要先观察食物的"颜值"，闻闻食物的味道，接着动用食具切下食物进行品尝，细嚼慢咽，吃得很少、很慢，通常认真品味一道菜需要花费半小时以上的时间。因此，我们可以理解"品"在审美范畴中的第一层的意思——审美不是一蹴而就的，而是一种渐入佳境的过程。

在中国传统美学中，"品"包含审美体验、鉴赏、品评、品第和确立范式四个方面的审美层次要求。这意味着，"品"字融合了一种审美理想，体现了人们对文学艺术的鉴赏从被动接受转向主动批评的过程。与西方美学严谨的理论体系相比，中国传统文艺批评多以散漫的方式进行评价，而有标准，即"确立范式"这样的一种评价思路极为少见，"品"是一个极具有开放性的系统，在一定程度上表现了我国古代文艺鉴赏的思维特征。

明代冯梦龙在《东周列国志》中描写了人们品味乐曲的状态："才品一曲，清风习习而来。奏第二曲，彩云四合……"与品曲用法相同的，还有品诗、品词、品书、品碑、品心……可见，"品"的美学意义涵盖了诗、词、曲、画、书法、文章等各个文学艺术范畴，"品"的语义特征在行为鉴赏评价艺术类中得到广泛运用。因此，"品"的语义特征主要是评论、衡量、鉴别、玩味等。

众口调和，品出境界。"品"字从三"口"，在中国传统文化中，"三"是实数，也是虚数，虚指往往言其多。《易经·乾》："品物流形"中的"品"即释为"众多"。因此，我们可以理解"品"在审美范畴中的第二层次的意思：审美强调美的大众性，它不是小美，而是一种大美。

俗话说：众口难调。什么样的味道能堪称上品、堪称大美？这恐怕要从中国传统思想中寻找答案。《礼记·中庸》："喜怒哀乐之未发谓之中，发而皆中节谓之和；中也者，天下之大本也，和也者，天下之达道也。"意谓人的喜怒哀乐没有失去控制，叫做"中"；喜怒哀乐情绪表现出来的时候，能够恰到好处，叫做"和"。"中和"之道是天下最大的根本，也是大道之所在。中庸之道，指不偏不倚，折中调和的处世态度。《论语·雍也》："中庸之为德也，其至矣乎。"

中国传统思想把天下万物分为阴阳二极，阳为刚，阴为柔；推之于审美，则体现为阳刚之美与阴柔之美。阳刚与阴柔的协调，即是一种"中和"之美，中和之美堪称大美，是中国古典艺术的理想境界。清人刘熙载说，"大凡沉着屈郁，阴也；奇拔毫达，阳也"，"书要兼备阴阳二气"，"阴阳刚柔不可偏陂"，皆是强调刚中有柔、柔中有刚、婉而愈劲、婀娜中含遒健"中和"的审美境界。

中和之美为何能堪称大美？因为这是一种"崇高"的美。中和之美突出了审美过程中主体与客体、人与自然、感性与理性及各种形式美的因素的协调统一，给人以愉悦、轻松的审美快感。中和之美是处于优美与壮美两极之间刚柔相济的综合美。其意蕴刚柔兼备，情感力度适中，杂多或对立的审美因素和谐统一，具有含蓄、典雅、静穆等特性。

从中国传统的审美角度来看，儒家美学、道家美学、佛家美学都追求"天人合一"的核心思想，认为天、地、自然的节奏律动与人内在生命的运转相协调。"中和"理论不仅是儒家思想的核心，也是中国传统文化的思想精神。

品字结构　美学范式

"品"字三"口"相叠，如金字塔形，外形非常美观。在汉字中，如"品""众""晶""磊""森"这样由三个相同的单字以等边三角形的结构组合而成的字，我们通常称之为"品字结构"。品字结构本身具有美的特质。李宏《牌匾"品"类字号小议》以牌匾"品"类字号为探讨对象，提出了"品"式字令人垂青的三个原因：第一，取其多、大、盛之义，图吉利；第二，结构对称，有美感；第三，大部分"品"式字不常见，有神秘感。从某种意义上说，三者相叠加，符合一种天、地、人"三才"一体的传统哲学内涵，具有相当的精神厚重感。因此，我们可以理解"品"在审美范畴中的第三层次的意思：审美是有一定的范式的。

观乎"品"字，三个"口"字高下不一，排列有先后，这即象征着一种品类、一种评价，它往往遵循某种美学范式，体现了某种美学价值观。

以"品"论诗，如唐代司空图的《二十四诗品》，他以雄浑、冲淡、纤秾、沉着、高古等二十四"品"为审美标准来论述诗歌的意境美和风格美。由此，"品"成了中国古代文论、古代美学中表示艺术风格的核心审美范畴之一，它与"气""骨""韵""神""逸"等术语构成一个审美范畴群落。

以"品"论画，首见于南齐谢赫的《古画品录》。他以六"品"诠释当时画家，将画家分为六个等级。谢赫在序中说道："六法者何？一气韵生动是也；二骨法用笔是也；三应物象形是也；四随类赋彩是也；五经营位置是也；六传移模写是也。"以"品"鉴画是中国古代美术批评的重要方式，它为中国艺术史留下了丰富的理论遗产。

画中的逸格最为美妙。唐人朱景玄撰《唐朝名画录》，以逸、神、妙、能四品评画，由高向低次第排列。朱景玄觉得张怀瓘的《画品断》，以神、妙、能三品，定出了上、中、下之格调，但是犹有不足之处："其格外有不拘常法，又有逸品，以表其优劣也。"于是，他以逸、神、妙、能为品画的审美范式，逸格由此成为宋元时期品画的风向标，"神品"已然不多，而"逸品"更是凤毛麟角了。

清代的袁枚对诗画的品鉴用两句话来概括："品画先神韵，论诗重性情。"说出了诗画品鉴的核心内容，即"神韵"和"性情"。

品画先神韵
论诗重性情

味觉之美

汉字简说

尝

·小篆·

> 尝一滴之咸而知沧海之性，窥寸隙之光而见日轮之体。
>
> ——明·宋濂《松风阁记》

"尝"是形声字，《说文解字》曰："尝，口味之也。""味"作动词，意谓"尝"的意思是用嘴巴去品尝、感受食物的味道。"尝"的繁体字写作"嚐"，从旨，尚声，"旨"即有主旨、要旨、旨味、旨趣之义。用嘴巴辨别滋味，是为了更好地了解食物的独特美味。"尝"是一种具体实践、用心体验的过程，故而又引申出以"尝"字表示经过、经历，以"未尝"表示未曾经过。另外，"尝"还有尝试之意。这说明古人非常强调实践、体验的重要性。

美学散步 | 书画廊

唐·吴道子《送子天王图》（局部）

吴道子是唐代著名画家，人称"画圣"，他擅画佛道、人物，尤精壁画创作。他曾随张旭、贺知章学习书法，通过观赏公孙大娘舞剑，体会用笔之道。

《送子天王图》是吴道子的代表作之一。画面中的人物虽多，但表情各异，一张一弛，节奏起伏，人物的衣服飘带如迎风飘扬，笔势圆转，后人称赞它有"吴带当风"之美。唐代绘画中流行兰叶描，形态外柔内刚，粗壮者挺拔有力，精细者委婉柔丽，与吴道子线描的美学特质一脉相承。

宋代苏轼这样品评吴道子的绘画艺术："诗至于杜子美，文至于韩退之，书至于颜鲁公，画至于吴道子，而古今之变，天下之能事毕矣。"苏轼此语，不仅品诗、品文、品书、品画，而且高屋建瓴地以艺术史学的眼光评价吴道子等人的美学价值，可谓绝妙之"品"。

味,滋味也。——《说文解字》

细嚼清闲滋味别

大型美食类纪录片《舌尖上的中国》用充满情怀的镜头记录下了中国各地美食生态，触动了无数中国人的味蕾。这部纪录片唤起人们日思乡想的味道，那是历史的味道、时间的味道、家的味道。食物的丰盈诱人、朴实的画面和生活场景引发了广大观众的共鸣，有观众这样留言："每次想家，就馋家里街角处的开元米粉，香浓的汤底，细腻的粉质，老板不会吝啬加多一勺海带汤，这就是四川绵阳。舌尖上的中国就是思乡的情怀。" 在这里，味不仅是一种单纯的感官享受，而且也为人们带来情感上的共鸣。品味的过程，实际上也是一个审美的过程。

味，会意字。

《说文解字》："味，滋味也。"

从口，未声。"清代段玉裁解释说："滋味多也。"意谓"味"的意思是味道很多，很丰富。古代有"五味"之说，五味，即酸、苦、甘、辛、咸五种不一样的味觉体验。五味调和，是创造味觉之美的基础。"滋"有增加、生长之意，这是食物在口中产生味道的过程。未，既是声旁也是形旁，表示将要但还没发生，"口""未"结合，或可理解为食在口中，未下咽时的感觉，即是品尝、辨别滋味，正所谓"五味之变，不可胜尝也"。

味觉的愉悦感是美的最初体验

味字从"口"，即人的嘴。古人把来自嘴巴味觉的愉悦感看作是"美"的最初体验。孟子借告子的口曰："食色，性也。"食，饮食，中国人最初的审美意识大概起源于味觉。美学大师朱光潜先生在《谈美书简》中说："艺术和美也最先见于食色。汉文'美'字就起源于羊羹的味道"。日本学者笠原仲二的专著《古代中国人的美意识》中提到："中国人最原初的美意识确是起源于味觉美的感受性"。在中国古典美学中，美感理论是以"味"作为中心范畴的。中国人讲究"民以食为天"，"味觉"把饮食与礼制联系起来——《礼记·礼运》说："夫礼之初，始诸饮食"。

"味"从本质上说是一种通过味觉而展开的主体审美活动，而这种主体审美最初强调的就是"本味"。据《吕氏春秋·孝行览第二·本味篇》记载："凡味之本，水最为始。五味三材，九沸九变，火为之纪。时疾时徐，灭腥去臊除膻，必以其胜，无失其理。调和之事，必以甘酸苦辛咸，先后多少，其齐甚微，皆有自起。鼎中之变，精妙微纤，口弗能言，志不能喻，若射御之微，阴阳之化，四时之数。"《本味篇》的"本味"，主要指烹饪原料的自然之味，二是指经过烹饪而出现的美味，即五味调和。所谓"凡味之本"中的"本"字，就是指调味乃制作

肴馔的根本。

广东菜世界闻名，其中有一大特点就是讲究原汁原味。例如，烹饪海鲜最常见的做法是，通过清蒸、水煮等方式，搭配适当的火候，以保持海产品鲜甜的原味。成语"原汁原味"，即指食物原有的味道和汤汁，后来用以比喻事物本来的、没有受到外来影响的风格、特性等。

老子《道德经》曰："为无为，事无事，味无味。"老子的"无"是核心，"有"是发展。"无"是万事万物所共有的本质，"有"则是各个层次不同的区别。因此，"无为"就是最高层次的"为"，是基于"道"的"为"。"无事"也是最高境界的"事"；"无味"就是最高境界的"味"。活出本色，品味无味之境，堪称滋味盎然。

品味是五官的复合体验

味从"口"开始而入，不止于口，品味食物，不仅调动了味觉的感官机能，而且是一种高级的五官的复合体验。人们品尝美食，往往在食物未入口前，先以观、闻，甚至听（菜名）等方式，正如《说文解字》中所说的"滋味"，"味"是通过全方位动用各种感官系统而滋长、发散出来的。可以说，视觉、听觉、嗅觉、触觉，乃至心觉，皆有"味"。

钱锺书先生这样解释"通感"："在日常经验里，视觉、听觉、触觉、嗅觉、味觉往往可以彼此打动或交通，眼、耳、舌、鼻、身各个官能的领域可以不分界限。颜色似乎会有温度，声音似乎会有形象，冷暖似乎有重量，气味似乎有锋芒。"这说明通感这种五官复合体验的产生，是具有一定生理基础的。

从饮食文化上看，我国烹饪很早就注重品味情趣，要求食物色、香、味俱全，而且对菜式的命名、品味的方式、进餐时的节奏、娱乐的穿插等都有一定的要求。中国菜肴的名称可以说出神入化、雅俗共赏。如"全家福""将军过桥""狮子头""叫花鸡""龙凤呈祥""鸿门宴""东坡肉""佛跳墙"等,这些菜肴名称,既有根据主、辅、调料及烹调方法的写实命名,也有根据历史掌故、神话传说、名人食趣、菜肴形象来命名的,充满趣味。

古人很早就把"味"与听觉、视觉联系在一起,《论语·述而》曰:"子在齐闻《韶》,三月不知肉味。"《礼记·乐记》:"《清庙》之瑟,朱弦而疏越,壹倡而三叹,有遗音者矣。大飨之礼,尚玄酒而俎腥鱼,大羹不和,有遗味者矣。是故先王之制,礼乐也,非以极口腹耳目之欲也,将以教民平好恶,而反人道之正也。"上古时期,鱼、肉资源较稀缺,而在儒家观念中,口腹之快感比不上音乐之美,礼乐的秩序美又与治国为政之道联系起来,由此可见,"味"的审美趣味有了更高层次的审美领域。

玩味是文学艺术的一种审美旨趣

"味"如果仅仅作用于感官,则无法获得立体性的感官体验。"味"是一种"把玩"的状态,也是更高层次的主体的审美活动。关于"味"的理论由实到虚、由生活到艺术,运用于艺术、道德、文学、科学等领域,逐渐成为一种普遍形态的审美感性,也成为中国古典美学中的核心内容。

"味"的概念屡屡见与古代文论中,而一些重要的批评概念至今仍在沿用,比如"以味说诗""味外之旨"等,这些概念大大扩展了文学审美的话语空间。它逐渐从饮食文化延伸到中国文学领域。

魏晋南北朝已经有文论家将"味"引入诗文理论中,用来表述文学的审美特点。陆机《文赋》云:"或清虚以婉约,每除烦而去滥,阙大羹之遗味,同朱弦之清泛。虽一唱而三叹,固既雅而不艳。"南朝画家宗炳首

次把"味"用于画论,他在其绘画论著《画山水序》中说:"圣人含道映物,贤者澄怀味像。"所谓"味像",就是鉴赏客观的自然物。这里的"像"是审美客体。

钟嵘的《诗品》是我国最早的一部诗歌理论专著,其中也用到"味"和"滋味"。他认为,诗之滋味在于"指事造形,穷情写物,最为详切"。钟嵘创造了以"味"评诗的审美标准和从辨味入手的评诗方法。如何评价诗歌作品的优劣,他的办法是"辨味"。"辨味",就是辨识诗美的不同品格,评论其诗的得失成败。由此,品味、体味、玩味、吟味、解味、韵味、意味等方式真正进入了文学批评领域。

晚唐司空图有"诗味说"。他的《二十四诗品》评价了二十四种诗歌品格,其实即是表现了诗歌的二十四种味。他在《与李生论诗书》中说:"文之难,而诗之难尤难。古今之喻多矣,而愚以为,辨于味而后可以言诗也。"他强调"味外之旨",即味外之味。以"咸酸之外"喻"醇美"之旨,以全美之工喻"味外之味"。强调诗歌的味长,"有余意者谓之韵""韵外之致""味外之旨",即味在"咸酸之外",它超越于各种具体的味,味在诗外。

王国维屡屡在《人间词话》中运用"味"来评词,他认为姜夔"古今词人格调之高,无如白石,惜不于意境上用力,故觉无言外之味,弦外之响"。

由此可见,"味"在文学艺术中的审美范畴大略有两个方面:一是指主体的审美活动(观照、体验),二是指客体的美感力量(滋味、韵味)。"味"经过了一种由生理到心理,从生活到艺术的演化、升华的过程。正如作家汪曾祺先生在《葵·薤》所说:"许多东西,乍一吃,吃不惯,吃吃,就吃出味儿来了。你当然知道,我这里说的,都是与文艺创作有点关系的问题。"

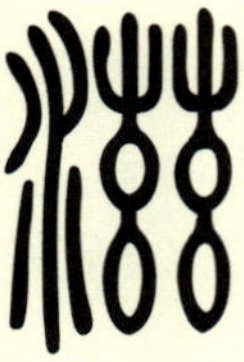

汉字简说 　滋

·小篆·

流光醇醇,甘滋泥泥。

——西汉·邹阳《酒赋》

"滋",形声字。《说文解字》曰:"滋,益也。""滋"字通"孳",即有滋生、繁殖之义。"滋"字从水,意谓水有生养万物、滋润万方的美德,《吕氏春秋·明理》:"草木庳小不滋。""滋"字的声部"兹"亦有一定的表意功能,《说文解字》曰:"兹,艸木多益。"亦有生长、增多之义。"滋味"二字往往合而言之,表示一种品尝食物、感受味道的过程,也泛指食物酸、甜、苦、辣、咸等味觉体验。

食猪肉

宋·苏轼

黄州好猪肉,价钱如粪土。
富者不肯吃,贫者不解煮。
慢着火,少着水。火候足时它自美。
每日起来打一碗,饱得自家君莫管。

　　《食猪肉》诗又名《炖肉歌》,传为宋代苏轼所作。据说苏轼"性喜嗜猪",喜欢吃猪肉。《食猪肉》诗写得诙谐幽默,将烹煮猪肉的方法细致地描绘出来。现在至今流传的"东坡肉"的做法,即取法于此。

　　值得注意的是"黄州好猪肉"一句,这似是苏东坡被贬黄州后的自况之语。他自嘲地说,自己就如同一块富贵人家不屑吃、贫穷人家却不懂得煮法的上好猪肉——因此,他只好自己动手,以聊慰自己饕餮般的胃口了。他将个人孤独、愤懑、无奈之情绪,化解为一种戏谑的文学性表达,看似轻松,实则沉重,为诙谐游戏的情境平添一种悲剧性的美感。

鱻（鲜），新鱼精也。——《说文解字》

鱼腊鲜兽皆如初

我们在探讨饮食美学的时候，常常会将菜品与"鲜"联系起来，比如鲜甜、新鲜、鲜美等。鲜味到底是一种什么味道呢？一直以来，人们说不清、道不明，它不同于酸、甘、苦、咸等味道，通过味蕾等生理功能来实现味觉感知，它依赖于口鼻腔感官乃至关乎人的内心情感的复杂体验。

1908年，日本科学家在海带等食物中发现了食物鲜味的味美成分——谷氨酸钠，并由此发明了味精。谷氨酸是一种氨基酸，能够组成蛋白质。蛋白质约占人体全部质量的18%，在生命活动中起着非常重要的作用，是人体必需的物质之一。根据科学研究，鲜味是蛋白质的信号，人一旦缺乏蛋白质了，就迫切渴望鲜味的食物。含蛋白质多的食物通常会给人们带来鲜味。由此可见，"鲜"味的美学密码可能就藏在我们的基因之中，与我们的生命美学息息相关。

鲜，会意字。

在古代"鱻""鲜"二字不同。古人常以"鱻"表示新鲜之义，《说文解字》解释说："从三'鱼'，不变鱼。""三"这个量词在古代往往虚指，表示数量很多。南唐徐锴曰："众而不变，是'鱻'也。"意谓鱼的数量众多，而且保持新鲜不变质，那就是"鱻"。"鲜"字从鱼，羴声，《说文解字》认为此字的本义是"鱼名"，是一种出产于古代貉国的鱼。后来，"鲜"逐渐成为"鱻"的假借字，表示鲜鱼、活鱼，引申为鲜活、鲜美之义。

原汁原味即"鲜美"

"鲜"字从"鱼"，鱼味道鲜美。"鲜"字右部的"羊"既是声旁，也是形旁。羊自古有吉祥之意，羊大为美。由此可见中国人最原初的美的意识。什么样的鱼肉最鲜美？应该是遨游于江河大海之中，自由繁殖的鱼。它们拥有干净的水源，享受自然的食物。什么样的羊肉最鲜美？应该是放牧在大草原之上，自由健康的羊。它们在蓝天绿草间，沐浴着清风与阳光——这种原始的、没有污染的美，源自大自然的馈赠。鲜美的本质，即是一种追求本性质朴的美学特质。

明代的李渔提倡饮食的"天然之性"，追求原汁原味的味觉享受。他在《闲情偶寄·饮馔部》中认为合理的饮食结构是"蔬食第一、谷食第二、肉食第三"，强调饮食生活应宗自然、尊鲜味。李渔曾将这种饮食美学理念溯根于道家无为而治、崇尚自然的哲学思想："老子之学，遁世无为之学也；笠翁之学，家居有事之学也。"

食在广东。粤菜以其崇尚原汁原味的饮食美学，享誉全国乃至世

界。粤菜往往追求食材的新鲜,这种"尊重食材"的表现,使粤菜出现许多看似"做法简单"的菜式。如清蒸鱼,鲜活的鱼只稍一蒸,便鲜美可口。但在  这过程中,从活鱼的挑选,到处理、切纹,从火候的掌握到酱料的搭配、摆碟,每一个细节都体现出厨房匠人们的精致美学主义。

这种原汁原味、自然本性之美亦体现在音乐上。我国各族人民在生产生活实践中创造了许多原汁原味的民间歌唱音乐形式。如内蒙古地区的长调牧歌。热爱歌唱的蒙古族人通常会穿上长袍,拉起马头琴,赞美生命、诉说爱情。除了有前依音、后依音、滑音、回音等旋律性的精彩修饰,蒙古族人还善于一种被称为"诺古拉"的特殊发音方式,即兴发挥时,更具魅力。其他原生态歌唱艺术还有河套及周边地区的漫瀚调、爬山调、陕北和山西西北部的山曲、信天游、甘青宁地区的花儿、新疆的十二木卡姆、陕南、川北的姐儿歌、茅山歌、江浙一带的吴歌、赣、闽、云、贵、川交界的晨歌、大定山歌、弥渡山歌、藏族聚居区的鲁体、谐体民歌等。这些"口头非物质文化遗产"在今天,依然以其独特的艺术魅力,在歌唱艺术殿堂中独树一帜。

活灵活现即"新鲜"

"鱻"字写作三个"鱼",意谓鱼的数量众多,而且活灵活现,不易变质,那就是新鲜。在古代,防腐技术不强,鱼肉很容易腐烂。所以,新鲜的鱼更为美食家所重视。新宰杀的的活鱼,其味道更加细嫩鲜美。后来,古人将新宰杀的鸟兽或刚收获的新鲜食物,称为"鲜"。

《尚书·益稷》："奏庶鲜食。"孔安国传曰："鸟兽新杀曰鲜。"《仪礼·既夕礼》："鱼腊鲜兽皆如初。"郑玄注曰："鲜，新杀者。"

广东人往往用"生猛"二字形容海鲜的鲜活。每到黄金周、大小长假，人们会赶在凌晨五点前迎接渔民们打捞上来的第一网海鲜。海边的大排档，将这些活蹦乱跳的鱼、虾、蛤类现杀现烹，人们就着海风与朝阳，便可细细品味这新鲜的海产品。

许多民间传统技艺亦追求活灵活现的表现力。战国时期有"孟尝君夜闯函谷关"的故事。齐国的孟尝君有门客三千。有一次，他在秦国遇难，奔逃至函谷关。时值半夜，按秦国法规，函谷关每天鸡叫才开门。大家正犯愁时，只听见几声"喔喔喔"的雄鸡啼鸣。原来，是孟尝君的一个门客在学鸡叫，惟妙惟肖，就像真的是公鸡在打鸣一样。接着，城关外的雄鸡都跟着打鸣了。守关的士兵听到鸡叫，便打开关门，孟尝君得以逃回了齐国。"鸡鸣狗盗"的成语，便与这个故事有关。

口技是优秀的民间表演技艺，表演者用口、齿、唇、舌、喉、鼻等发声器官，活灵活现地模仿大自然各种声音，如飞禽猛兽、风雨雷电等。被誉为北京天桥"八大怪"之一的百鸟张，善学"百鸟争鸣"，各种禽鸟，无论雌雄，无论大小，声音无不相像，似乎能与树林中的鸟相呼应答，真是活灵活现、新鲜新奇。

勇于创新，格调"鲜明"

清代段玉裁说："鲜，善也。""鲜""善"二字音韵相通。由此可见，"鲜"不仅是饮食所带来的肉体的、官能的味觉体验，而且上升为心觉、

视觉、触觉等全方位官能的高级而愉悦的审美体验。"鲜"读上声,同"尟""尠",意谓稀少、罕有,这也让"鲜"显示出与众不同的鲜明格调。

独创意识足以带来一种崭新的、罕有的、稀缺的美学特质,在文学艺术领域更是如此。从原始歌诗到汉魏乐府,从古诗到近体格律诗,再到词、曲等诸多体裁。《四库提要》就谈到:"词至晚唐五季以来,以清切婉丽为宗。至柳永而一变,如诗家之有白居易,至轼而又一变,如诗家之有韩愈,遂开南宋辛弃疾等一派。寻源溯流,不能不谓之别格。""变""别格"的出现,往往推动着中国传统诗词艺术的发展。

宋代词人柳永,原名"柳三变",真是人如其名!他在词的创作中屡屡求变,创用了许多词调大力创作慢词,将敷陈其事的赋法移植于词的体裁中。而且,他能充分运用俚词俗语、淋漓尽致地铺叙、平淡无华的白描创造适俗的意象,对宋词艺术的发展产生了深远影响。

当代戏曲大师梅兰芳先生在艺术中追求创新,形成自己的鲜明风格。他常常着力对戏剧中的人物进行多次艺术加工与创作,因此,所扮演的每一个人物都有崭新的面貌。如在《西施》一剧中的"馆娃宫"一场,梅兰芳先生创造性地取古代商周之"佾",化出西施与旋波双人的"佾舞",极具古韵。又如,在《游园惊梦》的"惊梦"这场戏里,梅先生扮演杜丽娘,创新性地作了四次"对眼光"精彩的表演,与柳梦梅投来的含情脉脉的目光像闪电似的一触,既柔情蜜意,又荡气回肠。

汉字简说　　　　　　肥

·小篆·

肥

同学少年多不贱，五陵裘马自轻肥。

——唐·杜甫《秋兴八首》

《说文解字》解释"肥"曰："多肉也，从肉从卩。""卩"即"节"字，五代徐铉解释说："肉不可过多，故从'卩'。"意谓在肉类的食用应有所节制，不可过多。由此可见古人对于精致饮食生活的讲究。"肥"可表示可供食用的牲畜。《左传》注曰："牛羊曰'肥'。"曰："庖有肥肉，厩有肥马。""肥"亦引申为土地肥沃。《荀子》有"多粪肥田"，汉贾谊《过秦论》有"肥饶之地"的说法。由此可见，"肥"字与古人的饮食生活联系密切，也寄寓这人们对于丰裕物质生活的向往。

美学散步 | 书画廊

齐白石《蔬果图》

齐白石是当代著名画家，擅画红花墨叶，花酣墨饱，作品既有淳朴的民间风格，又有传统文人画风。

齐白石笔下的蔬果，品种丰富，如白菜、萝卜、丝瓜、竹笋、菌子、篱豆、辣椒、南瓜、芋头等，都是他的创作题材。他的《蔬果图》，妙在似与不似之间，既描绘出了各类蔬果之"鲜"，又展示了自己独特笔墨风格之"鲜"。

齐白石一生的生活清淡简朴，他在一幅《白菜冬笋》题跋中曾道："曾文正公云：鸭汤煮萝卜白菜，远胜满汉筵席二十四味。余谓文正公此语犹有富贵气，不若冬笋炒白菜，不借他味，满汉筵席真不如也。"在饮食方面，他注重食材的原汁原味之"鲜"，真是个健康的美食家。

甘,美也。——《说文解字》

久旱逢甘霖
他乡遇故知

说到"甘",人们往往会想起甜蜜的味道。它不仅反映了人们对于甜美的味觉体验,而且也是一种内心甜美、舒适的审美体验。

爱情总让人感觉甜蜜。《诗经》中就有不少描写爱情的名篇。《诗经·郑风》:"有美一人,清扬婉兮。邂逅相遇,适我愿兮。"恋人之间的邂逅是甜蜜的。《诗经·邶风》:"静女其姝,俟我于城隅。爱而不见,搔首踟蹰。"男女之间的约会与寻找,也是一种甜蜜。"执子之手,与子偕老",如今已经成为千古名句,成为爱情的永恒誓言。誓言的响起,成了爱情最甜蜜的见证。

甘,指事字。

甲骨文为"甘",在"口"中间添加一横,指口中含有甜美的食物。小篆意与甲骨文大体相同。马叔伦说:"'甘'为'含'之初文……从口,象所含之物。"意谓"甘"表示将食物含在口中,慢慢品味其美。《说文解字》解释"甘"字是"美也",同时,它对解释

"美"的解释是"甘也",二字互释,意义相通,这说明甘甜之味有一种褒义在焉。"甘"是汉字部首之一,从"甘"的字如"甜""甚"等字,往往有甜美、良好的含义。

"甘"是一种可口的味道

《说文解字》说:"甘,美也。"清代段玉裁解释说:"甘为五味之一,而五味之可口皆曰甘。"意谓"甘"字在狭义上指甘甜之味,广义上则可指一切美味,包括甘、酸、苦、辛、咸等传统意义上的"五味"。马叔伦说:"'甘'为'含'之初文……从口,象所含之物。"意谓"甘"表示将食物含在口中,慢慢品味其美。

在中国传统观念中,人们特别讲究"正",如正位、正色、正服等,而在人们的味觉体验中,"甘"便指不带任何刺激性的"正味"。正味味甘。《韩非子·外储说》:"甘肥周于堂",这是说那些美味佳肴都摆满堂上了,多么香甜丰腴啊!在先秦文献里,甘不仅指甘肥、甘醴、甘饵等饮食之味,而且指甘水、甘露、甘雨等自然之美水;指甘草、甘棠等美丽植物;指甘君、甘人等好人;指甘言、甘辞等美好的言辞……

在广东和香港,大街小巷遍布各类糖水店或甜品店。在广东夏季,几乎每家都擅长煲汤和煲糖水。因为广东气候炎热又潮湿,所以,具有清热、润肺、健脾去湿等功效的糖水成为绝佳的消暑饮品。博大精深的糖品文化在南粤大地孕育了数百年,绿豆沙、木瓜炖雪蛤、鲜果西米露、杨枝甘露等糖水脍炙人口。

当然,人类喜欢"甘"的食物,但是对于"甘"的享受,却不止于甘甜之味。例如,在陕西、河南等地方,仍将不放盐也不放糖的面汤称

之为"甜汤",这是以清淡无味为"甘"。又如,苦瓜的本味是苦的,但其美味之处在于苦中带甘,通过厨师五味调和的手艺,成为一道甘美的菜肴。这是以苦味为"甘"。又如,上佳的茶,往往有浓郁的茶香,可以品出一种苦中回甘的韵味。这些都是"甘"味带给人类的美妙的感官享受。

《康熙字典》曰:"言之悦耳,亦曰甘。""甘"从"口",它亦由一种可口的味觉体验,引申为一种言语的美好意义。《史记·商君列传》:"语有之矣,貌言华也,至言实也,苦言药也,甘言疾也。"意谓良药苦口利于病,动听之语害人疾。语言之美,当然不仅仅是赞美、客套、奉承的动听话语,而应是一种忠言、良言。老子《道德经》说:"美言不信,信言不美。"此之谓也。

"甘"是内心的愉悦感受

《玉篇·甘部》:"甘,甘心,快意也,乐也。""甘"是指内心的愉悦、快乐,"甘"以口开始,继而升华为一种内心的美好体验。

罗曼·罗兰说:"所谓内心的快乐,是一个人过着健全的、正常的、和谐的生活所感到的快乐。"古代俗语总结了人生四大喜事:"久旱逢甘雨,他乡遇故知,洞房花烛夜,金榜题名时。"这些事情多么让人愉悦啊!这就是"甘"从生理到心理的感知,从口到心的体验。甘甜之味不仅是形而下的,诉诸感官的,而更期待通过舌尖的摄受、口腹的享受,进而回归本体,忘却尘劳,获得对人生、自然的恒久体悟。

元代王实甫《西厢记》中,张生思念崔莺莺有句:"忘餐废寝舒心害,若不是真心耐,志诚捱,怎能勾这相思苦尽甘来。"这是"苦尽甘来"最早的出处，意谓恋人之间相思的艰难日子将会过完，而美好的日子将要到来。由"苦"转为"甘"的情感体验变化，来自于张生与崔莺莺之间真挚的爱情。由此可见，这里的"甘"味，是个人内心真挚情感所体悟到的一种愉悦之情。

在人生的道路上，追求梦想、付出汗水、收获成功等，也会使人的内心感到愉悦。唐代刘禹锡有诗："莫道谗言如浪深，莫言迁客似沙沉。千淘万漉虽辛苦，吹尽狂沙始到金。"不要说流言蜚语如同凶恶的浪涛一样令人恐惧，也不要说被贬低的人好像泥沙一样永远颓废沉迷。淘金要经过千遍万遍的过滤，要历尽千辛万苦，最终才能淘尽泥沙，得到闪闪发光的黄金。这句诗一语道出"苦尽甘来"的愉悦情感。

"宝剑锋从磨砺出，梅花香自苦寒来""苦尽甘来春满园，姹紫嫣红别样情""山重水复疑无路，柳暗花明又一村""长风破浪会有时，直挂云帆济沧海"……追求"甘美"、期待"苦尽甘来"的精神境界，髓，凝聚着中国艺术积极向上的一种精神，也成为不少文艺创作的一种美学追求。

"甘"富有美妙的哲学意味

"甘"是一个指事字。"甘"字的内涵，在于关键的所指向的"一"这一横，若将之象物，那它必定是饴糖等甘甜之物，但是，在中国传统观念中，"一"却有更大的诠释空间。

《说文解字》解释"甘"字说："从口含一。一，道也。"宋郑樵在这一理论基础上作了发散，在《通志·六书略》中提出"一"字可作无穷种变化。如横则为"一"，纵则为"丨"，斜之、反之，形态又不相同。折则为"⼅"，反"⼅"则为"厂"，转之、反之，再折、再反，又生出许多变化。至于"引一而绕合之,方则为口,圆则为〇,至〇则环转无异势,一之道尽矣"——天下文字的形态变化,莫不从中而来。"甘"字中的"一",究竟是何种形态,又将作何种变化?正如古代政治家、美食家伊尹所说:"鼎中之变,精妙微纤,口弗能言,志不能喻。"

《说文解字》的"从口含一"之说,让人想到了一个故事。传说老子出关前,为周守藏室之史。孔子曾向老子问道。年老的老子张开嘴巴让孔子看,问道:"我的舌头还在么?"孔子答道:"是的。"老子又问:"我的牙齿还在么?"孔子答道:"不在了。"老子由是告诫孔子处阴、处柔而能长久的道理。人的口中,柔弱的舌头与坚硬的牙齿,以及它们的寿命,都形成了鲜明的对比。这譬喻了道家"柔弱胜刚强"的观点。《道德经》中说:"道生一,一生二,二生三,三生万物。"在道家的思想者看来,天下事物变化的原理已尽于此了。

"甘"字"从口含一"的字形结构,蕴含了深刻的哲学内涵,秉承了中国传统的美学思想。古人将"甘"解释为"美也",赋予了甘甜之味极大的美学阐释空间,而道家思想中的"含一"之"道",已然道尽了天下之最美者。

汉字简说

甜

·小篆·

采得百花成蜜后,为谁辛苦为谁甜。

——唐·罗隐《蜂》

《广雅》曰:"甜,甘也。"《说文解字》曰:"甜,美也。舌,知甘者。"它从"舌",是因为舌头能够品尝出甜美的味道。徐灏对注《说文》曰:"甘之为甜,甜之言恬也。古无所谓甜,尽以甘统之,后世以稼穑之类为甘,饴饧之类为甜。"意谓古代没有"甜"字,甜味以"甘"称之。后来为了区分,便将庄稼谷蔬等可口的食物称为"甘",把麦芽糖一类的甜品称为"甜"。在古文字中,"恬""甜"二字相通,这说明甘甜的味觉体验,是与内心愉悦情感相联系的。

昆曲《牡丹亭·惊梦（山坡羊）》

元·汤显祖

没乱里春情难遣，蓦地里怀人幽怨。则为俺生小婵娟，拣名门一例，一例里神仙眷。甚良缘，把青春抛的远！俺的睡情谁见？则索因循腼腆。想幽梦谁边，和春光暗流转？迁延，这衷怀那处言！淹煎，泼残生，除问天！

"甘甜"是汉语言本身具有的特质。它既表现为圆润、流转的文字章法，又是语言内部的精神性和思维指向。当代著名诗人、学者和诗歌翻译家张枣说："赞美无关美学手法，亦非波德莱尔的美丑二元，而是一种呈现，呈现了世界原本的'甜'，原本的'空'和原本的实在与充足，亦是生存的方式，人的动作和行为，濡染着汉语诗歌核心诗学全部的理想。"昆曲的语言风格、音乐特质，就能较好地体现"甜"的独特诗观和感性精神。昆曲的音乐风格大抵婉约秀丽、优美精致。其中的旦角唱腔，更有甜软之美。

《惊梦》是昆曲《牡丹亭》中的经典唱段之一。杜丽娘与丫鬟一起游园之后，更生伤春之情。梦醒之后，她独自来到后花园寻找梦里多情郎。"惊梦（山坡羊）"一段，起调悠远绵长，唱出女子春情难遣的幽怨。"甚良缘"之后，更以旦角的神情顾盼、身形旖旋，配合曲情，于细腻入微的唱腔中更见一种深致之情。昆曲旦角演员张继青嗓音甜美，她所扮演的杜丽娘青春可爱，温柔自由。

酸，酢也。——《说文解字》

对酒不能言

凄怆怀酸辛

唐人张鷟《朝野佥载》记载了一个"吃醋尝酸"的典故。唐太宗李世民念房玄龄劳苦功高,打算赏房玄龄一名美女作妾,房玄龄以惧内为由婉拒不受,说:"内人的嫉妒之心如河东狮吼,因此,臣不敢收皇上的赏赐。"李世民愤愤不平,决定为房玄龄出气。一日,李世民召来房玄龄之妻,要她同意房玄龄纳妾,否则死路一条,说:"君宁不妒而生,宁妒而死?"方夫人毫不畏惧,气冲冲地接过酒杯,一口气将"毒酒"喝个精光,惊得李世民目瞪口呆地说:"这样的女人,连我也怕呀!"原来,房夫人喝的不是"毒酒",而是醋。

后人常常用俗语"吃醋"表示妒忌,特别用于男女间的感情之事。醋味酸,人嫉妒时,心里会觉得酸溜溜的。以酸的味觉来譬喻这种心理活动,真实贴切极了。

酸,会意字。

《说文解字》曰:"酸,酢也。从酉,夋声。""酉"是一个酒坛的形状，用于醋的发酵。《说文解字》"酢"字下曰："凡味酸者皆谓之'酢'。"又说："关东谓'酢'曰'酸'。"这说明在古代，"酢""酸"二字相通，只是各地叫法不同罢了，它们都表示醋等带有酸味的调味品。

酸味有一种生发之美

"酸"是五味之一，五味的说法，是合于五行生克理论的。《礼记·月令》曰："春三月，其味酸。"即是将"酸"的味觉体验与天地时序联系起来。在中国传统观念中，"酸"属木，于人体五脏之中，则在肝。《素问》中说："肝者……其味酸，其色苍，此为阳中之少阳，通于春气。"意谓肝藏生发之气，就像春天时节，草木始生，一片生气勃勃的景象。

酸的味觉体验，亦往往有一种生发之美。酸能生津止渴，能开胃。酸味的食物能够提振食欲，如著名的汉族小吃"酸辣汤"，它用肉丝、豆腐、冬笋等料经清汤煮制而成的，饭后饮用，有醒酒去腻、助消化的作用。

《世说新语》中记载了这样一个故事：东汉末年，曹操带兵出征。时值盛夏，太阳火辣辣的，军队十分疲乏，大家口干舌燥，却找不到水喝。曹操见了，生怕贻误战机，于是想出了一个鼓舞士气的好办法。他策马到山冈上，抽出令旗大声喊道："前面不远的地方有一大片梅林，结满了又大又酸又甜的梅子，大家再坚持一下，走到那里就有梅子吃了！"士兵们想到了梅子，嘴里不由得生出了口水，精神也振作起来，鼓足力气加紧向前赶去。这就是"望梅止渴"的典故。

梅子很酸，人们一吃起来就让人口水直流，并根据此种经验而形成一种生理反射活动。曹操正是利用了士兵们对梅子酸味的生理反射，成功地克服了士兵们的干渴困难。

心酸的音乐凄婉动人

"酸"不仅是一种味觉美学体验，也是一种听觉美学体验。明代刘基《在永嘉作》诗曰："孤雁号南飞，音声凄似酸。"凄酸的音声特质，更能够给听者传递一种"感情状态的扰乱"的感情，表现出一种悲伤、忧郁的音乐美学特质。

盲人音乐家阿炳用二胡演奏的《二泉映月》，用如泣如诉的音符，向听者讲诉人生的悲凉，每一个奏响的音符都流露出凄酸的音色。大提琴演奏家杰奎琳·杜普蕾演奏的《殇》，表达了一种无奈、黯然的心，失落的情，有如与老友或爱人之间道别诉说衷肠：如果我死去，你会不会思念我？不会，我会陪你一起去死，站在这世界的尽头，遥望这片紫色的花海，海风静静地呼啸而过，在我的耳畔，你轻轻地吟唱，诉说我写不出的结局……

现代心理学理论从信息传递的角度认为，在有机体处于适宜协调状态时，环境信息不适宜的输入会产生"扰乱"而体验到一种特殊的审美情绪。令人心酸的旋律，便是通过音乐的"高涨""减弱"引起听者生理上的激动，从而完成一种凄婉动人的音乐美感的传递。

味觉之美
醋
对酒不能言
凄怆怀酸辛

037

辛酸之情有一种悲剧美

"酸"字右部的"夋",有行走迟缓、站立不稳之意,譬如酸味给人带来的疼痛无力之感,如腰酸腿痛、酸软无力等。酸味物质有利于软化、分解。我们吃了太酸的食物,口腔往往会有酸痛感,醋的刺激与麻痹,可令人牙根发软。由此引申之,"辛酸"的感官体验具有一种悲剧性的情感色彩,成为文学艺术作品中的一个重要描绘对象,并在一定层面上诠释了人类对于酸楚味觉的审美观念。

晋代阮籍在《咏怀》诗中写道:"一日复一朝,一昏复一晨。容色改平常,精神自飘沦。临觞多哀楚,思我故时人。对酒不能言,凄怆怀酸辛。愿耕东皋阳,谁与守其真?愁苦在一时,高行伤微身。曲直何所为?龙蛇为我邻。"在这首诗里,诗人表现了一种很复杂的感情:既为自己的衰老而悲哀,又为友人的逝去而痛苦,最后以一种鄙弃现实的态度作为自己短暂而虚无的解脱道路。"对酒不能言，凄怆怀酸辛"的情感体验与人生况味，烘托出魏晋名士在黑暗政治环境之中的悲剧气氛。

唐代诗人李白《望木瓜山》诗曰："早起见日出，暮见栖鸟还。客心自酸楚，况对木瓜山。"这首五言绝句，语极平常，而意甚含蓄，字字辛酸。诗人触景生情：早见蒸蒸日出，而悲自己穷途潦倒。晚见归鸟还巢，而悲自己去国离乡。"客心""酸楚"等字眼，都流露出李白忧伤悲愁的情感。或说，木瓜味酸苦，作者因望见木瓜山而生出酸楚的内心活动，这是从味觉到心觉的一种情感迁移。

汉字简说　辛

·小篆·

辛苦遭逢起一经，干戈寥落四周星。

——宋·文天祥《过零丁洋》

　　甲骨文的"辛"，象古代刑刀之形。它的本义是古代的一种大罪。《说文解字》说："辛痛即泣出。"人由于犯大罪、遭到惩罚而痛苦流泪。因此，"辛"字后来引申出痛苦之义。在味觉体验上，则引申出辛辣之味。"辛"作为"五味"之一，表示辛辣、刺激的味道。《声类》曰："江南曰辣，中国曰辛。"《楚辞·招魂》曰："辛甘行些。"王逸注曰："谓椒姜也。""辛"亦指葱、蒜等带有刺激性味道的蔬菜。

美学散步 | 文学角

《代东门行》（节选）

南朝·鲍照

食梅常苦酸，衣葛常苦寒。
丝竹徒满坐，忧人不解颜。
长歌欲自慰，弥起长恨端。

    鲍照《代东门行》诗，以食青梅为譬喻，描绘一种"酸"之情状，他人难言，只有食者自知。即使在宾朋满座，丝竹盈耳之时，忧伤的游子亦无法表现出一丝欢颜，行役之苦，只有行子自知，自伤自苦，真切深刻，更为感人。

    青梅以味酸著称，在中国古代文学作品中，它成为一种独特的意象，用来表达人生的辛酸之味、愁苦之况。南宋诗人沈说有"人生煎百忧，算梅未为酸"，清代女诗人何桂珍有"尘事如梅味总酸"等词句。"青梅"的意象亦被赋予离别、伤春之意，多用来表达女性思念的酸楚。宋代吕滨老《南歌子》有："夜妆应罢短屏间，都把一春心事付梅酸。"清代彭孙贻《忆帝京·次山谷韵》有："一点相思如梅豆，酸滴滴，心头有。"

鹹（咸），銜。——《说文解字》

白盐海东来
美豉出鲁门

说到"咸",就不得不提到盐。

战国时代,齐国无盐邑有一位女子叫钟离春,史书上亦记载作"钟无盐""钟无艳"。传说她长肘庋股、细颈结喉、身体枯黑,长得丑陋极了,年过三十,尚未婚嫁。

钟离春虽然相貌丑陋,却有很高的德行。当时的齐宣王性情暴躁、昏庸无道,导致政治腐败、国事昏暗,钟离春为了拯救国民,冒死觐见齐宣王,陈述齐国的各种危难。齐宣王大为感动,把钟离春看成是自己的一面宝镜。齐宣王将她拜为皇后,从此齐国大治。

"以味释美"是我们理解中国古代审美的一把钥匙。无盐则寡味,食品无味则失去了品尝的价值,"无盐""无艳"亦有贬义在焉。"貌比无盐"的成语往往被用来形容女子相貌丑陋。但是,无貌而有德的故事,却体现人们对钟离春其人更大的赞美。

咸（鹹），会意字。

"咸"与"鹹"在古代是两个不同的汉字。"咸"字，《说文解字》解释说："皆也，悉也。"有全部、普遍之义。《尚书·无逸》："咸和万民。"意谓社会集体的融洽和谐。"鹹"从"卤"，卤是天然生成的盐，《说文解字》解释说："衔也"。这是叠韵为训，表示咸味。如今，咸（鹹）基本表示盐等带咸味的感官体验。

五味之殿军，不可或缺

"咸（鹹）"从"卤"，即表示盐，盐有咸味。在中国传统观念中，人们以酸、甘、苦、辛、咸为"五味"，是人类味觉体验的基础，也是烹饪艺术创造的起点。"咸"是五味之一，根据五行理论，咸味属水，对应人体之肾气，有"润下"之功。咸味往往置于"五味"最后的位置，可见它在整个味觉感官系统中的重要价值。

中国有句老话："好厨师，一把盐。"咸味在制作菜肴、五味调和的过程中，地位不可替代。食用盐的主要成分是氯化钠，同时含有少量水分和杂质及铁、磷、碘等其他元素，可以调节人体内水分均衡的分布，维持细胞生命力。如果人摄取的食物中如果缺乏盐分，就会导致食欲不振、四肢无力、晕眩等不适之感。所以，盐是人体不可或缺的物质。另外，盐的咸味有利于食物的保鲜，人们往往用盐腌制咸菜、咸肉、咸鱼等食物。

若将艺术比拟为一道美味的菜肴，"咸"代表艺术中最本质的成分与特征，它对美的塑造往往是隐身的，却又无所不在的，它为美的理念提供一种实质性的内容。蒋勋先生在《给青年艺术家的信》中这样说：

"咸味太平凡了,平凡到容易被忽略,但是深思起来,'甜''酸'有时都可以不用,都有一点装饰性,咸味好像才是踏踏实实的生活,不可或缺。"这句话对当代艺术有很大的启示。今天许多先锋艺术家往往追求新锐、新潮、新奇的形式,而忽略一种个人修养的沉淀与实质精神的表达。最终流于脱离现实、思想苍白、语言离奇,徒然成为个人主义的一种自我膨胀,成就梦想自由者的绝望的情绪。

咸味应有所限制

简化字"咸",从戌,从口。甲骨文的"戌",象兵器之形,是武力、强力的象征。或许我们可以将它理解为一种规诫、一种调适。生活经验告诉我们,菜品不可无盐,但盐放多了,菜也就没办法吃了。所以,咸味的盐虽然是人类饮食生活不可或缺的元素,但亦要求用量适当,各得其所。

在成人体内,每千克体重约含1克钠。一个人每天必须摄入一定量的盐,以满足人体对钠元素的需求。但是,钠元素摄入过多,会影响人体内的水分潴留情况,促进组织水肿。盐摄入量过多亦会对消化系统、泌尿系统、皮肤、头发等产生不良影响。

这种"无过无不及"的理念,在中国传统美学思想中亦有所体现。儒家讲求"中庸"的美学原则,宋代朱熹解释说:"中者,无过无不及之名也。"意谓矛盾的双方互相依存,每一方都在自身所应有的适当限度内发展,没有"过"的毛病,也没有"不及"的毛病,这是一种和谐统一的状态。

艺术创作中,创作者的内心往往是充满激情的。但在这过程中,亦要求创作者的心中拥有一件"戍"一样的兵器，用于约束、规谏之用，使创作者的情绪并非一泻而下，而能把握好克制与张扬的尺度。孔子评价《诗经·关雎》"乐而不淫，哀而不伤"，即是秉承了这一美学理念，所写的爱情真挚、热烈而不入邪念，写求之不得的忧思苦闷而又不入绝境，感情率直、淳朴、真挚、健康。

万物相感，情感激发

"鹹""咸""感"音韵相近，字义上应有相通处。它指向了中国传统的一种"味感"文化。中国传统美学观念强调一种"有感而发"的状态，而且这种"感"，是创作者与接受者的相感，是一种相互激发、相互对话的动态过程。

《周易》中有"咸"卦，上兑下艮，表示山中有泽，山气水息互相感应，用以譬喻男女之相感。《周礼》记载，唐尧之乐有"大咸"，则强调"大乐与天地同和"的审美境界。

《文心雕龙·物色》曰："诗人感物，联类无穷。"以物拟人，以物寓情也是一种常见的艺术表现手法。唐代诗人杜甫《春望》有"感时花溅泪，恨别鸟惊心"之句，诗人以花和鸟来感知春天，而感觉到的是一种亡国之悲、离别之痛。花鸟似乎有感于国家之分裂、世事之艰难，亦为之落泪惊心。这是一种人与自然之间相感而生的深情。

书法家李叔同在出家前的书法挺健潇洒，而出家后则渐变为超逸、淡冶，晚年之作，愈加谨严明净，犹如"浑金璞玉，清凉超尘"。他在人生不同阶段，与天地万物相感的体悟不同，所达到的精神境界也不一样，乃至于升华出一种"镜花水月，当体非真"的美学体验。

汉字简说　　　　　涩

·小篆·

　　　　　　　涩

冰弦冷涩弦凝绝，凝绝不通声暂歇。
——唐·白居易《琵琶行》

　　《说文解字》："涩，不滑也。""涩"字从"水"表示液体不滑溜。"涩"字的声部"歰"，像四只脚两两相抵，亦有不滑之意。"涩"字亦写作"濇"，"濇"的声部"啬"，则有小气之意。"咸涩"往往合而言之，表示一种咸而不畅的味觉体验。

美学散步 | 文学角

昔昔盐

南北朝·薛道衡

垂柳覆金堤,蘼芜叶复齐。水溢芙蓉沼,花飞桃李蹊。采桑秦氏女,织锦窦家妻。关山别荡子,风月守空闺。恒敛千金笑,长垂双玉啼。盘龙随镜隐,彩凤逐帷低。飞魂同夜鹊,倦寝忆晨鸡。暗牖悬蛛网,空梁落燕泥。前年过代北,今岁往辽西。一去无消息,那能惜马蹄。

《昔昔盐》是隋唐乐府,明代杨慎认为,它就是梁代乐府《夜夜曲》。"昔昔",即夜夜;"盐",即"艳",是一种曲风的别名。

这是一首闺怨诗。诗中写春末夏初景物,引出思妇守空闺的悲苦情状,一种咸涩苦恨之情表露无遗。"暗牖悬蛛网,空梁落燕泥"一句,以室内的冷落景象与室外的绮丽风光作鲜明对照,把思妇的思念之切活画了出来,成为传诵一时的佳句。据说隋炀帝害死诗人薛道衡时,还在念叨着:"看你这小子以后还写得出'暗牖悬蛛网,空梁落燕泥'这样细腻精致的句子不?"

苦，大苦，苓也。——《说文解字》

艰难苦恨繁霜鬓

大凡杰出人物，大都经历苦难的磨炼。

法国伟大的批判现实主义作家巴尔扎克，著作等身，曾经被马克思、恩格斯称赞为"现实主义大师"。但他在成名之前，也曾吃了很多苦头，受到各种折磨。

巴尔扎克的父亲一心希望儿子成为一名律师，但巴尔扎克偏偏想当作家。父亲一怒之下，断绝了他的经济来源。那时，巴尔扎克给报刊投稿，屡投屡退，生活困顿，负债累累。有时，他只能用一杯白开水和一点面包度过一天。为了对抗饥饿，每天用餐时，就在盘子上写着"香肠""火腿"等字，在想象中寻找快乐。巴尔扎克没有向现实屈服，而是把苦难作为对自己意志的磨炼，经过不懈地努力，终于取得了成功。

正确对待苦难、理性看待挫折——苦尽甘来、苦中求乐体现了一种生命的价值，我们可以从品味"苦"的过程去感受生命之律动、生活之美学。

苦，形声字。

苦，从艹，古声。古，既是声旁，也有一定的表意功能，有久远之义。《说文·艹部》："苦，大苦，苓也。"意谓"苦"表示苓草，这是古书上记载的一种植物，有苦味。《诗经》云："采苦采苦，首阳之下。"意即在首阳山下采摘有苦味的植物。

"苦尽甘来"是一种道德升华

在古文字中，"苦"字下部也有写作"甘"，从某种角度看，这意味着"甘""苦"之间互相联系。从现代味觉生理学看，"甘""苦"都是人类的基本味觉之一，而人们往往喜"甘"不喜"苦"。李应升《甘堂集小引》："苦则吐，甘者茹焉，人情乎。"从生理学的角度解释了这种自然生理现象。人们吃到苦的东西，就会想吐出来。若是味道甜美，就会细细地加以品尝。这既是人之常情，也是人们的一种审美本能。

但是，例如苦茶喝完，再饮白水，水是甜的；吃了苦瓜，再吃素馍，会甘美如饴。蜜水饮多了，不仅不再甜，反而会生而苦涩。更有"苦口良药""苦尽甘来"之说，它们体现了一种崇高美、道德美。由此可见，"苦"亦是人生的一笔财富。

西汉史学家司马迁命运多舛，因得罪皇帝而遭受宫刑，吃尽苦头，但是他发愤创作，最终完成了《史记》的编撰，在历史上留下了浓墨重彩的一笔。他在《报任安书》中说："西伯拘而演《周易》；仲尼厄而作《春秋》；屈原放逐，乃赋《离骚》，左丘失明，厥有《国语》；孙子膑脚，《兵法》修列；不韦迁蜀，世传《吕览》；韩非囚秦，《说难》《孤愤》。《诗》三百篇，大抵贤圣发愤之所为作也。"这段话可谓是他内心的写照。"苦"是一种磨难，而"甘"则是人生品格的锤炼、境界的升华，司马迁个体之苦厄、磨难，最终升华为历史、时代的认可，真是"苦尽甘来"一词的绝佳注脚。

人在一生的历程中，要遭受生老、病死、情感等方方面面的痛苦。苦难有两面性，从一方面看，它是一种不幸，但从另一方面看，它又是一种磨炼。如果没有苦难，人性中最好的部分便会酣睡不醒。梁启超先生说："患难困苦，是磨炼人格之最高学校。"西班牙哲学家乌纳穆诺说："受苦是生命的实体，也是人格的根源；因为唯有受苦，才能使我们成为真正的人。"人生是一种品味痛苦、消除痛苦、寻找快乐的过程，在这个过程中不断修炼自己，从而抵达圆融、自在的境地，这是一种更高层次的审美活动。

苦难表现了一种悲剧美

"苦"由苦味的草木引申出苦味、难受、极端、艰苦、困窘等意。人们的同情、怜悯之情，往往映照于他人的苦痛、苦难。这在艺术审美活动中，则往往表现为一种悲剧之美。悲剧指那些现实生活或艺术中描绘的不可避免的苦难或者毁灭。相对于喜剧美学考证受众对于诙谐、讽刺的认同度、理解度来说，悲剧美学考证了受众对于人性中、社会上苦难、伤痛、无奈等的共鸣与理解。

悲剧美学是美学中重要的一个理论。西方悲剧从古希腊悲剧发展至今已有两千五百多年历史。古希腊悲剧巨匠索福克勒斯的代表作《俄狄浦斯王》可以视作人类文艺史上悲剧美学诞生标志。这部作品一方面描述了俄狄浦斯王勇于对抗杀父娶母的残酷诅咒，却最终倒在命运之神的无情诅咒之下的痛苦、无奈，一方面又歌颂了人性中不畏艰难险阻的可贵品质，以及无怨无悔甘于接受命运残酷安排的勇气与从容。《俄狄浦斯王》的命运悲剧主题是"强调自我，尊重自我"，由于自我之"苦"带来了社会之"苦"，进而又于"苦"之中自我认识、自我发现、自我救赎……

中国传统文艺理论亦重视基于困厄、苦难而创作悲剧之美。如宋代欧阳修说："至于失志之人，穷居隐约。苦心危虑，而极于精思，与其有所感激发愤，惟无所施于世者，皆一寓文辞。故曰：穷者之言易工也。"清代小说《红楼梦》，被美学大师王国维先生称为"悲剧中之悲剧"，这是因为"《红楼梦》之美学上之价值，亦与伦理学上之价值相联络也"，例如《红楼梦》中描写贾宝玉与林黛玉之间的爱情，就是以一种痛苦、无奈、极端的笔调，去表现爱情之无限美好，这种写"苦"、状"苦"、以"苦"为美的艺术表现手段，为读者带来了情感激荡和审美冲击，正如鲁迅先生所说："悲剧是把有价值的东西毁灭给人看。"

干枯、拙朴的艺术风格有"苦味"之美

"苦""枯"音韵相近，字义或有相通之处。古人采撷草药，制成干枯无水分的形态，亦有苦口的味道。"苦"于味觉之外给人提供了一种干枯、拙朴的意味。

关于"苦味"之美，孔子有"与其奢也，宁俭"的说法。意谓过于奢侈、豪华的形式，反倒不如枯拙、朴素的样子。在儒家看来，过于追

求文饰，往往容易流为浮华，拙朴、省简的风格特质，才合于"礼"，也更加符合"文质相宜"的美学要求。

在中国传统园林设计中，流水是必要的自然元素。而在日本，"枯山水"有一种独特的审美意味。日本最早的造园著作《作庭记》中写道："无池无溪处立石，称枯山水。""枯山水"为景观设静的美，带着朴素、拙质、平和、不张扬的美，它更讲求精神上的充实。

书法艺术中有"枯笔"之美。传统书法是用毛笔书写，在书写过程中有时会出现笔墨快用尽时在笔画间产生的漏痕，术语称其为"飞白"。历史上关于"飞白"的记载，则要追溯到东汉时期的书法名家蔡邕。蔡邕所创的"飞白书"，笔画中丝丝露白，似用枯笔写成，为一种独特的书体，唐张怀瓘《书断》评论蔡邕飞白书时说"飞白妙有绝伦，动合神功"。"飞白"的艺术表现力，实际上来自于墨色枯润的变化，它能够使书法艺术在浑厚凝重间更体现出一种洒脱飘逸的美学特质。

汉字简说

· 小篆 ·

烹茶留野客，展画看沧州。

——唐·李中《献中书韩舍人诗》

《说文解字》曰："苦荼也。"荼是一种有苦味的野菜。古文字中，"荼""茶"二字同义。由此可见，茶最初指一种带有苦味的草本植物，传说当年神农尝百草，发现此物有解毒、提神的功效。唐宋以后，制茶、煮茶、品茶成为文人、贵族之间的雅好，逐渐发展出一种"茶道""茶艺"。明清以后，随着散茶制作工艺的成熟，茶成为民间常见的饮品，是"开门七件事"之一。

美学散步 | 文学角

登 高

唐·杜甫

风急天高猿啸哀,渚清沙白鸟飞回。
无边落木萧萧下,不尽长江滚滚来。
万里悲秋常作客,百年多病独登台。
艰难苦恨繁霜鬓,潦倒新停浊酒杯。

  这首诗是五十六岁的杜甫在这极端困窘的情况下写成的。那一天,他独自登上夔州白帝城外的高台,举目临眺,百感交集。

  前两联写登高闻见之景。风、天、猿、渚、沙、鸟六种景物的形、声、色、态都写得精炼传神。后两联抒登高感触之情。在时间上,有"常作客"的追忆;在空间上,有"万里"行程后"独登台"的孤苦寂寞。

  这首诗写"苦",却不局限于"艰难苦恨"的感觉。其中,有苍凉阔大的景观,有气势浑涵的气象,有忧国伤时的情怀,写得沉郁而悲壮。明代胡应麟《诗薮》评价此诗"如海底珊瑚,瘦劲难名,沉深莫测,而精光万丈,力量万钧",并推崇它为"古今七言律第一"。

粗，疏也。——《说文解字》

粗茶淡饭饱即休

周作人先生在《故乡的野菜》一文中,介绍了荠菜、马兰头、黄花麦果等野菜,为读者展示了一幅幅生动的民俗画卷:"妇女小儿各拿一把剪刀,一只'苗篮',蹲在地上搜寻,是一种有趣味的游戏的工作……"

汪曾祺先生也写过《故乡的野菜》一文,其中描写了荠菜、枸杞头、蒌蒿、马齿苋、莼菜等多种野菜。他这样写道:"荠菜是野菜,但在我家乡是可以上席的……凡野菜,都有一种园种的蔬菜所缺少的清香。"

难登大雅之堂的野菜,今天也常常成为我们招待贵宾的上佳菜肴。野菜的原始气息,表达出一种淳朴而真诚的情谊。周作人、汪曾祺两位先生对野菜的赞美与喜爱,体现了人们对于"粗"的一种审美趣味。

粗,形声字。

《说文解字》曰:"粗,疏也。"它的本义是指未脱壳去皮的米,即未经加工的糙米。"粗"与"精"相对,与人的味觉体验密切相关。宋代黄庭坚《四休导士诗序》:"粗茶淡饭饱即休,补破遮寒暖即休,三平二满过即休,不贪不妒老即休。""粗茶淡饭",即指粗糙、简单的饭菜,形容饮食简单。清代段玉裁引申之曰:"凡物不精者皆谓之粗。"

"粗物"有原始、朴质之美

"粗"的本义指未脱壳去皮的米,即表示事物的原始、粗糙的形态。在中国古代哲学范畴中,"粗"并不接近于精妙之义。《庄子·秋水》曰:"可以言论者,物之粗也;可以意致者,物之精也。"意谓用语言探讨的,多是事物的表象;而事物的内涵,则往往需要用心才能体会得到。

人们对于"粗"的审美,经历了一个漫长的变化。在生产力不发达的社会,日常生活之精与粗见出了不同的社会阶层。卑贱之人食粗品、用粗物、穿粗衣,达官贵人喜精食、用精品、穿华服。随着社会物质的发达、文化的发展,粗物的原始、朴质之美亦逐渐为大众审美所接受,被赋予更高层次的"精"的美学要义。

在物质化生活日益丰富与精细的今天,表达出的原始、古朴之味的粗物,成为都市生活人群返璞归真的时尚追求。人们力图在生活中的各个领域体悟事物的原始本真之美。在服装领域,简单的布衣、纺染成为现代人的追求,这除了布制品柔顺、环保的特质,反映了人们希冀逃离钢筋水泥森林的心情。在饮食领域,五谷粗粮、走地鸡、原生蛋等农家乐风靡一时,三五知己,假日相约出行,只为寻求来自田园的这份原始的口感与乐趣。在旅游领域，人们越来越热衷于寻觅生态环境保存较好的原始森林、古堡、旧民居等，在那里细细品味原生态的文化与历史。"粗"之物所表现出来的一种原始的、本真的、无修饰的状态，契合于当代人对于返璞归真的生活境界的追求，由此展示出了一种独特的美学价值。

"粗壮"是一种形态美

"粗"的异体字写作"觕""麤""麁"等。"觕"字从"牛"从"角"，牛角表面纹理粗糙，体积粗大，固有不精细之义。"麤""麁"从"鹿"。野鹿一般体格粗壮，奔跑速度较快，古代游牧民族常射鹿捕食，故对于鹿猛烈、粗野的性情有深刻的理解，所以古人以野鹿、鹿角等形象表达粗野之意。在美学领域，粗壮、博大的感性姿态，劲健的物质力量和精神力量，雄伟的气势，给人以心灵的震撼，进而受到强烈的鼓舞和激越，引起人们产生敬仰和赞叹的情怀，展示了一种崇高之美。

粗壮的形态美，往往表现在人格与道德行为中、自然界事物的状貌样态中、艺术作品的形态与格调中。就审美经验而言，粗壮之美能使主体受到震撼，带有庄严感或敬畏感。

孔子有个弟子叫子路，他长得粗壮，为人豪放，性格刚强正直，做事莽撞，孔子曾评价他"由也喭"，由是子路之名；喭，即粗俗之意。孔子一方面批评子路，一方面又赞许子路的进取精神，认为可以与他共学适道、登堂入室。后来，子路在卫国遭遇蒯聩之乱，他的正义感促使他毅然入卫杀贼，颇有孔子"知其不可而为之"的精神。临死之时，他将身上的衣衫拍拍干净，道："君子死，冠不免。"然后重新系好断了的帽带，从容赴死，何等气魄，何等光荣！

埃及金字塔在历史上已经存在了超过4500年。金字塔由好几吨重的岩石堆砌而成，不管以当时埃及人口、搬运技术还是建造知识等都是难以实现的宏伟建筑，因此金字塔的建造方式一直是所有考古学家们想破解的千古谜题。最知名且被列为全球七大奇观之一的胡夫金字塔由230万吨石头盖成，每一块石头平均都有2至3吨重，总高度达到147米。在埃菲尔铁塔出现以前，它一直是世界上最高的建筑物。埃及的金字塔外形粗壮、稳重，与周围无垠的高地、沙漠浑然一体。著名哲学家康德曾把美区分为数学的（数量的、体积的、空间的、静态的）与力学的（力量的、能量的、动力的、动态的）两类，实际上两者常交融并存。埃及金字塔即以一种粗壮的形态，诠释了数学与力学之美。

"粗犷"是独特的文学风格

粗犷风格往往表现出一种纯任自然，纯任其脱略不羁之率真本性的美学状态。它往往流露出人与自然相和谐的传统美学意识，强调文学创作者的本真之性与客观世界的天然遇合，将这种粗犷的、疏野的、原始的、自然的精神贯穿到文学艺术创造之中。

唐代司空图《二十四诗品》中有"疏野""旷达"等品，皆是称美诗歌艺术的粗犷艺术风格。如"疏野"一品："惟性所宅，真取不羁。控物自富，与率为期。筑室松下，脱帽看诗。但知旦暮，不辨何时。倘然适意，岂必有为。若其天放，如是得之。"诗中描绘了一个疏野之人的真率性情和疏野行止，他任性不羁，不事拘束，正与粗犷自然的诗歌艺术风格相契。又如"旷达"一品："生者百岁，相去几何。欢乐苦短，忧愁实多。何如尊酒，日往烟萝。花覆茅檐，疏雨相过。倒酒既尽，杖藜行歌。孰不有古，南山峨峨。"对于生命、宇宙的慨叹，转为一种饮酒行歌，潇洒自乐的荒放行为，这种旷放通达的人生态度与精神境界往往以一种粗犷的诗歌语言表达出来。

中国古代不少优秀的文学作品亦体现出一种粗犷之美。"大风起兮云飞扬。威加海内兮归故乡。安得猛士兮守四方！"汉高祖刘邦平定淮南王英布反叛，还军途中，回到了自己的故乡沛县，把昔日的朋友、尊长、晚辈都召来饮酒，酒酣时，刘邦击筑，唱出了这首粗犷豪迈的《大风歌》。这首歌诗以"大风"比兴，一句一韵，直白地表达出刘邦"威加海内"的得意之情，与期待"猛士"的求贤之心。语糙而象大，气格宏然。

一贯秉承传统贵族文化的英国，亦有粗犷风格的文学作品。《呼啸山庄》作者艾米莉的姐姐夏洛蒂说，这部书"是在一个野外的作坊里，用简陋的工具，对粗糙的材料进行加工而成的"。此书开篇便向读者展现了一个粗犷的世界，只见广袤的荒原，沼泽遍布，石楠丛生之外，呼啸山庄耸立着。狭窄的窗子深深地嵌在墙壁内，住宅正面，大门周围有着许多古里古怪的石刻。频频光顾的凄风苦雨，围绕着这座没遮没拦的房子，鬼怪般的尖叫、哀号、吸泣，鞭打着宅子，摇撼着周围的树木。主人公凯瑟琳我行我素，奔放不羁，他们的故事亦闪现着一种年轻、粗犷、不可抗拒的魅力。可以说，艾米莉的《呼啸山庄》便体现了一种粗犷、原始、野性、苍莽、神秘的美学风格。

汉字简说

精

·小篆·

真者,精诚之至也,不精不诚,不能动人。

——《庄子·渔父》

《说文解字》曰:"精,择也。从米青声。"清代段玉裁认为"择"下缺一个"米"字,意谓"精"是"择米"之意,即经过挑选的好米,是上等的细米。这体现了古人对精致可口食物的追求,《论语》曰:"食不厌精,脍不厌细。"后来,"精"引申出精华、精神之义,如《管子》:"精也者,气之精者也,气道乃生。"展示出一种臻于隐微奥妙的精神境界。

美学散步 | 书画廊

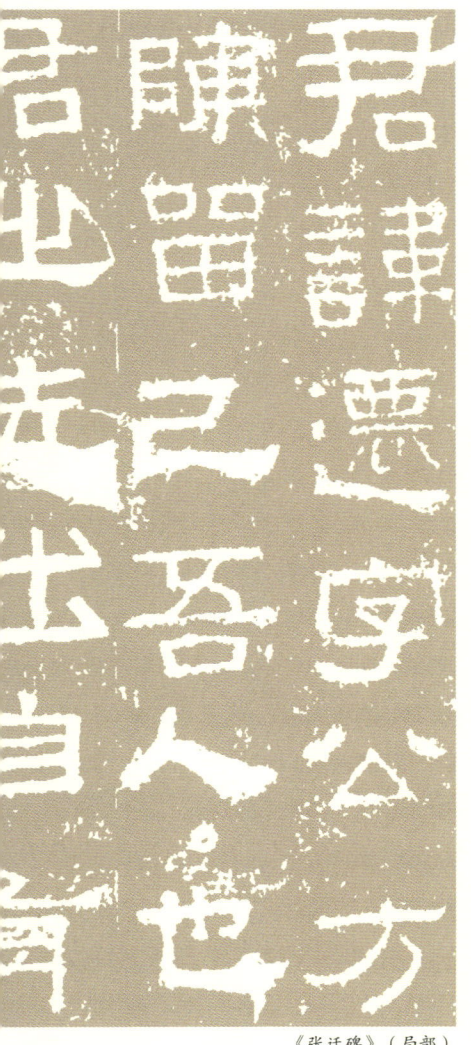

《张迁碑》(局部)

　　《张迁碑》是东汉晚期的著名碑刻,现陈列于山东泰山岱庙碑廊,碑高2.92米,宽1.07米。此碑的隶书展示了一种粗犷的书风,其运笔书写多采"方笔",用笔棱角分明,具有齐、直、方、平的特点字体方整中多变化,外方内圆,内掖外拓,沉着有力,古朴而美妙。

　　此碑以其粗犷朴茂之美,历来为金石、书法家所推崇。明代王世贞评价说:"其书不能工,而典雅饶古意。"意谓《张迁碑》于"精工"的美学追求之外寻求一种"粗犷"的美感,强调一种大巧若拙、朴茂端直的美学意味。

视觉之美

文，错画也。象交文。——《说文解字》

文章焕以粲烂兮

《红楼梦》第五回,贾宝玉要找一个安顿的地方,找来找去,都不合自己心意:

"当下秦氏引了一簇人来至上房内间。宝玉抬头看见一幅画贴在上面,画的人物固好,其故事乃是《燃藜图》,也不看系何人所画,心中便有些不快。又有一副对联,写的是:'世事洞明皆学问,人情练达即文章。'及看了这两句,纵然室宇精美,铺陈华丽,亦断断不肯在这里了,忙说:'快出去!快出去!'"

《燃藜图》画的是神仙劝人勤学苦读的题材,贾宝玉不爱读书,当然很反感。"世事洞明皆学问,人情练达即文章"一联的意思是,明白世事,恰当地处理社会上的各种人情关系,这些都是为人处世的"学问""文章"。这里所说的"文章",不仅是指文辞学问,而且还有更加曲折隐蔽的含义。这一联说得世故、老成,贾宝玉看了,更加不开心,不愿意待在这个房间里了。

文，象形字。

《说文解字》解释"文"字："文，错画也。象交文。"意谓"文"是交错的笔画，象交叉的纹案之形。远古人在易于长期保存的岩壁或龟甲、兽骨上刻画能表现事物形象特征的线条、图案，用来记录战争、天象、祭祀等重大历史事件，以及重要的日常生活经验，以便传于后世。甲骨文的"文"字亦象纹理纵横交错之形，其本义即花纹、纹理。

"文饰"展现了色彩、花纹之美

在古文字中，"文"字亦有"纹""彣"等从"纟"、从"彡"的写法，大抵取其花纹驳杂之义。《说文解字》曰："文，错画也。"清代段玉裁说："错当作逪……逪画者，'文'之本义。"意谓此字的本义事物与丰富多样的色彩、花纹相关。这些都体现了古人对于色彩、花纹的美学认知。

刘勰在《文心雕龙》中曾指出自然界的"文"之美：龙凤以鳞羽呈现瑞祥，虎豹以毛色显现雄姿。云霞雕饰出色彩，超过画工下笔之精妙。草木开花，不经织女的巧手也显得神奇异常。大自然往往于质朴、单纯的色彩、花纹中呈现美的特质。

根据考古资料发现，新石器时代的彩陶纹多由弧线、弧形和圆点组成，具有鲜明的动感特征。如人面鱼纹彩陶盆，内壁以黑彩绘出两组对称人面鱼纹。人面呈圆形，头顶有似发髻的尖状物和鱼鳍形装饰。前额右半部涂黑，左半部为黑色半弧形。眼睛细而平直，似闭目状。鼻梁挺直。嘴巴左右两侧分置一条变形鱼纹，似是口内同时衔着两条大鱼。整个画面构图自由，充满奇幻色彩。这许多单独纹样、复合纹样的创作，

乃至黑、白的组合，点、线、面等元素的合理安排与运用，都是中国图案装饰史上不可绕开的话题。

　　成语"黼黻文章"便是指古代礼服上所绣的色彩绚丽的花纹，后泛指华美鲜艳的色彩。语出《荀子·非相》："观人以言，美于黼黻文章。"杨倞注曰："黼黻文章，皆色之美者。白与黑谓之黼，黑与青谓之黻，青与赤谓之文，赤与白谓之章。"用白、黑、青、赤四种颜色的不同搭配组合，极言色彩之绚烂。《考工记》亦有类似的言论："青与赤谓之文。"从美术学的角度看，青绿之色与赤红之色放在一起，会让人的视觉感官产生一种较强烈的生理上的排斥感，近似于一组对比色或

互补色。

《易·系辞下》曰:"物相杂,故曰文。"由此可见先民对于色彩之美的朴素理解,人们偏爱色彩的驳杂繁复。当然,这种驳杂的形式美,并非完全处于一种杂乱无章的状态。《礼记·乐记》曰:"五色成文而不乱。""文"与"乱"相对而言,即将色彩、花纹之美与事物杂乱的形态区分开来。《释名》曰:"文者,会集众彩,以成锦绣。"《墨子·非乐上》:"非以刻镂华文章之色,以为不美也。"《后汉书·张衡传》:"文章焕以粲烂兮,美纷纭以从风。"由此可见,驳杂繁复的色彩、花纹是具有恰当的组合规律、体现了一定美学原则的。

"文学"体现了语言文字艺术之美

传说上古时期仓颉造字,他仰观天文、俯察地理,根据天上星宿、地上山川的样子,鸟兽虫鱼的痕迹,描摹绘写,造出了文字符号。清代段玉裁曰:"黄帝之史仓颉见鸟兽蹄迒之迹,知分理之可相别异也,初造书契,依类象形,故谓之'文'。"他从色彩、花纹的交错之"文",引申出了汉字符号之"文"。汉字是当今世界上最古老的文字,也是唯一延续至今的象形文字,人们对于汉字的形态之美有着非常深刻的认识。

现在往往以"文"字表示用文字构成的篇章。郭沫若说:"人类最初只有言语,没有文字,到了有文字的发明,才开始用文字记录言语,便成为所谓文章。"《释名》曰:"文者……合集众字,以成辞义,如文绣然也。"现在我们通常将语言文学艺术称之为"文章",《玉篇》曰:"文,章也。"古人将在绘画或刺绣上的花纹称为"章",也有彰

显、彰扬之意。

宋代梅尧臣写孔雀"一身粲烂文章多",清代纳兰性德写五色蝴蝶"矧采翼之有斐兮,备文章之自然",皆说明了文章华丽、绚彩的特质。宋代黄庭坚曾评价苏东坡"嬉笑怒骂,皆成文章",即是称赞苏东坡文学才华出众,不拘题材形式,任意发挥,皆能写成富有文彩、趣味的篇章。由此可见,人们对于语言、文学之美的理解,强调的是艺术创造中的修饰性。

刘勰在《文心雕龙·情采》中强调了文章情、辞之重要性:"夫铅黛所以饰容,而盼倩生于淑姿;文采所以饰言,而辩丽本于情性。故情者文之经,辞者理之纬;经正而后纬成,理定而后辞畅:此立文之本源也。"涂脂抹粉虽然可以修饰人的容貌,但顾盼妍美才决定人的姿质;文采虽然可以修饰人的言论,但辩说之美才决定内容的价值。这是文章的内容之美。

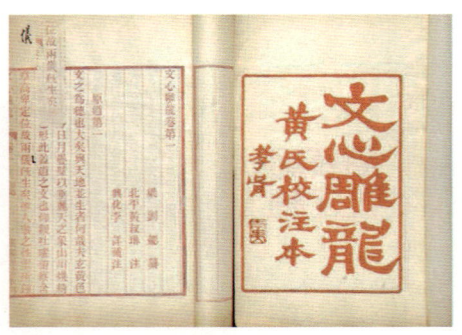

　　语言、文学之美还被提至一个极高的历史地位。唐代杜甫在《偶题》诗中总结自己对诗歌创作的见解："文章千古事，得失寸心知。""千古事"是指留传久远，关系重大，与曹丕说的"文章经国之大业，不朽之盛事"的说法相似，与古代的"三不朽"事业之一"立言"相互阐释。"寸心知"是说对于文章，作者本人的理解感知最为明白。王嗣奭《杜臆》说："此公一生精力用之文章，始成一部《杜诗》，而此篇乃其自序也。"文学家通过语言文字的形式，将个人的情感、精神品质与国家、历史大格局相契于一处，正如《史记·儒林列传序》中所说："明天人分际，通古今之义，文章尔雅，训辞深厚，恩施甚美。"由此亦见出，"文"的美学价值存在于其社会功用与历史价值之中。

"人文"展示了社会文明之美

　　有学者认为，古文字的"文"，身带有刺青图案的人形，这与原始社会的刺青、图腾文化有关，而从另一个角度也说明了"文"与"人"的深刻联系。人和动物的不同，除了人能生产劳动、创造发明之外，最根本的在于人有思想，人有"文明"，而动物则是野蛮的，缺乏一种人文精神。周作人在《人的文学》中,提出了"文学是人学"的观点,亦将文学的美学内涵指向人文精神层面。

"文"字下部的"乂",也与八卦哲学有密切的联系。八卦之爻表示相交,这种交错可以产生诸多变化,是一种智慧明达的表现。"乂"为平衡之形,象征着天地呼应、阴阳融合、刚柔相济、男女交合、生态繁衍……是人类文明的一个重要的象征性符号。正如爱默生所说:"文化开启了人们对于美的感知。"

《易·系辞下》曰:"其旨远,其辞文。"《易·小畜》曰:"君子以懿文德。"由"文"进于"文德",即是从高贵的人文精神与高雅的审美情趣中提炼出一种礼乐教化的社会传统。在北宋时期,汴梁皇城内便有一座"文德殿",是皇帝举行政务活动的场所。《宋史·礼志十九》:"皇帝日御垂拱殿,文武官日赴文德殿正衙曰常参,宰相一人押班。"朝中的文武京官,每日赴文德殿立班的行为,被称为"文德班"。

"文德"之说,最早见于《尚书》:"帝乃诞敷文德。"《论语》中谈治国之道亦曰:"故远人不服,则修文德以来之。"意谓君子行仁政,对于远方不归顺的人,则应以文教礼乐感化他们,使他们来归附于文明昭彰的国度。"文"作为一种德行,它常常体现为社会风气的培养与政治之教化。

《论语》中记载,孔子到卫国去,弟子冉有为孔子驾车。冉有问孔子:"这里人口众多了,百姓也富足起来了,还须再做什么呢?"孔子回答说:"教之。"意谓用礼乐文化来教化他们。在中国政治历史进程中,儒家一直以一种关怀天下、积极入世的人文精神,涵养着中国士人"修身、齐家、治国、平天下"的人格理想,对中国政制也强调了人文教化的力量。

汉字简说

·小篆·

> 积句而成章,积章而成篇。
> ——南朝梁·刘勰《文心雕龙》

章,会意字。许慎《说文解字》曰:"章,乐竟为一章。从音从十。十,数之终也。"意谓音乐一曲结束叫一章,此字从"十",是因为"十"这个数字有表示终止、终结的意思。许慎解释的应是"章"的后起义。在古代的绘画或刺绣上,赤与白相间的花纹叫作"章"。金文的"章"字从"辛",象古代的木柄刺刀之形,"章"字应有刻画、雕镂显眼花纹之义。

四禽言

元·梁栋

行不得也哥哥,湖南湖北春水多。九嶷山前叫虞舜,奈此乾坤无路何?行不得也哥哥!

古人善于用文字模拟大自然的声音,以表达丰富的情感,使之更具诗意的生命力。人们模拟鹧鸪鸟的叫声:"行不得也哥哥。"仿佛在感叹行路艰难,又如多情女子如怨如慕地挽留自己的情郎。这在元代、明代以后的词曲中颇为常见。这首《四禽言》,申言"春水多""乾坤无路"的漫长、难行之苦,回环反复地描写"行不得也哥哥"的鹧鸪声,真是情曲意长。

在文辞修饰方面,文学家对万物声音、行为状态的模拟,演变成了联绵词。如"关关雎鸠"之"关关",是模拟雎鸠的叫声,"窈窕淑女"之"窈窕",是形容美好女子的体态。中国语言文字特有的美学特质,丰富了被模拟的声音、状态的蕴藉性与生动性。

素，白致缯也。——《说文解字》

素

梨花院落溶溶月

说到"素",不得不让人想起中国的素食文化。所谓素食,就是不加荤腥的食物。早期的佛教并没有素食的传统,今天在南亚、中南半岛一带的南传佛教信众亦不戒荤腥。可以说,素食是佛教文化传入中国之后的一大创造。

素食文化可能源于佛家"不杀生"的戒条。《梵纲经》道:"不得食一切众生肉,食肉得无量罪。""不得食五辛:大蒜、葱、韭、薤、兴渠。"南北朝时期,好佛的梁武帝深识佛教的慈悲之义,于是下诏禁止杀生做宗庙牲品,他本人也断酒肉,行素食。中国佛教的素食传统也由此开始。

唐代的侍中崔安潜奉佛,常年吃素。平日里宴请同僚的时候,他也用素菜。他将面粉、蒟蒻之类的食物染上颜色,做成猪腿、羊蹄等脍炙的形状,逼真无比。

随着素食文化的发展,今天的素食更是品种丰富,名目繁多。素食

表现出了回归自然、回归健康的文化理念，不仅是一种健康的生活方式，更体现了人类对生命的尊重和慈悲的情怀。

素，会意字。

《说文解字》解释"素"："白致缯也。""缯"是古代对丝织品的总称，"素"的本义即是一种白色且精细的丝织品。

"素"发端于中国的丝绸文化

"素"字的上部，即今之"垂"字，下部是"糸"，象丝绞之形，有丝束的绪、头及中间的丝绞。清代段玉裁说此字之会意是"取其泽也。泽者，光润也"。由于质感光润的丝织物如丝绸等往往易于下垂，所以，"素"字往往表示丝绸等较高级的丝织物，这体现了中国传统高超的丝织工艺技术。

在古代四五千年的历史中，我国一直是世界上唯一能够织造出轻柔美丽丝绸的国家，是世界上名副其实的"丝国"。中国目前所知最早的丝织实物是在浙江吴兴钱山漾遗址发现的，至今已有四千七百多年，绢片的经纹每厘米有52根，纬纹每厘米有48根，在织绢工艺上已具有相当高的水平。商周以后，便出现了绮、纱、缣、纨、罗等多种多样的丝织物，而且形式越来越精美。唐代周昉的名画《簪花仕女图》，描绘了六位衣着艳丽的贵族妇女及其侍女赏花游园的情景，其中有些妇女的衣着，便是着唐代流行的团花纹丝绸服装。

随着丝织工艺技术的成熟，丝织品上出现了织花、绣花、织金等艺术性纹样，令丝织品有了更加浓厚的审美意味。如东汉的锦纹样，人物与禽兽奔逐于动荡的云气山岳之中，充满着动感与力度，与其间的吉祥文字交相辉映。南北朝时的丝织物纹样则倾向严谨对称和具有韵律感的图案风格。唐代

的瑞锦、宫绫，有对雉、斗羊、翔凤、游麟诸种花式，被称为"陵阳公样"。清代的《彩织极乐世界图轴》，展现了佛界中西方佛国的灿烂辉煌、庄严华丽的场景，它用近20种不同颜色的长织梭织出278个人物及内容，可谓中国手工丝织提花工艺的代表之作。

19世纪末，德国地质地理学家李希霍芬在《中国》一书中，把"从公元前114年至公元127年间，中国与中亚、中国与印度间以丝绸贸易为媒介的这条西域交通道路"命名为"丝绸之路"。在汉代，从长安出发之通道为陆上丝绸之路，从徐闻、合浦出发的海上通道则为海上丝绸之路，此外，尚有云南、贵州边境的西南丝绸之路，以及陆上与海上丝绸之路的对接通道等。由此，丝绸成了中国看世界的"眼睛"，也成了世界了解中国的"窗口"。这一条运输中国特产商品至海外诸国的贸易线路，使中国在与世界的通商、交流中形成了一种"丝路文化"。

"素"突显了淡雅之美

清代段玉裁说，表示丝绸的"素"字"以其色白也，故为凡白之称"。由于没有染色的丝绸颜色洁白，故引申之，但凡白色、雪白之物，皆以"素"字称之。这里强调了白色独特的审美价值。

文学作品中多有描写"素"的颜色之美，这种色彩有一种淡雅的美学特质。如"素手"是对女子洁白美丽的手的描写。汉乐府《古诗十九首》："娥娥红粉妆，纤纤出素手。""纤纤擢素手，札札弄机杼。"三国曹植《美女篇》："攘袖见素手。"唐李端《听筝》："鸣筝金粟柱，素手玉房前。"皮肤

白皙反映了古代贵族女性的特征，体现了古代贵族阶级的审美趣味。又如，古代称秋风为"素风"，这与传统五行观念有关，五行学说认为秋属金，其色为白。晋阮籍《咏怀》："日月径千里，素风发微霜。"唐王良会《武相公中秋夜西蜀锦楼望月》"令行秋气爽，乐感素风轻。"又如，古人称嫦娥为"素娥"。唐李商隐《霜月》："青女素娥俱耐冷，月中霜里斗婵娟。"宋代史达祖《桃源忆故人》："羞见素娥娇影。明似愁鸾镜。"因为在神话传说中，嫦娥住在月宫中，月亮的白色便用来指代仙女嫦娥之淡雅颜色。

传统书画艺术亦讲究"素"的表达，追求一种清淡雅致的风格。如在画面布局时需留出一定空间，不着笔墨，称之为"留白"。南宋马远的《寒江独钓图》，画中只见一只小舟与一个垂钓的渔翁，大量的留白创造了烟波浩渺的水的意象，天地觉宽，无物以胜有物。书法有"飞白"之法，通过变化书写力度，使枯笔与浓墨、涨墨产生对比，加强书法作品的韵律感和节奏感。

白色是中国传统的五色之一，有雪白、霜白、茶白、象牙等名称。素净的白颜色表现出洁白、干净、安静、淡雅的状态，表达清晰、完善甚至空灵的境界，具有独特的空间感和艺术性，故而往往被赋予褒赞的情感意味。

"素"体现了人们对本真、质朴之美的追求

"素"字由颜色之美逐渐演化出一种道德之美，正如清代段玉裁所说："以白受采也。故凡物之质曰素……以质未有文也。"素白之色具有"受采"的潜质，是一种底色，故而引申出本质、本真之义。在古

代,"质"和"文"往往相对言之,而且,在传统审美观念中,往往更倾向于前者。

老子《道德经》提出"见素抱朴","素"指没有染色的生丝,"朴"指没有加工的原木。见素抱朴,意谓呈现无颜色的生丝、抱着未加工的木头——这个联合式短语表达了同一个意思,即强调本质的内在,保持朴素、天然的生命状态,追求本真、质朴之美。以此观照道家的审美观,故有"大象希形""大音希声""大巧若拙""至文不饰""朴素而天下莫能与之争美"的美学观念。

墨子认为在人们基本之功利需求还未满足之时,就不宜耗费大量资财用于审美,这是对本质价值的肯定。据此,他提出了"非乐"的主张,"耳之所乐,口之所甘,身体之所安,以此亏夺民衣食之财,仁者弗为也。"法家亦不提倡外饰之美。《韩非子》:"和氏之璧,不饰以五采,隋侯之珠,不饰以银黄;其质至美,物不足以饰之。夫物之待饰而后行者,其质不美也。"

相比之下,对于"以白受采""凡物之质曰素"的理解更为深刻透彻的当属儒家。孔子的弟子子夏曾引用诗句"巧笑倩兮,美目盼兮,素以为绚兮"问老师,这几句诗是什么意思呢。孔子回答说:"绘事后素。"这几句诗的意思是说:漂亮的面孔笑得好看,黑白分明的眼睛转动得好看,洁白的画布上画出的画儿好看。"绘事后素"由此成了一个重要的美学观点。《考工记》曰:"绘画之事后素功。"谓先以粉地为质,而后施五采,犹人有美质,然后可加文饰。孔子既强调了本质之美,又不反对外饰之功,这反映了儒家"文质相宜"的美学观念。孔子所理解的美的本质,就是个体在同人类文明发展相称的形式中的完满实现,衣冠、容止、修辞等"彩色"所显示出来的,正是人类的尊严、教养、智慧等"素色"之美。

汉字简说　　　　　　　　纤

纖　　　　　　　　纖

·小篆·

落魄江湖载酒行，楚腰纤细掌中轻。

——唐·杜牧《遣怀》

"纤"是形声字，从糸，千声。《说文解字》曰："纤，细也。"此字的本义应与丝织品材料及其质感有关，后来用以形容纤细、细小的形态特征。《玉台新咏·孔雀东南飞》："纤纤作细步。"汉乐府《古诗十九首》："纤纤出素手。"大抵取其细小柔弱之义。

美学散步 | 书画廊

北宋·李公麟《五马图》（局部）

　　白描是中国传统绘画的技法之一，它通过单勾、复勾等方法，用线条来表现物象。物象之形、神、光、色、体积、质感等，在线条的虚实、疏密之间展现出来，既有不施色彩的素淡之美，又有不乏丰富的艺术表现力。

　　宋代画家李公麟善用白描，他的白描线条健拔、浓淡有致，朴素简单而不失灵动自然。人们评价他的白描艺术"扫支粉黛、淡毫清墨""不施丹青，而光彩动人"。

　　传为李公麟所作的白描《五马图》，以白描的手法画了五匹西域进贡给北宋朝廷的骏马。五匹马体格健壮，姿态各异，五位牵引的奚官或骄横、或气盛、或谨慎、或老成，亦各见神采。苏轼称赞李公麟画马"龙眠胸中有千驷，不惟画肉兼画骨"。

清，朗也，澄水之貌。——《说文解字》

河水清且涟猗

有一次，诗人屈原在沅江边上游荡，面容憔悴，模样枯瘦。一位渔父看到了他，说："您不是三闾大夫屈原么，为什么落到这步田地？"屈原说自己遭到放逐，因为"举世皆浊我独清，众人皆醉我独醒"，所以在朝廷得不到重用。

渔父说："'举世皆浊'，你干嘛不去搅浑浊泥呢？'众人皆醉'，你干嘛不去喝酒呢？干嘛要自命清高！"

屈原说："我听说，刚洗过头的人，一定要弹弹帽子；刚洗过澡的人，一定要抖抖衣服。怎能让清白的身体受到污染呢！那我宁愿跳到湘江里，葬身在江鱼的腹中！"

渔父莞尔而笑，摇起船桨离开了。远远地唱起了歌："沧浪之水清兮，可以濯吾缨；沧浪之水浊兮，可以濯吾足。"

屈原是个高标独立的志士，渔父是个高蹈遁世的隐者。面对污浊的世界，屈原选择保持自身的"清"，渔父则选择"清""浊"自任，乐观豁达。渔父的歌声充满哲理，令听者回味无穷。

清，形声字。

《说文解字》解释"清"字："朗也，澄水之貌。"从水，青声。段玉裁注云："朗者，明也。澄而后明。故云澄水之貌。引申之，凡洁曰'清'。凡人洁之亦曰'清'。同'净'。""清"字的本义，即指流水洁净透明的样子。

流水有澄清之美

"清"字从"水"，表示水之澄清。大自然中的水以其流动不息、善于洗涤的特质，历来为人们所赞颂，《诗经·魏风·伐檀》曰："河水清且涟猗。"它代表新生、年轻、活跃生长的自然事物，表示一种清净、纯洁、富有生命力的美学特质。

这"清"是柳宗元笔下"尤为清冽"的小石潭。"下见小潭，水尤清冽。全石以为底，近岸，卷石底以出，为坻，为屿，为嵁，为岩。青树翠蔓，蒙络摇缀，参差披拂。潭中鱼可百许头，皆若空游无所依。日光下澈，影布石上，佁然不动；俶尔远逝，往来翕忽。"潭底石块形状清晰可辨，鱼儿仿佛在空中游动，什么依靠也没有。阳光直照到水底，鱼儿的影子映在石头上，呆呆地停在那里一动不动，忽然间又向远处游去了。不写水之"清"而写鱼之"明"，更见出水的清澈无比。

这"清"亦是陪伴陶渊明"临清流而赋诗"的潺潺流水，是李白"湖清霜镜晓，涛白雪山来"中晓若明镜的湖水。有《孟子》的："沧浪之水清兮。"有林逋《山园小梅》中的："疏影横斜水清浅，暗香浮动月黄昏。"

流水之所以有清澈之美，正如段玉裁所说的"澄而后明"，正因其流动不息，故能清澈明亮，这是一个动态的过程。水的"清"的特质，体现了人们对大自然之美的体悟。

"清白"廉洁是君子之品行

"清"与"浊"相对，相比于流水之清浊，它更象征着一种人格品性。清澈的水如同一块明亮的镜子，能够清晰地映照世间万物，人心亦当如光洁的明镜一样，坦坦荡荡。水清可鉴物，心清可明理，因此，古人赋予了"清"以崇高的道德价值，甚至臻于君子之"道"的境界。《淮南子》有言："圣人守清道而抱雌节。"意思是圣人固守清纯之道、柔弱之节。《论语·微子》："身中清。"《楚辞·离骚》："伏清白以死直兮。"皆是把"清"视为人的一种重要的道德修养。

《战国策·齐四》中记载，齐宣王认为颜斶品德高尚、才智过人，想要请颜斶收自己为弟子。颜斶辞去曰："斶愿得归，晚食以当肉，安步以当车，无罪以当贵，清静贞正以自虞。"意谓希望自己回到乡下，晚一点进食，即使再差的饭菜，也如吃肉一样津津有味；缓行慢步，完全可以当作坐车；无过无伐，足以自贵；清静无为，自得其乐。"清静"有清白廉洁、不受纷扰的意思。颜斶之言至今依然广为传颂，其背后隐含的文化意义，即是人们对于"清"的君子人格品质的赞美与追求。

明朝名臣于谦居官清廉。当时，官场腐败，贿赂公行。尤其是英宗即位后，太监王振把持朝政，勾结内外贪官污吏，擅作威福，大臣进京，必须馈送重金厚礼，否则后果难料。然而于谦一身正气，绝不随波逐流。他每次进京，只带随身行装。好心人怕他遭殃，劝说："你不带

金银入京，也应带点土特产品送一送啊！"他举起袖子笑笑说："我带有两袖清风！"于谦有诗《石灰吟》："粉身碎骨全不怕，要留清白在人间。"咏石灰而托物言志，体现的正是自己廉洁正直的磊落襟怀。

"清净"是一种至高的精神境界

释家对中华传统文化产生了深刻的影响。佛教思想往往将"清净"合而言之，释家对于"清"的阐释，体现了一种人性的智慧。

《水浒传》第四回中描写了梁山好汉鲁智深出家时的情景，文殊寺真长老受赵员外之托，择良辰吉日，在法堂内为鲁达剃度。其间念一偈语，道："寸草不留，六根清净，与汝剃除，免得争竞。"接着，净发人一刀皆尽剃了，长老赐名智深。长老为鲁智深摩顶受记道："一要归依三宝，二要归奉佛法，三要归敬师友，此是三归。五戒者：一不要杀生，二不要偷盗，三不要邪淫，四不要贪酒，五不要妄语。"鲁智深不晓得禅宗答应"是""否"两字，便道："洒家记得。"引得众僧都笑。

"六根清净"一词是常见的佛教用语，最早出于隋炀帝《宝台经藏愿文》："五种法师，俱得六根清净。"六根，指眼、耳、鼻、舌、身、意。清净，指远离恶行过失、烦恼垢染。佛教认为人从无始以来的一切罪业，均由六根所造，比如眼根贪色、耳根贪声、鼻根贪香、舌根贪味、身根贪细滑、意根贪乐境。因此佛家以达到远离烦恼的境界为"六根清净"。

这在当代社会生活中，依然有一定的文化意义。在生活节奏快、信息碎片化与多样化、人际关系日趋复杂的现代都市社会中，我们更应该学会减少名权之欲望、势利之神虑，学会如水一般的沉淀与清澈。唐代诗人白居易说："自静其心延寿命，无求于物长精神。"心境平和、清净的人，可以有效地减少烦恼，从而获得安宁自在、轻松快乐的生活。

汉字简说　净

·小篆·

净

风烟俱净，天山共色。

——南梁·吴均《与朱元思书》

"净"，形声。《说文解字》："净，鲁北城门池也。从水争声。"本义亦与水有关，指的是春秋时鲁国北城门"争门"的护城河，后引申为洁净、清净之义。

美学散步 | 书画廊

宋·李唐《清溪渔隐图》(局部)

  南宋画家李唐的长卷绢本水墨画《清溪渔隐图》描绘了江南钱塘一带的景色：山雨过后，绿树浓覆，坡泥湿翠，清澈的溪水湍流着，旁边有一位村翁在江苇间垂钓。这位村翁应是一位隐士。它以阔笔湿墨画树、石，用细笔淡墨写水、写芦苇等草木，用重笔焦墨刻画人物、板桥、渔舟等景物，粗细有致，纵涩轻重各得其宜。其中，作者更是以劲细流畅的笔触展示了清溪的静谧而善于流动的特点，点出了画名"清溪"之"清"。

  《清溪渔隐图》所表达的主题，在于表达传统士人的隐逸之志。作者对清溪以及周边的景物描绘，实则是以"清"写"隐"，用清澈无碍的流水形象表现隐匿于山水之间的渔翁的高洁情操。

奇，异也。——《说文解字》

奇文共欣赏
疑义相与析

　　《山海经》中曾记载了一种传说中的怪兽，叫做"穷奇"，是中国神话传说中的四凶之一。这"穷奇"长得像老虎，生了一对翅膀，喜欢吃人，尤其喜欢从人的头部开始吃，是一头凶恶的异兽。据说，"穷奇"看见有人打架，它就要吃了正直有理的一方；若某人忠诚老实，它就要去把那人的鼻子咬掉；如果有人犯下恶行，穷奇反而要捕捉野兽送给他，并且鼓励他多做坏事。真可谓是远君子、近小人的恶兽。也有另一种说法，认为"穷奇"是一种能够驱逐蛊毒害物的善兽，它虽然相貌丑陋，但是善于驰逐妖邪，因此被尊为"神狗"。在这些传说中，"穷奇"都被赋予了奇特的外貌、怪异的举动，以其怪诞无稽的故事给人留下了深刻的印象。

　　奇，会意字。

　　《说文解字》解释"奇"字曰："异也。一曰不耦。"清代段玉裁解释说："奇，异也，不群之谓。一曰不耦。奇耦字当作此。""耦"

即是"偶",不偶,说明"奇"表示一种特殊的、稀罕的、不常见的事物。

"奇",来自古人浪漫恣意的想象

《说文解字》解释"奇"为"不耦","耦"即"偶","奇"与"偶"相对,表示特殊的、不常见的,亦表示数目不成双的。这反映了古人的猎奇心理,展示了古人过人的想象力。

《山海经》是中国志怪古籍,也是一部荒诞不经的奇书,内容主要是民间传说中的地理知识,包括山川、道里、民族、物产、药物、祭祀、巫医等。此书还保存了夸父逐日、女娲补天、精卫填海等不少脍炙人口的远古神话传说和寓言故事。古人认为该书是"战国好奇之士取《穆王传》,杂录《庄》《列》《离骚》《周书》《晋乘》以成者。"

刑天断首的故事出自《山海经·海外西经》。"刑天与帝争神。帝断其首,葬之常羊之山。乃以乳为目,以脐为口,操干戚以舞。"刑天是《山海经》里提到的一位无头巨人,原是炎帝的手下。自阪泉之战炎帝被黄帝打败以后,刑天便跟随在炎帝身边,居于南方。当时,蚩尤起兵复仇,却被黄帝铲平,因而身首异处,刑天一怒之下便手拿着利斧,杀到天庭中央的南天门外,指名要与黄帝单挑独斗。最后刑天不敌,被黄帝斩去头颅。没了头的刑天并没有因此死去,而是重新站了起来,并把胸前的两个乳头当作眼睛,把肚脐当作嘴巴;左手握盾,右手拿斧。因为没了头颅,所以他只能一直与看不见的敌人厮杀,永远战斗。晋代诗人陶渊明《读山海经》有诗赞曰:"精卫衔微木,将以填沧海。刑天舞干戚,猛志固常在。同物既无虑,化去不复悔。徒设在昔心,良辰讵

可待!"陶渊明赞颂刑天的人格精神,是对刑天之"奇"的肯定。

《国语》有言:"奇生怪。"《山海经》是一部志奇、志怪的典籍。这一题材的作品亦在中国古代文学史上留下了奇特的一笔。如托名东方朔的《神异经》、西晋张华的《博物志》、东晋干宝的《搜神记》等,明清以后,更出现了大量荒诞离奇的神魔小说,如《西游记》《镜花缘》《封神演义》等,至今依然广为流传。

"奇",是一种奇妙的感官体验

《说文解字》曰:"奇,异也。"可见,"奇"字有新奇、特异之义。新鲜、奇妙的事物往往给人带来独特的感受,激发人们的情感共鸣,带来新鲜的美学特质。

《诗经·斯干》中有"如跂斯翼,如矢斯棘,如鸟斯革,如翚斯飞"的句子,描述了奇妙的屋檐形态,意谓屋檐舒展,如同鸟儿张开双翼,野鸡展翅飞翔一般。古代智慧的匠师们很早就发挥了屋顶部分的装饰功能,将各种新奇的视觉体验融入其中。

唐代元和十四年，韩愈因谏迎佛骨被贬至潮州，他写下《初南食贻元十八协律》，记录了潮州奇特的饮食风味。这是韩愈第一次尝海鲜，诗中提到的"鲎""蚝""蒲鱼""蛤""章举""𩹭"等数十种食物，应该都是他前所未见的，"莫不可叹惊"。满桌子食物中，"惟蛇旧所识"，只有蛇是他以前见过的。岭南地区的新奇名物给喜欢猎奇的文人带来了很大的乐趣，潮州腥臊而陌生的食物给韩愈带来了奇妙的味觉体验。

从美学的角度分析，事物的呈现往往代表了某种意义，它通过具有良好识别性的信息传达给接受者，以期待与接受者的情感交互活动。新奇的事物往往给人提供了更具识别度的信息，"奇"的事物往往是新生的、未知的、令人期待的，甚至令人感到恐惧的，它可以高频、高效地传达出某种美学信息，以此刺激人的感官体验，使人更易于产生情感上的共鸣。所以，晋代陶潜在《移居》中写道："奇文共欣赏，疑义相与析。"奇文，是指观点新颖、形式鲜明的文章，是值得一起欣赏的，同时也不能一味地附和，也应善于质疑，应有自己的看法和主张。

"奇"，是一种大而异的美学特质

"奇"的上边是"大"，下边是"可"，取大而肯定之意。《荀子·非相》的注文中解释"奇伟"曰："奇伟夸大也。"由此可见，大而异的美学形态往往有一种崇高的、特殊的、压迫性的特质，这种"权利和愤怒"的美学表达，契合于人类的原始美学接受心理。

人们欣赏大而异的山水之美。南朝梁文学家吴均的《与朱元思书》，便生动逼真地描绘出富春江沿途"奇山异水，天下独绝"的风光。何为"异水"？有"水皆缥碧，千丈见底"的静态美，有"急湍甚箭，猛浪若奔"的动态美。何为"奇山"？有"争高直指，千百成峰"的山势之奇，仿佛它有无穷的奋发向上的生命力；有"好鸟相鸣，嘤嘤成韵"的空山天籁之奇，泉水、百鸟、猿猴等声音汇成一曲对生命的颂歌；有"横柯上蔽，在昼犹昏"的光影之奇。动静、声色、光影之下的奇异山水，展示出了一幅充满生命力的自然大画面。

人们欣赏大而异的建筑之美。唐代杜牧的《阿房宫赋》，描写了"天下第一宫"阿房宫的神奇瑰丽。"覆压三百余里，隔离天日。骊山北构而西折，直走咸阳"，可见阿房宫规模空前、气势宏伟。"五步一楼，十步一阁；廊腰缦回，檐牙高啄；各抱地势，钩心斗角"，可见阿房宫建筑结构的参差错落、精巧工致。阿房宫里，没有起云，为什么有龙？原来是一座长桥躺在水波上。不是雨过天青，为什么出虹？原来是天桥在空中行走——在文学家的奇异笔墨之下，如阿房宫这样高大而独特的建筑，显现出了更加神奇、诡幻的美学魅力。

人们欣赏大而异的英雄之美。唐代韩愈《送董邵南序》曰："燕赵古称多感慨悲歌之士。"即表现了对博大、奇异的人格魅力的推崇。如"士为知己者死"的侠士豫让；如"风萧萧兮易水寒，壮士一去兮不复还"的刺秦英雄荆轲，如"一声好似轰雷震，独退曹家百万兵"的张飞、"钢枪匹马冠三军，前后无双勇绝伦"的赵子龙，如英勇抗日血染沙场、舍身报国的狼牙山五壮士……大而异的英雄形象，不只体现为身材魁梧、虎背熊腰、相貌清奇的体态之大、举止之异，更多的是一种敢作敢为、勇于牺牲的精神品质，一种高大卓绝的英雄品格。

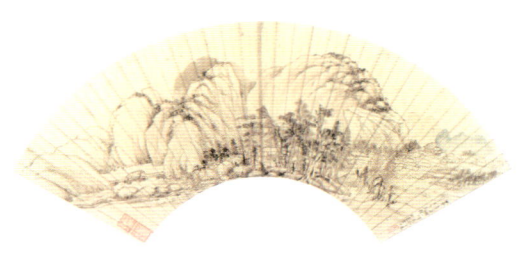

汉字简说

壮

壯　　　壯

·小篆·

> 风萧萧兮易水寒，壮士一去兮不复还。
>
> ——《战国策·燕策三》

"壮"。《说文解字》解释说："壮，大也。""壮"字从士。《广雅》曰："壮，健也。"《礼记·曲礼》："三十曰壮。"意谓人到了三十岁的时候可称"壮"。《方言》曰："秦晋之间，凡人之大谓之奘，或谓之壮。"此处"奘""壮"二字互训，亦说明"壮"字有"大"之义。此字的本义是指人体高大，肌肉壮实，后引申为豪壮、雄伟之义。

美学散步 | 文学角

独秀峰

清·袁枚

来龙去脉绝无有，突然一峰插南斗。
桂林山水奇八九，独秀峰尤冠其首。
三百六级登其巅，一城烟水来眼前。
青山尚且直如弦，人生孤立何伤焉？

"桂林山水甲天下"，清代诗人袁枚描写桂林山水中的独秀峰，谓其峰全然找不到来龙去脉，突然出现，高可入云，直插南斗星。桂林山水本来就十有八九奇绝卓异，而独秀峰更是首屈一指！这首诗写出了桂林山水之"奇"，更突显了独秀峰之"奇"。

值得注意的是诗人的"数字美学"，如"突然一峰"，言其突兀；"奇八九"，以多衬少；"三百六级"，言其卓绝高耸之美；"一城烟水"，言其浩瀚浑然之美。

诗人最后以自然山水生发个人的哲思——青山尚且可以矗立如琴弦，人生孤立无援又有何妨！寄寓自己孤高自守的品格，表现出一种独立之意志，自由之精神，展示一种崇高的美学特质。

不荣而实者谓之秀。——《尔雅》

兰有秀兮菊有芳

汉光武帝刘秀是东汉时期的第一位皇帝。刘秀在没当上皇帝之前，仅靠务农为生，农闲时也做点贩卖粮食之类的小生意，社会地位卑微。

汉代盛行图谶之学。有一次，刘秀和姐夫去拜访一个叫蔡少公的异人，这个蔡少公颇懂得图谶之学，他推算了一下，便说："刘秀当为天子！"在座众人听了，无不大笑，说："您说的是国师公刘秀吧？"当时王莽当政，王莽的亲信也叫刘秀，位列"上公"。大家都不把这个种田为生的刘秀放在眼里，更不相信他能当皇帝。刘秀听了蔡少公的话，也不以为然，开玩笑地说："怎么就知道这个'刘秀'一定不是我呢！"此话一出，引来哄堂大笑。

后来，王莽政权分崩，天下大乱。刘秀凭借自己是汉室宗亲的身份，在家乡乘势起兵，并于河北鄗南千秋亭登基称帝，经过长达十二年之久的战争，结束了自新莽末年以来长达近二十年的军阀混战与割据局面。他竟应了那句"刘秀当为天子"的谶语，成为东汉的开国皇帝。

秀，会意字。

由于避汉光武帝刘秀的名讳，东汉许慎的《说文解字》于此字并无著录，南唐徐锴解释说："禾，实也。有实之象，下垂也。"意谓"秀"字就像禾穗下垂，很饱满地摇曳着。《尔雅》曰："不荣而实者谓之秀。"

谷物抽穗是大自然的"秀德"

"秀"字的上部是"禾"，其字形即象麦穗之形，下部的"乃"有孕育之意。这个字展现出了丰收季节中最令人感到喜悦的谷物抽穗扬花的样子，展示了大自然厚美的生命力。

大抵植物的生长，皆可以称之为"秀"，故以娇嫩的新芽为"秀甲"；以茂盛之草为"秀草"；谓山陵秀美草木繁茂为"秀蔚""秀茂"。《楚辞·九歌·山鬼》"采三秀兮于山间"，汉武帝《秋风辞》"兰有秀兮菊有芳"，乃是称赞美丽盛开的植物。当然，对于"秀"之美的要求却不止于此。《尔雅》曰："不荣而实者谓之秀。"人们不仅希望谷物能够生长、茂盛，而且期待它开花结果，最终使人能够收获果实。故《诗经·大雅·生民》曰："实发实秀，实坚实好。""秀"字的背后寄托着劳动人民对于丰收的企盼。

"秀德"的背后体现了生命的孕育与成长。《后汉书》曰："振振子孙，或秀或苗。"这是将植物发芽、生长、茂盛乃至开花结果的过程譬喻人的成长。在中国传统观念中，人在自然宇宙中具有独特的价值地位，而人的成长过程，则表现为一种超脱的生命力。孔子曰："苗而不秀者有矣夫，秀而不实者有矣夫。"宋代的朱熹解释说："谷之始生曰

'苗'，吐华曰'秀'，成谷曰'实'。"所谓"苗"，即根苗。有些植物，种籽种下去，发出的芽非常好，应该前途无量，但结果却长不大，枝叶也并不茂盛，这是"苗而不秀"。也就是说，有些人小时了了，大未必佳。种谷，有的生了苗而不出穗，有的虽出穗而不结实，这是"秀而不实"。这是孔子以庄稼的生长、开花到结果来比喻一个人的求学过程、成长过程。若从儒家"学而优则仕"的观点出发，孔子还是希望他的学生既能学有所成，最终亦能出仕，实现儒家"治国平天下"的政治理想。

俗话说："一方水土养一方人"，河川与土地如同培育草木一样生养人类。一方水土能够养育出很多人才，往往以"钟灵毓秀"称之。"钟"有凝聚之意，"毓"是养育之意，意谓这一方水土凝聚了天地之间的灵气，孕育出了许多优秀的人物。今天，我们以"优秀"形容一个人的品行、成绩等非常好，即强调"秀"的美好、出色之意。由草木之"秀"引申出的人才之"秀"，亦是对人自身的尊严、教养、智慧、才能等品质的成长性的高度赞美。

"秀气"是人的一种气质美

"秀气"原指自然万物的秀美之气。晋代画家顾恺之从会稽游玩回来，人们问他那里的山川有多美，他说："千岩竞秀，万壑争流，草木蒙笼其上，若云兴霞蔚。"山川之间有秀气，真是美极了！"秀"字更常被用以形容流水，如成语"山明水秀""山清水秀"，大抵将川河之水清澈宁静而不失流动的状态与"秀气"的美学特质联系在了一起。

秀气的人亦有一种极具美感的气质。如汉代的张良，史书上说他

兰有秀兮菊有芳

视觉之美

105

"状貌如妇人好女",是一位秀气的美男子,而他善于"运筹于帷幄之间"的极高智慧,更展现出了一个清灵秀美的策士形象。又如,三国时期的周瑜,人称"江左风流美丈夫",他不仅是个羽扇纶巾、雄姿英发的军事家,而且是个姿质风流、仪容秀丽的音乐家。人的气质,往往与人的内在文化修养息息相关,并通过具体的行为举止、语言神态等展示出来。

《礼·礼运》曰:"人者……五行之秀气也。"《周子·太极图说》曰:"惟人也得其秀而最灵。"儒家的生命本体论从道德理性本体的高度,通过一种天道意志彰显生命的意义与价值。

人的气质展现出秀气的一面,颇具有阴柔的、精致的美感。这种气质的表现,往往与人们生长的地理环境有着密切的联系。例如,相对而言,南方人比北方人显得秀气。正所谓"一方水土养一方人"。丰富的河川、土地面貌孕育了多样的人文环境。江南固有一种阴柔清秀的生命力,江南一带的昆山腔婉转流丽,自有一番细致处,它内蕴着淮河与扬子江所孕育的人文环境。南宋以来,这一带一直是全国各地的画家和艺匠的家园,此地的刺绣、剪纸、雕漆都有精细入微、惟妙惟肖的特点,此地的雕版印刷,在雕刻、用纸、用墨方面都无不考究……这种种地理环境的独特气质也成为人们承托思想与灵魂之玉盘,成为人们探寻心灵归宿的独特方式,形成了一种"秀气"的人物气质。

"秀丽"是清新精致的艺术风格

"秀"的美学特质往往具有小巧、轻缓、柔和等形式特征,秀美的对象多来自于大自然,往往以清新、精致、淡雅、轻盈等来描述,它往往展现出了生命、力量的静态直观,唤起人们圆满轻松的、愉悦的审美体验。

中国古代的"仕女"题材的绘画，便是以婉约秀丽为胜。如唐代周昉的《挥扇仕女图》、张萱的《虢国夫人游春图》、明代仇英的《列女图》、清代费丹旭的《仕女册》等，描绘的大多是修颈、削肩、柳腰体貌的贵族妇女，表现她们的日常闲逸生活。其绘画技艺，描笔多用游丝描、细线描，设色匀称，渲染细致，以表现出女子的秀丽体态和衣饰的细腻质感。古罗马时期的哲学家西塞罗就曾把美分成"秀美"和"威严"两大类，他认为必须把秀美看作是女性美，把威严看作是男性美。以此观之，"秀美"即是一种女性化的美学视角。

金代元好问《论诗绝句》曾评价宋代秦观的诗歌是"女郎诗"："有情芍药含春泪，无力蔷薇卧晚枝。拈出退之山石句，始知渠是女郎诗。"这大概是因为秦观的诗风调柔媚，太过秀气，诗体纤弱。但是，这种秀美之气在词境中却开出了"婉约"一路，别有一番风味。宋代词人柳永、李清照等，多用含蓄蕴藉的方法表现儿女之情、离别之情，如"寒蝉凄切，对长亭晚，骤雨初歇"，"寻寻觅觅，冷冷清清，凄凄惨惨戚戚"，修辞婉转，更见秀美细腻。

唐代韩愈曾批评晋代王羲之的书法"俗书趁姿媚"，后代学《兰亭序》的书法，亦往往遭到"姿媚之书"的诟病。书法之秀媚风格，往往容易流于笔意浅薄，变成轻佻一路，这要求书法家要有极高的艺术感知力和创造力，能够外耀其精神而内潜其精气。如元代书法家赵孟頫的《妙严寺记》，笔画圆润而筋骨内涵，一点一画，华滋遒劲，结体宽绰秀美，堪称"赵体"中的精品。又如明代的文徵明，他晚年的小楷书法为人所称道。文徵明于86岁高龄所抄的《离骚经》一笔不苟，字字精爽，细腻而不纤弱，秀美却无散漫之处，法度严谨又不呆板，令人叹为观止。

视觉之美

兰有秀兮菊有芳

107

汉字简说 魁

·小篆·

不疾学而能为魁士名人者，未之尝有也。

——《吕氏春秋·孟夏纪》

"魁"字从斗，鬼声。《说文解字》曰："魁，羹斗也。"清代段玉裁解释说："'斗'当作'枓'……枓，勺也。""魁"字的本义，即是汤勺、酒勺等调羹之器。《毛诗传》曰："大斗长三尺是也。"由于这些器物大都是长柄大头的形状，所以引申之，"凡物大皆曰'魁'。"居首位、第一称之曰"魁"。如古代科举考试，称进士第一名为"魁甲"，选中第一名为"魁选"，称高档的品级为"魁品"等。

美学散步 | 书画廊

南宋·佚名（传赵昌）《折枝花卉四段图》（局部）

"一枝独秀"的成语，常用来形容单枝植物独自开放、特别突出的样子，因此亦有超群出众之义。

现藏于北京故宫博物馆的南宋名画《折枝花卉四段图》，画了折枝海棠、栀子、芙蓉、梅花，共四幅图。每幅画中的花枝，都是枝叶繁茂，花瓣、花叶用勾勒填色法，用笔缜密严谨，设色艳而不俗。花之娇态、叶之正反和明暗表现得恰到好处，有精致秀气之美。这四幅绢本花卉，不由让人想到了"一枝独秀"的成语。

列坐其次雖無絲竹管弦之盛一觴一詠亦足以暢敘幽情是日也天朗氣清惠風和暢仰觀宇宙之大俯察品類之盛所以遊目騁懷足以極視聽

永和九年歲在癸丑暮春之初會
于會稽山陰之蘭亭脩禊事
也群賢畢至少長咸集此地
有崇山峻領茂林脩竹又有清流激

长，久远也。——《说文解字》

长风破浪会有时

张飞是三国时期蜀国的一员猛将,《三国演义》中描绘他"身长八尺,豹头环眼,燕颔虎须,声若巨雷,势如奔马"。这样身材魁梧的猛将,该使用一柄多长的兵器呢?

据记载,张飞所使用的兵器叫"丈八蛇矛",又叫"丈八点钢矛",此矛的矛杆长达一丈,矛尖长有八寸。依照东汉时期的计量方法,此矛的长度约有261厘米。《释名·释兵》中说:"矛长丈八尺曰俏,马上所持,言其俏俏便杀也。又曰'激矛''激截'也,可以激截敌阵之矛也。"

传说当年,幽州涿县有一条巨大无比的蟒蛇,张飞为了给家乡除害,便孤身探险,最终凭借一身勇力,将蟒蛇杀死。当张飞将蟒蛇的尸体扛出丛林时,却发现自己扛着的是一柄奇怪的兵刃,又长又重,刃开双锋,刃口如游蛇。丈八蛇矛由此成了张飞纵横沙场的兵器,"长坂坡前吓退曹军百万兵"等故事,至今依然广为流传。

长，会意字。

《说文解字》解释"长"字："久远也。"清代段玉裁解释说："久者，不暂也；远者，不近也。引申之为滋长，长幼之长。""长"字有两个读音，有"长幼"之"长"，亦有"长短"之"长"。

"长"体现了中国传统尊卑有序的人伦观

甲骨文的"长"字，象人披长发之形，意谓留着又长又白的须发，便是老者的模样。这与"老"字有异曲同工之妙。甲骨文的"老"字，象一个手里拿着拐杖的老人之形，《说文解字》谓："言须发变白也。"这不由让人想到了唐代诗人李白在《秋浦歌》中所唱的"白发三千丈"，古人往往以头发之长、白表示人寿之高，"长"字的字形，正反映出古代社会对于老者的尊重。

"长"为尊。"长"由老者之义而有了年齿之高的意思，古人往往对于比自己年长的人表达尊敬之情，由此形成中国传统的人伦观。《书·伊训》曰："立敬惟长。"《礼·曲礼》曰："年长以倍，则父事之。十年以长，则兄事之。五年以长，则肩随之。"孔子参与乡人饮酒之礼时，"杖者出，斯出矣"，意谓等老人都出去了，自己才出去——"未出不敢先，既出不敢后"，对老者、长辈的尊敬、恭顺之意可见一斑。

由此可见，中国人尊敬长辈、尊重老者的美德由来已久，至今依然是中国人的民族特质中不可或缺的美好内容。尊老精神的最初维系点是家庭，并由家庭的孝悌之义扩大为"老吾老以及人之老"的精神，"让长""为长者折枝"等行为逐渐成为一种社会美德。

在上古时代，个体的生产实操经验往往与社会生产力密切相关，因此，阅历更多的老者，往往担任群落中的首领、决策者，在祭祀、占卜等宗教活动中扮演重要的角色，具有极高的社会地位，因此，在后来，"长"字由年齿之高的意思，逐渐引申出地位高、职务高之义。《尚书·益稷》曰："外薄四海，咸建五长。""五长"即众官之长的意思，商周时期分封诸侯，要立"长"者来统治一方的民众。其中的"长"，即是社会地位的象征。随着社会生产力的发展，人们对于"长"的认识，由形式性的年齿之长，演变为对于关乎智慧、才能、教养、道德等实质内容的更多关注。

"长"体现了人们对空间的审美

《易经·说卦》中解释"巽"卦"为长，为高"，其中的"长"，即表示空间上的长度、宽度。小篆的"长"字，中部为"兀"，《说文解字》解释说："兀者，高远意也。"清代段玉裁注曰："兀者，高而上平也。"以此会意，即表示地理之长、远。

对地理之长、远的推崇，体现了古人对于空间的一种审美心理。宋代著名画家郭熙曾总结了中国传统山水画作的三种空间感："山有三远：自山下而仰山巅谓之高远；自山前而窥山后谓之深远；自近山而望远山谓之平远。""高远"表达的是人们仰视所见的巍峨宏伟的山势，如宋代范宽的《溪山行旅图》，被元代的赵孟頫评为"山势逼人"。"深远"则多以重山复岭等组合景象来增加画面的深度，如元代王蒙的《青卞隐居图》。"平远"则表达了一种俯视的眼界，元代倪瓒的《江岸望山图》，便以一种极其简洁的笔法描绘了"青峰浮岚黛色横"的平远风光。以仰视、俯视、平视等不同的视点来描绘画中的景物，打破了焦点透视绘画的局限，中国历代的山水画创作，无不深受"三远法"的影响。

深远的地理形貌往往会激荡出人们更深致的感情。"百岁竟何事，一身长远游。""长远"之语，有客子漂泊四方的惆怅心绪，更有在歧路与人相送时的孤独与迷惘。"无边落木萧萧下，不尽长江滚滚来。""长江"之意象，创造了一个广阔而苍茫的空间感。"天长落日远，水净寒波流"，"天长"之修辞，描写了天空长远无垠之景观。又如"长河落日圆""飘飘随长风""水远山长"等诗句，皆是描绘自然

之"长",以视觉空间之美感照映个人深邃、幽远的内心世界。

长长的道路也成了传统文学作品中的一个重要意象。《诗经·泮水》:"顺彼长道。"郑玄笺曰:"长,远也。"《诗经·蒹葭》中唱道:"蒹葭苍苍,白露为霜。所谓伊人,在水一方。溯洄从之,道阻且长。溯游从之,宛在水中央。"其中的"道阻且长",成了反复追寻却艰难渺茫的象征,诗人上下求索,伊人虽隐约可见,却依然遥不可及。汉乐府中化用此句,表达了另一种"道路阻且长,会面安可知"的别离情绪。

"长"体现了人们对时间的审美

长与短相对,《广雅》曰:"长,久也。"《说文解字》曰:"长,久远也。"意谓历时长久。古文字"长"的上部,即是"亡"字倒置过来的模样,《说文解字》说"倒'亡'也。"徐铉解释说:"倒'亡',不亡也,长久之义也。"古人对时间的流动与物质形态的变化有着深刻的理解,认为凡物"久则变化","长"字倒"亡"的形态特点,即体现了古人的时间观和历史观,表达了人们对时间长久的追求。

人们往往以"天长地久"表达天地永恒无穷之存在。老子《道德经》曰:"天地所以能长且久者,以其不自生,故能长生。"老子阐释了"长生"的哲学意义。庄子则将"道"视为无须凭恃他物而存在的第一性的实体,足以超越时间、空间等物质属性而存在。老庄哲学和秦汉道家思想对中国传统的"长生"观念产生了莫大的影响,乃至于追求

"与天地兮同寿，与日月兮齐光""神形合一，与天地齐年"的境界。

传说彭祖是世上最长寿的人，以享寿八百多岁著称于世。《神仙传》中说他"殷末已七百六十七岁，而不衰老。少好恬静，不恤世务，不营名誉，不饰车服，唯以养生活身为事"。唐代李贺有诗赞曰："王母桃花千遍红，彭祖巫咸几回死。"对于彭祖的崇拜，反映了人们对于时间永久性的美学认识。

浙江省衢州市郊有一座"烂柯山"，它背后讲述的便是一个有关"长生"的故事。《述异记》中记载："晋时王质伐木至，见童子数人棋而歌，质因听之。童子以一物与质，如枣核，质含之而不觉饥。俄顷，童子谓曰：'何不去？'质起视，斧柯尽烂。既归，无复时人。"相传晋朝时有一位叫王质的人，他去打柴时，看到几个童子在下棋，便驻足观赏。童子给了王质一颗像枣核一样的东西，王质吃了，便不觉得饥饿。待王质准备回家，起身去拿斧子时，发现斧柯已经腐朽了。他回家后，发现家乡已经大变样，无人认得他，提起了旧事，有老者说那是几百年前的事了。后来，人们常用"烂柯"来比喻人世的变换转移。唐代诗人刘禹锡便有"到乡翻似烂柯人"的诗句。

汉乐府民歌："上邪！我欲与君相知，长命无绝衰。"这是忠贞爱情的自誓之词，主人公以永恒的时间来证明生死不渝的爱情。如何算是一种长久不断之时间呢？歌中写道："山无陵，江水为竭。冬雷震震，夏雨雪。天地合。乃敢与君绝！"这一系列缺乏理智、夸张怪诞的奇想，为"长命无绝衰"的时间誓言作了一个真挚浓郁的注脚。楚辞《离骚》："长太息以掩涕兮，哀民生之多艰。""长太息"描写了一声叹息的时间之长。正因为屈原有一种博大的情怀，关心民生疾苦，哀叹人们生活之艰难，所以心中的哀愁与愤懑才会显得如此冗长、难以断绝。

又如宋玉"去白日之昭昭兮，袭长夜之悠悠"，以黑夜历时之长久，反映内心之孤独；陆机"迨及岁未暮，长歌乘我闲"，以长歌的姿态表达一种豁达的心境；杜甫"大江东流去，游子日月长"，写出了日月穿梭的历史长度……

在古代的神话传说中，寄托了人们对于"时间"的种种想象，对于时间之"长"的神秘陌生的解释，亦是一种独特的审美视角。现代科学通常把时间视为物质运动过程的一个度量，古典力学、狭义相对论和广义相对论，乃至量子力学对于时间都有不同的认识，关于时间的永恒性，也成了人类科学研究中的重要课题。

汉字简说

颀

·小篆·

颀

当时髫儿戏我侧，于今冠佩何颀颀。

——宋·王安石《忆昨诗示诸外弟诗》

颀从"页"，"页"即人首之形。南唐徐锴《说文系传》曰："颀，头佳貌。"《玉篇》曰："颀颀然佳也。"它的本义表示人的头很俊美，后来引申出长度之长的意思。《诗经》有"硕人其颀""颀若长兮"之句，都是形容人的体态颀长，形状美好。

美学散步 | 建筑风

万里长城图

万里长城是中国的一张"名片"。长城的修筑历史可上溯到西周时期。春秋战国,列国争霸,各国"因地形,用险制塞",开始大量修筑长城。秦灭六国统一天下后,秦始皇连接和修缮战国的长城,始有"万里长城"之称。今天我们所看到的长城多是明朝的建筑,主要分布在河北、北京、天津、山西、陕西、甘肃、内蒙古、黑龙江、吉林、辽宁、山东、河南、青海、宁夏、新疆等15个省、自治区、直辖市,总长度有8800多公里,加上秦汉及早期长城,总长超过2.1万公里。

中国长城给人以极大的视觉冲击力。它翻山越岭,穿沙漠、过草原、越绝壁、跨河流,其所经之处地形之复杂,所用结构之奇特,在古代建筑工程史上可谓一大奇观。

关于万里长城,民间流传着"孟姜女哭长城""山羊驮砖""击石燕鸣"等丰富的故事传说。万里长城有着丰富的文化内涵,饱含着历史的沧桑,展示了中国古老的历史文化价值。

灿，灿烂，明净貌。——《说文解字》

灿

忠诚表壮节
灿烂千古后

中国自古有燃放烟花的习俗，人们借火焰之美表达吉庆欢乐之情，祈求平安福祉。特别是在正月十五元宵节之时，宋代辛弃疾《青玉案·元夕》描写这一夜的烟花之美："东风夜放花千树。更吹落，星如雨。"最初，人们以燃放烟花趋鬼避邪，后来，它渐渐成为一项民间流行的娱乐活动。

《后武林旧事》中记载了宋孝宗观海潮放烟花时的情景："淳熙十年八月十八日，上诣德寿宫恭请两殿往浙江亭观潮……管军官于江面分布五阵，乘骑弄旗，标枪舞刀，如履平地。点放五色烟炮满江，及烟收炮息，则诸船尽藏，不见一只。"烟花燃放时所发出的各种颜色的焰火，姹紫嫣红，灿烂夺目，灿烂的焰火与潮水互相映衬，着实夺目壮观。

灿，形声字。

《说文解字》解释"灿（燦）"字："灿烂，明净貌。从火，粲声。"或以"粲"通"灿"，《释言》曰："粲，鲜也。""灿"字即是灿烂、光彩耀眼之义。

"灿"有火光之美

"灿"从"火"，其本义与火有关。传说上古时期，燧人氏钻木取火，开启了火在人类生产生活中的运用。火是人类文明的一个重要象征，对于火焰灿烂形态的体悟，反映出了先民的某种审美心理。

"灿"写出了火光之亮度。成语"灿然一新"即表示金光灿烂，眼前呈现一片崭新的样子。这个成语出自《宣和书谱》："而熙丰之盛德美意，灿然一新，正夫其有力焉。"东汉张衡《东京赋》："瑰异谲诡，灿烂炳焕。"注曰："灿烂炳焕，洁白鲜明之貌。"元周密《武林旧事》写元宵"花边水际，灯烛灿然"。这些都表达了人们对于火光的视觉体验，人们对于明亮、鲜明状态下的光亮，具有一种赞美之情。由此可见，火光之亮度，反映在人的情感世界中，它具有崭新的、富有力量的美学特质。

火光之亮度往往与天上的日月星辰联系在一起。三国诗人曹操《观沧海》曰："日月之行，若出其中；星汉灿烂，若出其里。"即描绘了天上星光耀眼夺目的情景。隋代诸葛颖《奉和月夜观星》亦有"星月满兹夜，灿烂还相临"之句。明代《二刻拍案惊奇》写道："微茫几点疏星，户前相引；灿烂一钩新月，木末来邀。"以"微茫"对"灿烂"，将二者的光亮程度及其展现出来的意境两相对照，互见其美。古人于自然宇宙中感受火光的灿烂之美，日月星辰的崇高性与神秘感，恰恰能将这种诗意的美感最大化。

"灿"是绚丽多彩的修饰美

"灿"原指火光的明亮程度,由于其美好之义,故而亦成为一种艺术上的风格。它强调装饰之美,注重华丽、绚丽的风格内容。

古代衣饰注重华丽的装饰。葛洪《抱朴子·博喻》曰:"华衮灿烂,非只色之功。"意谓古代帝王或三公穿的礼服,不能单凭一种颜色织成,而是要通过多种颜色的编织,制造华丽的效果。华衮大抵指古代贵族所用之物,这也反映了古代贵族阶级对于服饰的某种审美情趣。

"灿(燦)"字的右部有声旁"粲"。古代亦有径以"粲"字通"灿",二字在音韵上亦有相通之处。《广雅》曰:"粲,文也。"其本义即是色彩鲜明、新鲜繁盛的样子。《诗经·小雅·大东》曰:"粲粲衣服。"《诗经·唐风·葛生》:"角枕粲兮,锦衾烂兮。"《世说新语·排调》中有:"角枕粲文茵,锦衾烂长筵。"皆是写衣饰、枕头、衾被等日常物件的华丽修饰。

这种审美心理亦反映到中国古代对于人特别是女子的审美。汉代司马相如《上林赋》:"皓齿粲烂,宜笑的皪;长眉连娟,微睇绵藐,色授魂与,心愉于侧。"其中谓美人笑靥灿然,简直比星光还要耀眼。这与《诗经·卫风·硕人》中的诗句有异曲同工之妙:"手如柔荑,肤如凝脂,领如蝤蛴,齿如瓠犀,螓首蛾眉,巧笑倩兮,美目盼兮。""巧笑"与"美目"相互照应,将笑容的动态感表现出来,而眼睛往往是人的凝神之处,富有光明,更增加了笑容的灿然之美。清人孙联奎说此诗写女子之笑"传

神写照,正在阿堵,直把个绝世美人,活活地请出来,在书本上溴漾。千载而下,犹亲见其笑貌。"

"灿烂"的生命活力可以触动人心

联绵词"灿烂"被广泛使用。"灿""烂"二字在《广韵》的皆属于"寒山"韵,开口呼,读去声,是一对叠韵的联绵词。在古代汉语中,双声叠韵是一种独特的音韵现象,它增强了词语的音乐性,使字词更富一种语言表达上的诠释空间,与人的内心情感产生一种节奏律动上的共鸣。

"灿烂"往往用于表达自然之美,借以表达自然宇宙之动态美,特别是草木花卉的独特生命力。元代乔吉《梁州第七·射雁》套曲:"鱼尾红残霞隐隐,鸭头绿秋水涓涓,芙蓉灿烂摇波面。"以"灿烂"写芙蓉花之茂盛,与涓涓秋水、隐隐红霞相互照应,动静相宜。《红楼梦》第五十回中有诗赞梅曰:"江北江南春灿烂,寄言蜂蝶漫疑猜。"借写梅花开放的状态,比拟春色之"灿烂",亦是强调自然风光的动态特质。由此,人们对于灿烂的美学体悟,已经超越了视觉的感官范畴,而更期待于对自然生命本质活力的体悟。

唐代书法家欧阳询在《用笔论》中生动地讲述了人在用毛笔书写时的状态:"譬河汉之出众星,昆冈之出珍宝,既错落而灿烂,复逯连而扫撩。"意谓随着书写者内心情感的触动,其用笔自如,笔墨所到,便如同一道银河在众星之中划出,又像是昆山宝玉在众多珍宝中脱颖而出,零落不齐,却又光彩夺目,就好像这些灿烂的光芒能够自由走动、舞蹈一般。欧阳询以"灿烂"一词,赋予了书法旺盛的生命力,即强调

了书法艺术的动态美,及其对人心之激发与互动。

"灿烂"所表现出的美学特质,近乎孔子所谓的"文胜质则史",它强调了文饰的重要性,但也容易流为浮华。所以,明代文学评论家王世贞《艺苑卮言》有"灿烂惊人,终乏古雅"之说,但华丽、绚丽的灿烂之美已然在中国传统美学理念中走出了属于自己的独特路径。

汉字简说　烂

·小篆·

女曰鸡鸣，士曰昧旦。子兴视夜，明星有烂。

——《诗经·郑风·女曰鸡鸣》

"烂"，形声字。《说文解字》："烂，孰也。"古籍中多将此字与肉类联系在一起。《吕氏春秋·本味》："熟而不烂。"《搜神记》："三日三夕不烂。" "烂"字的本义是指食物因被火烧、煮而烂熟。又因"灿" "烂"二字音韵相通，字义互训，因而有光明、绚丽之义。《楚辞·九歌·云中君》："烂昭昭兮未央。"其中"烂"字下注曰："光貌。"东汉班固《西都赋》："登降炤烂。"下注"烂"字曰："明也。"

出塞曲

宋·张琰

腰间插雄剑,中夜龙虎吼。

平明登前途,万里不回首。

男儿当野死,岂为印如斗。

忠诚表壮节,灿烂千古后。

　　张琰是南宋时期的抗金壮士,他曾经随著名抗金将领张浚渡江北伐,与金人作战。后来他在宋将李庭芝帐下当牙兵,城破之后,众人散去,他独自抵抗敌人,最终力屈而死。

　　这首《出塞曲》斗志昂扬,表达了诗人旺盛的战斗热情。"忠诚表壮节,灿烂千古后"一句,诗人意欲报效祖国,战死沙场,使自己的英雄名声能够在后世发出耀眼的光彩,"灿烂"一词在诗中以一种活跃的、激昂的动作状态,传达出了崇高、辉煌的美学特质。

工，巧饰也。——《说文解字》

功夫深处独心知

"工欲善其事，必先利其器。"这句话经常为人们所引用，它典出《论语》。孔子的弟子子贡曾经问老师："有什么培养仁德的办法呢？"孔子做了个譬喻道："工欲善其事，必先利其器。"工匠想完善他的工作，一定先使他的工具快利。孔子告诉子贡，让你手中的"工具"变成最有用的"工具"，做起事情就能够事半功倍。在培养仁德的过程中，什么才是最好的"工具"呢？那么不妨跟自己国邦中的贤人、仁人交往吧！

工，象形字。

《说文解字》曰："工，巧饰也。象人有规矩也。"近代语言文字学家杨树达在《积微居小学述林》中对此作了辩驳："'工'为器物，故人能以手持之。若'工'第为巧饰，安能手持乎……以字形考之，'工'象曲尺之形，盖即曲尺也。"认为"工"字的本义是指工匠的曲尺。

"工"是巧饰之美

《说文解字》曰:"工,巧饰也。"古文也有将"工"写成"㣺",从"彡","彡"是个象形字,象须毛和画饰的花纹。由此可见,"工"的字面含义非常注重事物修饰之巧妙。

对于巧饰之美,中西方的表现方式有所不同。例如,西方重视人体的形态美,其绘画艺术多以裸体女性为表现对象,西方美学家如毕达哥拉斯学派就提出"美是和谐与比例"的看法,从形式的角度来观察、判断美。中国人则较少关注人的体态,而更强调服饰之美,其人物绘画多表现繁复多纹的衣冠。陆机《文赋》:"理扶质以立干,文垂条而结繁。"他对于树干上华美多姿的枝条的赞美,是与传统中国人对于服饰的审美趣味相通的。

刘勰《文心雕龙》以生动的比喻来阐释巧饰之美:"夫水性虚而沦漪结,木体实而花萼振,文附质也;虎豹无文,则鞟同犬羊;犀兕有皮,而色资丹漆,质待文也。"意谓巧饰之美往往依赖于内质而存在,但是,内容亦须有一种"形式的外观",在形象上表现得光辉灿烂。这是强调了内容与形式、情与辞的统一。

翻开中国古代艺术史,我们亦可发现古人对于巧饰之美的强调。商周时期的钟鼎文字,便有不少装饰意味较浓的符号化的笔画,有些笔画直接出自图腾、族徽的图案。魏晋南北朝时期,随着绘画艺术的自觉,"传神写照"的人物绘画也极富感染力,如顾恺之的《女史箴图》,游丝描的笔法如春蚕吐丝,画出女史们修长飘逸的衣裙,颇有雍容华贵的气派。明清时期的传统木制家具如椅凳、桌案、床榻等,就其雕刻内容而言,便有神话故事纹饰、历史人物故事纹饰、龙凤纹饰、植物纹饰、

动物纹饰、杂宝纹饰、自然风光纹饰等，可谓中国雕刻艺术的集大成者。

古代的文辞创作亦讲究巧饰之美。孔子曾讲到春秋时期郑国外交辞令的创制过程："裨谌草创之，世叔讨论之，行人子羽修饰之，东里子产润色之。"意谓郑国的外交辞令汇集了郑国四位贤大夫的智慧——由裨谌拟稿，由世叔提意见，由子羽斟酌损益，由东里子产加以文采。"修饰"，即斟酌损益之义；"润色"，谓加以文采之义。中国古人以"信""达""雅"为标准，由此而产生了直与婉、刚与柔、奇与正、繁与简等种种艺术表现手法，复有在语音的平仄、韵律、气息等搭配上寻找美的特质，这些都体现了中国传统修辞艺术的魅力。

"工"是匠心独到

近代语言文字学家杨树达在《积微居小学述林》中指出，"工"应是器物之名，古文字的"工"，是工匠们能够以手相持的一种器物，"工盖器物之名也……以字形考之，'工'象曲尺之形，盖即曲尺也。"后来，此字由器物之名引申为工匠之称。

中国自古以来注重手工技艺的传承与发展。我国现存成书年代最早的手工艺专著《考工记》，就记载了近30个工种产品形制和工艺规范，堪称"百工技艺之书"。《考工记》中说："知得创物，巧者述之守之，世谓之工。百工之事，皆圣人之作也。"后来，人们往往以"百工"泛指各种手工业工人、工匠，以"匠心""匠意"指一种精巧的心思，后来也用来指文艺上的创造性构思。

中国历代典籍中，多有描述"百工"出神入化、匠心独到的技艺。如木工梓庆，《庄子》中记载："梓庆削木为鐻，鐻成，见者惊犹鬼神。"

梓庆能削刻木头做成一种乐器"鐻",做成以后,人们都无不惊叹那是鬼神的功夫。又如厨工庖丁,《庄子》中对他出神入化的解剖刀法描写得更加生动:"庖丁为文惠君解牛,手之所触,肩之所倚,足之所履,膝之所踦,砉然向然,奏刀騞然,莫不中音。合于《桑林》之舞,乃中《经首》之会。"又如宋代欧阳修笔下的卖油翁,"取一葫芦置于地,以钱覆其口,徐以杓酌油沥之,自钱孔入,而钱不湿。"这些都是大家耳熟能详的能工巧匠,于精妙的技艺之中展现了一种独到的匠心。因此,陆游说:"功夫深处独心知。"功夫历经磨炼达到精深之处,只有自己的内心才能体验得到。只有心血的付出,才有高超的技艺。

这些故事传说难免有夸张之处,而从某种角度上看,它亦反映了古人敬业、专注的工作态度。这种对一流目标、一流质量、一流美学标准的要求,便是今天我们所提倡的"工匠精神"。今天,许多中国传统艺术如刺绣、剪纸、木雕、糕点制作等,依然秉承着精益求精的技艺追求,这是一种对文化的价值、对个体的生命精神与尊严的坚守和敬畏。

"工"以规矩为依归

《说文解字》认为"工"字"象人有规矩也。"南唐徐锴曰:"为巧必遵规矩、法度,然后为工。"为什么把"工"字和规矩之义联系在一起呢?清代段玉裁根据"工"字的字形,认为它"直中绳,二平中准",就像木工用来测定物体平直的准绳一样,纵横自然有度,所以称之为"规矩"。其实,这样的解释亦是由"工"字的器物之形衍生而来的。

唐代柳宗元在《梓人传》中讲到了一个木匠:"所职:寻、引、规、矩、绳、墨。"这些器具,大多是木匠用来度量平面、掌握尺寸的工具。

"规矩"一词，大抵指规绳、矩尺等传统木匠工艺所用的工具。《孟子》曰："离娄之明、公输子之巧，不以规矩，不能成方圆。"传说离娄是个目力极强的人，他能于百步之外望见秋毫之末。公输子即是鲁班，是古代大名鼎鼎的巧匠。孟子说，即使有离娄那样的好视力，有公输子那样好的手艺，如果不用规绳、矩尺等工具，也不能准确地画出方形和圆形。所以，孟子又说："大匠诲人，必以规矩。"由此可见，工匠对于美的创造，依归于对于某种范式的肯定和遵循，规矩、尺度之范式，即为人提供一种理性的审美态度。

后来，"规矩"的内涵被逐渐扩大，更多地被用来指称君子处世的态度与方法，并被赋予了极大的社会意义。《荀子·哀公》曰："所谓贤人者，行中规绳，而不伤于本。"《汉书·律历志》："夫推历生律制器，规圆矩方，权重衡平，准绳嘉量。"由此可见，"规矩"的审美价值已建构为一种切实可行的，用以规范普通社会成员的日常生活的社会性或世俗性道德，具有极高的社会价值。

《说文解字》中还认为，古文字中的"工""巫"二字同义。"巫"与上古时代的宗教祭祀活动有关，表示"以舞降神者也"，即能通过跳舞等方式接引神明的女巫，它的小篆字形即"象人两褎舞形"。在上古时代，"巫"具有较高的社会地位，参与政治决策和重要的社会活动。为什么说"工""巫"二字同义呢？南唐徐锴解释说："巫事无形，失在于诡，亦当遵规矩。"李泽厚认为，西周以后建立起来的礼乐制度，对数千年中国文明产生了巨大的影响，其基本特征即是"原始巫术礼仪基础上的晚期氏族统治体系的规范化和系统化"。正是由于巫事的神秘性质和崇高的社会地位，使它被提出了"遵规矩"的要求，故而从"工"。这也从另一个角度说明了古人对于规矩的社会价值的重视。

汉字简说　巧

巧

·小篆·

巧

> 巧言令色，鲜矣仁。
> ——《论语·学而》

"巧"字从工，丂声。"工"字有精密、灵巧之义，所以，"巧"字亦表示技艺高明、精巧。《说文解字》解释"巧"字曰："巧，技也。"《墨子·鲁问》："利于人，谓之巧。"这个字突出了人的手工技艺之美。有一个成语叫作"巧夺天工"，即谓人工的精巧胜过天然，这高度赞扬了中国古代汉族劳动人民的勤劳与智慧。

核舟记（节选）

明·魏学洢

船头坐三人，中峨冠而多髯者为东坡，佛印居右，鲁直居左。苏、黄共阅一手卷。东坡右手执卷端，左手抚鲁直背。鲁直左手执卷末，右手指卷，如有所语。东坡现右足，鲁直现左足，各微侧，其两膝相比者，各隐卷底衣褶中。佛印绝类弥勒，袒胸露乳，矫首昂视，神情与苏黄不属。卧右膝，诎右臂支船，而竖其左膝，左臂挂念珠倚之，珠可历历数也。

舟尾横卧一楫。楫左右舟子各一人。居右者椎髻仰面，左手倚一衡木，右手攀右趾，若啸呼状。居左者右手执蒲葵扇，左手抚炉，炉上有壶，其人视端容寂，若听茶声然。

《核舟记》出自清代张潮编辑的《虞初新志》，讲了刻舟者王叔远的精湛技艺，他将小小的果核刻成了一艘小船，其中一共刻了五个人物、八扇窗，还刻了箬篷、船桨、炉子、茶壶、手卷、念珠等小物件，甚至还有"山高月小，水落石出""清风徐来，水波不兴"等对联、题名、篆文。真可谓精妙之至！

选文中描绘了舟中苏轼、黄庭坚、佛印、舟子二人的情态。苏轼和黄庭坚读书，有抚背、指卷、微侧等动作，他们在这山光水色的掩映之中，已全然忘记了烦恼，陶醉在这美好意境里。而佛印则"矫首昂视"，给人一种洒脱不群的感觉。作者对于神情、手上念珠的描绘，更见出刻舟者的精妙技艺。两个舟子，一个"若啸呼状"，悠闲自在，一个"视端容寂"，非常专注。两个形象互相呼应，更见匠心之独运。

苍,艸色也。——《说文解字》

吾君利物心
玄泽浸苍黔

云南地区的苍山,是云岭山脉南端的主峰,由十九座山峰组成,云弄、沧浪、五台、莲花、白云、鹤云、三阳……巍峨雄壮,与秀丽的洱海风光遥相呼应。经夏不消的苍山雪,更是素负盛名的云南大理"风花雪月"四景之一,明代杨升庵称其"巅积雪,山腰白云,天巧神工,各显其技"。

相传苍山为天上的苍龙所化。天帝让苍龙主司大理一带的风雨,但是,苍龙贪玩无度,每天四处游荡,不管民间疾苦。要么大旱,庄稼被烈日烧焦,要么大雨,造成洪水泛滥,百姓生计维艰,怨声载道。玉帝大怒,罚苍龙降世,化为点苍山。苍龙从天空被打下大理,头朝北,尾在南。于是,它的头便为龙首关,尾便成了龙尾关,肋骨化成了苍山十九峰,肋间变成了苍山十八溪。

苍,形声字。

《说文解字》曰:"苍,艸色也。从艸,仓声。""苍"字的本义是指草的颜色,后引申为青黑色之称。也有学者认为此字会意,古代将脱粒后的稻草分组扎尾,中空撑开,有如尖圆仓顶一个个地簇立在田间,以便被不同方向的阳光晒干晒透。然此说去其本义颇远,今姑不取。

"苍翠"是生机勃发的景象

《广雅》云:"苍,青也。"《素问·阴阳应象大论》:"在色为苍。"注曰:"谓薄青色。""苍"作颜色之义,在诗词、绘画、彩塑等中国传统艺术中并不鲜见,它往往被用于自然景物的描绘,并逐渐由颜色之义引申为某种美学特质,成为中国传统美学原色之一种。

诗人常用"苍"字来形容颜色之苍翠。东汉马第伯《封禅仪记》:"仰视岩石松树,郁郁苍苍,若在云中。"唐王维《辋川闲居赠裴秀才迪》:"寒山转苍翠,秋水日潺湲。"唐韩愈《条山苍》:"条山苍,河水黄。浪波沄沄去,松柏在山冈。"宋代苏轼《登玲珑山》:"何年僵立两苍龙,瘦脊盘盘尚倚空。"青绿的颜色往往传达出活跃、自由的视觉体验,展示了一种旺盛的生命力,指向了生机勃发的自然之美。

根据中国传统的五行学说,东方属木,其色青,对应的季节为春。由于苍天之色亦为青色,所以《尔雅·释天》曰:"春为苍天。"《吕氏春秋·有始》曰:"东方曰苍天。"这是古人由五行学说衍生出的对于"苍天"的理解。实际上,这种理解传达出了一种美学意识。在五行学说看来,东方主生发之气,"苍"字从"艹",正

表达了春天草木生长时一片生机勃勃的情景，而草木苍青之色正是给人无限的生命力。通过人们对于苍青颜色之美的理解，亦可见出先民对于生命与自然的一种独特体悟。

"苍劲"是挺拔老练的力量美

古人将对青绿颜色的视觉体验直接对应天空这一自然对象。《诗经·秦风·黄鸟》"彼苍者天。"《诗经·王风·黍离》："悠悠苍天，此何人哉？"这是一句感叹之辞，其中的"苍天"被赋予了神秘而伟大的地位，扮演着主宰万方的角色，是人们情感精神的寄托对象。另外，"苍"字也常被用来描绘干枯而发白的颜色。由此，"苍"字生发出博大、深沉、挺拔、老练、刚劲的美学意象，展示了大自然的力量之美。

唐代李白《门有车马客行》："大运且如此，苍穹宁匪仁。"杜甫《遣闷》："余力浮于海，端忧问彼苍。"宋代文天祥《正气歌》："悠悠我心悲，苍天曷有极！"这些苍茫、刚劲的诗句，莫不以个人的情感激荡照应天地自然的运动，而天空的苍色则正好衬托了志士仁人辽阔而深沉的心理境界。

苍劲之美由自然之美逐渐变成对于诗文、字画、歌声等苍老挺拔、老练刚劲的风格的赞美。例如，书法追求用笔流畅、笔墨凝练，达到笔力苍劲雄厚、遒丽峭劲的审美。晋代王羲之的行书"飘若浮云，矫若惊龙"，明代徐渭的书法"苍劲中姿媚跃出"，清代龚贤用笔主张"欲秀而老"……皆以书法艺术之遒劲挺拔为美。元代刘壎《隐居通议》曰："醇正之作，尤深于经者，其苍劲处，非浅学能及。"由此可见，这种美学特质不仅依赖于外在风格,而且对艺术创作者的学识、修养提出了更高的要求,所以唐代孙过庭有"通会之际,人书俱老"的说法。

"苍生"体现了一种民本情怀

在《尚书·益稷》中,大禹对舜帝说:"帝光天之下,至于海隅苍生。"意谓舜帝善于治理天下,他的道德之光照耀天下,一直遍布于海隅苍生。其中的"苍生"是指草木丛生之处。汉代经师解释说:"光天之下,至于海隅苍苍然生草木,言所及广远。"后来,"苍生"一词引申为百姓和一切生灵之义。

以"苍生""苍黔"指代人民百姓,其实是做了一个譬喻,将人民百姓比喻为生长着的草木。它道出了生产劳动人民分布之广泛、数量之庞大及其自身的成长潜力。从某种角度上看,它体现了中国传统政治观念中的民本思想。唐代李商隐写史,有"可怜夜半虚前席,不问苍生问鬼神"之叹,唐代名臣张九龄有"吾君利物心,玄泽浸苍黔"之诗,宋代王安石有"惠化穆苍黔"之句。苍生情怀是中国传统士人政治怀抱中的重要内容。

以草木譬喻苍生百姓,《论语》中亦有之:"君子之德,风;小人之德,草。草上之风,必偃。""德"所含的意义很广,包括心理、行为、思想等方面。君子,谓居上位者也,其德如风。小人,为居下位

者，即老百姓，其德如草。子谓草随风而倒。风吹向东边，草不会往西边倒；风吹向西边，草不会倒向东边，风的力量越大，草就越为之披靡，这正如为政者与老百姓的关系一样。这是以自然风物之美譬喻人类道德之美。

"苍生""苍黔"的譬喻视角，更多的是从为政者的观念出发的。在中国传统政治观念中，在上为政者往往扮演着"草木"的管理者的角色，故须养民以惠、使民以时，"道之以德，齐之以礼"，用道德来领导民众，用礼仪教化来使他们整齐划一。这种德政观念与民本情怀已然超越了美学范畴，而更多地体现了中国古代政治与伦理合而为一的文化特色。

汉字简说　　　莽

·小篆·

莽莽万重山，孤城山谷间。

——唐·杜甫《秦州杂诗》

"莽"，会意字。《说文解字》："莽，南昌谓犬善逐菟艸中为莽。从犬从茻，茻亦声。"意谓南昌人认为猎犬善于在草丛中追逐兔子等走兽。其实，此字是假借"犬"形来表达"茻"的字义。甲骨文中，如"森""林"等字，有些字形之中亦有"犬"形，表示"含犬之林"，即猎犬逐猎的丛林。"莽"字的本义即是滋生百兽、可供狩猎的深山丛林，后来也引申出茂密、盛多的样子。

美学散步 | 文学角

敕勒歌

南北朝乐府民歌

敕勒川,阴山下。天似穹庐,笼盖四野。

天苍苍,野茫茫。风吹草低见牛羊。

  《敕勒歌》是南北朝时期黄河以北地区流传的一首民歌,一般认为是由鲜卑语译成汉语而成的。它歌咏了北国草原壮丽富饶的风光,抒写敕勒人热爱家乡、热爱生活的豪情,境界开阔,音调雄壮,极富艺术感染力。"天苍苍,野茫茫,风吹草低见牛羊"一句,以叠沓、反复的诗歌艺术表现形式,描绘出天空之苍阔、辽远,原野之碧绿、无垠,"苍苍""茫茫"的联绵词既是极大、极绿之视觉体验,又是个人内心豪迈状态之表达,同时也极具音韵之美。歌者以如椽之笔勾画出了一幅北国风貌图。

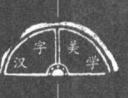

嗅觉之美

香,芳也。——《说文解字》

稻花香里说丰年

  香道在中国有着悠久历史传统。《尚书》就有"至治馨香，感于神明"的说法。汉代之前用香，多是以汤沐香、礼仪香为主。至于隋唐以后，用香的艺术成为一种习尚。宋元以后，品香更是成为上流社会怡情养性的一种方式。

  欧阳修《归田录》记载，梅学士询喜欢焚香，"每晨起将视事，必焚香两炉"。清代画家陈洪绶的《斜倚熏笼图》轴，描绘了一位贵族女子斜倚着一个盛放香料的熏笼。文人雅士又将与理学、梵学等结合，有了"坐香""课香"之事，甚至与文学、哲学、艺术等联系在一起。

  香道是一种味觉艺术，自然之美与人性香韵的融合，体现了一种天人合一的美学观念。从香料的配制，到熏点、喷洒所形成的香气、烟形，创造出了令人愉快、舒适、安详、兴奋、感伤的气氛，向人传达智慧、自由、爱和希望，它已然超越了单纯的嗅觉体验，而臻于一种心灵的修养。

香，会意字。

《说文解字》解释"香"："芳也。"又解释"芳"字曰："草香也。"这说明"香"字的本义与草木特别是稻谷的气味有关。《左传·僖公五年》："黍稷馨馨。"《诗经·大雅·生民》："卬盛于豆，于豆于盛，其香始升。"此之谓也。

"香"是身心的收获之美

"香"字从"黍"。黍是五谷之一，是一种一年生草本植物。古文字的"黍"中有"禾"有"水"，孔子曰："黍可为酒，禾入水也。"这是从字形的角度说明了它在古代的广泛作用。黍子的籽实煮熟后有黏性，可以用于酿酒、做糕等，是古代很常见的农作物。

农耕是中国传统的生产模式，耕种谷物是中国人谋食的重要手段。这种"靠天吃饭"的状态，往往带来不稳定因素，难免会失收、歉收，若处在战乱的年代，要想远离饥馑，就更不容易了。所以，中国传统特别注重麻、黍、稷、麦、豆等谷物的耕种。"香"字从"黍"，从造字特点上看，人们以黍物健康、丰实之状态，传达出人们对于丰收的喜悦之情，从而表达"香"这种特殊的味觉美感。

在中国传统民俗、节日中，有许多以庆贺收获为主题的群众仪式或宗教活动。中国自古有过年的习俗，"年，谷熟也。""年"字的古文字写法，亦描绘了禾苗成熟的状态。腊八节，则是中国人在岁末祭祀祖先、祭拜众神、庆祝丰收的传统节日，南北朝时，腊日已固定在每年农历的十二月初八举行。唐代丁泽《良田无晚岁》："人功

虽未及，地力信非常。"描绘了阳春三月稷黍长势茂盛、丰收在望的图画。中国人对谷物的气味怀有一种特殊的感情，对于物质上的收获之美抱有很大的期待。

"香"进而传达出一种精神上的收获之美，由嗅觉等外在感官层面进乎内在的精神层面。例如，人们从书籍的味道中体味"书香"，进而以"书香"指代家庭、社会的读书风气与传统。这种嗅觉感知，已然超越了书籍纸张、墨迹的美好味道，而强调一种获得知识的美学体验。又如，《尚书·君陈》："至治馨香，感于神明。黍稷非馨，明德惟馨。"意谓美好的味觉体验，不是仅指来自黍、稷等谷物散发的香气，更重要的是来自"明德"。这里作了一个譬喻——真正能够感发心灵、激发情感的"气味"，是人的美德。

"香"是口鼻相通的感官享受

"香"字虽然用作表示气味的字，但是从字形上看，它从"甘"，"甘"字从口，是味觉之一种。这说明"香"是一种特殊的审美体验。闻闻黍米，并没有什么特别的气味，咀嚼的时候，其气味亦极为微弱。人对于黍米之"香"的体验，往往依赖于口鼻相通的感官特点来实现。

自古以来，人们就认为味觉、嗅觉两种感官体验之间有着微妙的关系。《内经》中说："阳为气，阴为味。" 又，"天食人以五气，从鼻入；地食人以五味，从口入。"气味是散步于空气之中的，有轻者上扬的特质，故属天、属阳；滋味往往凭借具体的食物而存在，有潜沉的特质，故属地、属阴。古人讲究阴阳协调，气、味的关系也符合这种协调之美。

道教的经典《太平经》中谈论天地阴阳的关系时说:"天者常下施,其气下流也;地者常上求,其气上合也。两气交于中央。"当代著名饮食文化专家高成鸢先生认为,这段话可用来借喻人的鼻子跟口舌之间的关系。"人的口腔也像一个小天地,鼻、舌在口中联通,口腔的功能也必然要上下互动。"从人体的生理结构上看,由于鼻子的一端是独立的,另一端通向口腔,所以,舌头、鼻子的感官体验,往往在吃、闻的享受过程中融合在一起。

《论衡》:"凡能歆者,口鼻通也。"歆,即指古代祭祀时鬼神享受祭品的香气。由此可见,古人在很早的时候,已经对鼻子的生理结构和香味的感官原理有着比较清楚的认识。

"香"还有一种美人之喻

古代的文学性措辞,往往用"香"譬喻与女子有关的事物。如女子所用的纱罗,称为"香罗",贵族妇人所乘用的车马,称为"香车宝马",旧时妇女裹过的脚,亦有"香钩"之说。

这在某种程度上反映了当时封建社会贵族阶级的审美情趣。俄国文艺批评家车尔尼雪夫斯基曾经谈过审美趣味受阶级意识制约的问题,他认为"鲜嫩红润的面色",是劳动妇女"美的第一个条件",相比之下,这种以"香"为喻的审美趣味,显然带着一些历史和阶级烙印。当然,中国传统以"香"譬喻美人,甚至赋予了它更大的褒义属性,有其深层次的含义在焉。

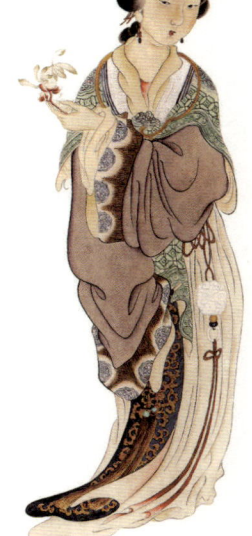

战国时期著名文学家屈原，明于治乱，娴于辞令，他有远大的政治抱负，却遭到了楚怀王的疏远，郁郁不得志，于是，他写就了著名的《离骚》，用诗歌寄托理想，倾吐自己的忧愁幽思、绵缠悱恻的情绪。《离骚》云："纷吾既有此内美兮，又重之以修能。扈江离与辟芷兮，纫秋兰以为佩。"屈原言自己既有缤纷的内在的本质之美，又有美好之才能，但如此还是不足，还必须用各种香草装饰自己。辟芷、秋兰等味道芬芳的草木，被屈原用以比类寄托人格才能之美好芳洁。

《离骚》中还描写了大量的香草，用它们丰富了美人的意象。汉代王逸说，《离骚》是"依诗取兴，引类譬谕，故善鸟香草，以配忠贞；恶禽臭物，以比谗佞；灵修美人，以媲于君……"后来，传统诗文中用香草美人来象征忠君爱国的思想，也是由此而始的。

屈原以后，这种赋予了崇高情感的美人之喻，在许多文学创作中都有体现，如曹植的《洛神赋》《美女篇》、汉乐府《南国有佳人》等，大抵以"香"为美人之喻，通过描写女性的气味之美寄托自己的政治抱负。

汉字简说

馨

·小篆·

馨

至治馨香，感于神明。黍稷非馨，明德惟馨。

——《尚书》

"馨"字是形声字，从香殸声。《说文解字》说："馨，香之远闻者。"此字的本义是芳香，即散布得很远的香气。"殸"即籀文的"磬"，是古代的一种打击乐器。这意味着香气像声音一样，可以在空气中广泛传播，如此，味觉与听觉的感官体验也被联系在了一起。后来，人们将美好品德的传扬比喻成芳香气体的传播，如《国语·周语》："其德足以昭其馨香。"唐代刘禹锡《陋室铭》："惟吾德馨。"

美学散步 | 文学角

西江月·夜行黄沙道中

宋·辛弃疾

明月别枝惊鹊,清风半夜鸣蝉。稻花香里说丰年,听取蛙声一片。七八个星天外,两三点雨山前。旧时茅店社林边,路转溪头忽见。

　　宋代词人辛弃疾的《西江月》,描写了作者经过江西上饶黄沙岭道时的所见所闻。词中有一个美好的情景:在稻花的香气里,人们期盼着丰收的年景,耳边传来一阵阵青蛙的叫声,好像在诉说着丰收之年。

　　在丰收的季节里,人们常常会在田园中闻到稻花的香气。在辛弃疾的《西江月》中,人们似乎能在诗词画面中感觉到一股淳朴而浓郁的稻香扑面而来。稻花香天然具有淳朴、洁净的气息,展现出田园风光之美,甚至能在味觉上表达出人们的恬逸之情。

芬，芳也。——《说文解字》

野芳发而出香

在广东广州,有一个"十香园",是晚清著名花鸟画家居巢、居廉的故居,"二居"曾在园中的紫梨花馆作画授徒,岭南画派创始人高剑父、陈树人都曾学画于此。

为什么叫"十香园"呢?据说,园内种植有素馨、瑞香、夜来香、鹰爪、茉莉、夜合、珠兰、鱼子兰、白兰、含笑等十种香花,花草之芬芳令人陶醉,故以"十香"名之。

芬,形声兼会意字。

"芬"字从"艸"从"分","分"亦声。《说文解字》曰:"芬,芳也。"《广雅》曰:"芬,芬香也。"《诗经·小雅·信南山》中有"苾苾芬芬",传曰:"芬芬,香也。""芬"字的本义是指香气。

芬芳源自芳草

《说文解字》中解释"芬"是"芳也",又解释"芳"是"香草也"。清代段玉裁说这里的"'香草'当作'草香'",也就是说,"芬"字即是指草木等植物所散发出来的香味。如薄荷、薰衣草等,皆有芳香之美。

中国传统诗文中往往以赞美性的笔触描绘草木之芬芳。唐代刘眘虚《阙题》:"时有落花至,远随流水香",写出流水落花香飘远的意境。宋代欧阳修《醉翁亭记》"野芳发而幽香,佳木秀而繁阴",写出了野花质朴而纯粹的香味。张元干《满庭芳》:"花蕊香浓气暖,凝瑞露、满酌金钟。"花香酒郁的华丽之美俨然在侧。当然,花草之芬芳并不一定以浓郁为胜,如梅花则有"暗香"之美名,宋代林和靖写山园小梅,有"疏影横斜水清浅,暗香浮动月黄昏"的名句,卢梅坡亦有"梅须逊雪三分白,雪却输梅一段香"的妙评。

草木之芬芳,往往是凭借风的吹动而带来愉悦的嗅觉体验。唐代杜甫《绝句》有"迟日江山丽,春风花草香"之句,孟浩然《夏日南亭怀辛大》有"荷风送香气,竹露滴清响"之句,宋代晁冲之有《如梦令》"一阵牡丹风,香压满园花气"。这些诗句,都是通过描写风吹来状刻花草芬芳的动态之美。

芬芳随风飘散

"芬"字的下部"分"有其意义,《说文解字》说:"草初生其香分布也。"意谓草木出生之时,它的香味便开始向外界散播开去。有香味的植物被称为芳香植物，它以一种善于飘香的"本领"，已然成为园艺学中一个独特门类。

"其香分布"是芳香植物最大的特点，这在一些植物的名字上也有所体现。如郁李，郁李是一种小枝纤细的灌木，果实近似球形，成熟时呈红色，其花与果实皆有浓郁的香气，所以以"郁"字冠之。又如七里香，又名九里香，大抵因其花香飘散很远，九里可闻，故名。蕺菜常被用作中药材，它多生于湿地山谷阴处，叶似荞麦而肥，茎紫赤色，宋代《苏沈良方》中说它"叶有腥气，故俗称'鱼腥草'"。鱼腥草之命名，便是因其特有的植物芬芳。

古代有将提取植物的香味作香囊、香粉等，作供奉或装饰之用，民间亦普遍有养花、插花、戴花的文化。拥有香味的植物尤其受人喜爱。植物的飘香状态使其生动地展示了它的生命活力，人们在寻香、赏香的过程中，人与植物有了更多的互动。所以，植物的飘香动态往往被赋予了美好的情感意味。

飘香的动态之美并不只在花草之间。酒的飘香亦给人绝妙的嗅觉体验。古代大抵以米酒为主，酒香即是谷物经过加工酿造之后的独特香味。酒香之美，是能够与传统农耕民族的审美心理相契合的。关于酒的飘香，便有"闻香下马"的说法，意谓闻到酒的香味，尽管正骑马赶路，也要下马来品尝。复有"酒香不怕巷子深"的言论，意味陈窖一开香千里，顾客闻到酒的香味，便会慕名而来。可以说，美酒的飘香状态是中国传统文化中一道独特的风景线。

芬芳是一种和谐美

汉代扬雄《方言》曰:"芬,和也。"相比于其他感官体验,嗅觉更具有动态感和空间感,它的体味对象是无形的、流动着的,而嗅觉主体的感受,则往往需要从无物中见有物,将无形之气味构建成某种具体的形象。这往往依赖于人的主观能动性和创造性,更依赖于一种美学范式的指导。"芬,和也"的说法,将植物飘香的特质与"和"的秩序状态联系在了一起,而升华为一种富有秩序的、稳定的、和谐的美学范式。

香道是一种中国传统艺术,士人通过品味名贵的香料,以芳香养鼻、颐养身心。香道在汉代即形成了理、法、方、药完备的较为成熟的体系,人们对于香味的品鉴,尤其注重不偏不倚的中和之境。

古人有"和香"之说,由于香料有很大的药用价值,故而古人非常注重其药性之"和",有些香药须用其正性,有些香药须用其偏性,以使之阴阳和、气血和、脏腑和、性命和。制香过程须遵循古法，择时、择地，使之融入制香人的心性，达到"无不参三才而运之"的境界。宋代陈与义在《焚香》中说："世事有过现，熏性无变迁。应是水中月，波定还自圆。"即将品香的心灵体验与佛理相阐发，实现身心状态之谐和。《中庸》："喜怒哀乐之未发，谓之中，发而皆中节，谓之和。""致中和"是中国传统儒家思想的核心，亦是香道的一种境界。

春秋时期的晏子曾谈到和谐之美，以饮食之事为譬："和如羹焉，水、火、醯、醢、盐、梅，以烹鱼肉，燀执以薪，宰夫和之以味。"如果水、火相争，则不能烹饪，如果盐、梅失调，则无法使味道得宜。作为另一种感官体验，对于人们对于香味的品鉴，同样源于这样的美学范式，既不能"不及"，又不能"过之"。如果质而无味，难免失之扁平、寡淡；而太过浓烈的香味，则往往显得滑腻而刺鼻，亦不能达到良好的嗅觉体验。孔子曰："君子和而不同。"

汉字简说 芳

·小篆·

> 兰有秀兮菊有芳,怀佳人兮不能忘。
>
> ——汉·刘彻《秋风辞》

　　《说文解字》曰:"芳,草香也。"清代段玉裁解释说:"'香草'当作'草香'。"意谓此字的本义是指草木的香气。《离骚》:"芳与泽其杂糅兮。""芳菲菲其弥章。""菲菲"即香气的动态情状。关于草木之"芳",古代文学作品多有描述。后来,"芳"字亦与美德、美名联系起来,如比喻美好的名声或风气为"芳尘",以美好的风尚和教化为"芳风",成语"流芳百世",形容美名传扬。

离骚（节选）

余既滋兰之九畹兮，又树蕙之百亩。畦留夷与揭车兮，杂杜衡与芳芷。冀枝叶之峻茂兮，愿俟时乎吾将刈。虽萎绝其亦何伤兮，哀众芳之芜秽。

　　楚辞《离骚》是战国诗人屈原的代表作，唱叹有致，哀婉缠绵，讲述了诗人遭谗后内心的苦闷与矛盾，表达了一种"美政"的理想。作品中往往借各种香花、香草为譬喻，一方面，用香草指品德和人格的高洁；另一方面，将香草和恶草相对，象征着政治斗争。"香草"与"美人"的意象，共同构成《离骚》中一个复杂而巧妙的美学系统。

　　选文中，作者谓自己播种了九畹秋兰，又栽上了百亩香蕙，还有留夷、揭车、杜衡、芷草等各种各样的香草。他期待着这些香草能够长得茂盛，等到收获时便来采撷，即使枯萎了也没什么，但最令人痛心的是"众芳之芜秽"。自己的辛勤播种与热情期待最终落空，现实中的众香草，只是一片荒芜，就像丑恶的政治现实，没有理想，没有芬芳。作者借花为喻，控诉了君王昏庸、群小猖獗的黑暗朝政。

兰,香草也。——《说文解字》

兰

幽兰生前庭
含熏待清风

春秋时期的孔子周游列国,空怀理想与抱负,却得不到各家诸侯的重用。他从卫国离开,最终决定回到自己的家乡鲁国。

孔子经过幽隐的山谷时,看到兰草生得茂盛,独自散发着芳香,不禁喟然自伤:"夫兰当为王者香,今乃独茂,与众草为伍,譬犹贤者不逢时,与鄙夫为伦也!"于是,孔子止车援琴,将自己郁郁不得志的心情寄托于兰草,弹奏出一首幽怨悱恻的琴曲《猗兰操》:

"习习谷风,以阴以雨。之子于归,远送于野。何彼苍天,不得其所。逍遥九州,无有定处。世人暗蔽,不知贤者。年纪逝迈,一身将老。伤不逢时,寄兰作操。"

《猗兰操》又称《幽兰操》,它成了士人生不逢时、壮志未酬的一种情感宣泄,托辞于物,幽兰也成人孤芳自赏的士人的象征。唐代诗人韩愈便模仿孔子《猗兰操》创作了新作品,特别展示出兰草动人的香气:

"兰之猗猗,扬扬其香。不采而佩,于兰何伤。今天之旋,其曷为然。我行四方,以日以年。雪霜贸贸,荠麦之茂。子如不伤,我不尔觏。荠麦之茂,荠麦有之。君子之伤,君子之守。"

兰,形声字。

"兰"的繁体字是"蘭",从草、阑声,是一个名词,表示一种带有香气的植物。从中国传统文化视角上看,兰是一个重要的嗅觉对象。中国传统文化中的"兰",具有多种指代意义和诠释内涵,它体现了中华传统文化的多样性和文化活力。

"兰"是泽兰之美

泽兰在植物学上属于菊科,是一种常年生于山中湿地的草本植物,一般花为紫红色,其茎、叶、花都带有微香。所以《说文解字》解释"兰"曰:"香艸也。"泽兰是古代著名的香草。古代所说的"兰",往往是指泽兰。

泽兰的香味屡屡被人称道。《易经》曰:"同心之言,其臭如兰。"意谓朋友、兄弟之间心灵相契的言语,就好像泽兰的香气一样美好动人。《左传》曰:"兰有国香。"孔子作《猗兰操》时谓"兰当为王者香",皆是赞美泽兰的香味,认为泽兰之香在世间所有香气中具有崇高、首要的地位。

由于泽兰香味极盛,常被用来制作各种香料。《大戴礼记·夏小正》曰:"五月畜兰,为沐浴也。"即取泽兰植株烧水沐浴,可以杀虫、辟邪。泽兰亦可做药服用。《本草经》曰:"杀蛊毒、辟不祥,久服益气轻身不老。"

166

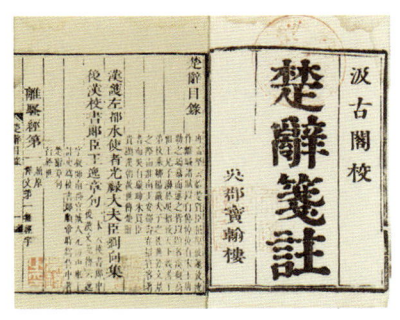

楚国诗人屈原在《离骚》中说自己"纫秋兰以为佩",意谓将香气特盛的兰草佩戴在自己身上。宋代朱熹在《楚辞辨证》中说:"大抵古之所谓香草,必其花叶皆香,而燥湿不变,故可刈而为佩。"在屈原的作品中,香草往往成为君子的隐喻,只有品德高尚的君子,才有"佩兰"之举。楚辞中的"兰"也往往被赋予美好的意象,是一种象征,一种寄寓,一种精神品格的追求。如《离骚》:"时暖暖其将罢兮,结幽兰而延伫。世溷浊而不分兮,好蔽美而嫉妒。"《九歌·云中君》:"浴兰汤兮沐芳,华采衣兮若英。"《九歌·礼魂》:"春兰兮秋菊,长无绝兮终古。"《七谏·沉江》:"明法令而修理兮,兰芷幽而有芳。"泽兰美好而永恒的芳香,与世俗之污浊与丑恶形成了鲜明的对比。在楚辞中,香草不仅仅是作为配饰之用,也成了人们的知音,成为一种具有精神共鸣的寄托。

"兰"是兰花之美

现在我们常说的兰花,在植物学上属于兰科,是一种多年生常绿草本植物。兰花的叶子一般作丛生状,细长而尖。它的花茎自叶中抽出,上有一朵或数朵兰花,或红色、或白色、或粉色,品种甚多。

兰花香气清幽,为历代中国文人所喜爱。北宋诗人黄庭坚这样描述

167

兰花的清香："清风过之,其香蔼然。在室满室,在堂满堂。" 元代画家陈汝言亦有诗云:"兰生深山处,馥郁吐幽香。"人们赋予了兰花特别的意义,认为它高洁典雅、傲骨刚毅,是花中君子。陶渊明在《幽兰》中赞美兰花的清雅:"幽兰生前庭,含薰待清风。清风脱然至,见别萧艾中。"黄庭坚就在《书幽芳亭》中赞美了兰花的君子人格:"兰盖甚似乎君子,生于深山丛薄之中,不为无人而不芳,雪霜凌厉而见杀,来岁不改其性也。"意谓兰花好比是一个君子,它虽然生长在山野之中,无人欣赏,但是却独自吐露芬芳,它不畏严寒,任凭霜雪摧残,到来年依然英姿焕发,幽香四逸。宋代王学贵在《王氏兰谱》中,将兰花与其他的诸位有君子之风的植物作比较,评价道:"竹有节而吝花,梅有花而吝叶,松有叶而吝香,惟兰独并有之。"

兰花被称为"四君子(梅兰竹菊)"之一,是传统绘画艺术中的常见题材。与梅的孤绝、菊的风霜、竹的气节不同,兰花表现了一个传统文人的气质乃至一个民族的内敛风华。兰花的神、韵、色、香、形,富含神韵美、内涵美、情操美。

以画兰而卓然名家者,代不乏人。最早以画兰名世的是宋元之际的赵孟坚和郑思肖,二人都是风骨嶙峋的南宋遗民,他们不肯仕元,以兰花之画标榜自己的高尚的品格情操。元代的赵孟頫画兰奔放飘逸，有《墨兰图》。明代画兰名家辈出，吴门画派的文徵明、唐寅、仇英等都是画兰好手。清代的徐渭、石涛等写意名家，不拘泥于前人，锐意创新，所画的兰花充满个性。近代的海上画派、岭南画派等，更是将兰花等清供题材的创作推向了又一个高峰。兰花俨然成了中国美术史上的一大亮点。

"兰"是木兰之美

木兰是一种落叶乔木。它的花形较大，初春时，花先叶而开，花瓣六片，大如莲，一般外面是紫色的，里面是白色的，花蕾可供药用。

木兰也是香味浓郁的植物，所以也往往被文学家赋予美好的象征。在楚辞等文学作品中，木兰被称为"辛夷"，它往往作为一种漂亮而带有香气的装饰物。如《楚辞·涉江》："露申辛夷。"《九歌·山鬼》："辛夷车兮结桂旗。"

木兰更多的是与中国传统的舟船文化联系在一起。传说春秋战国时期的著名工匠鲁班发明了船这种交通工具，他曾在长江一带的七里洲刻木兰为舟，于是，人们便将用木兰树造的船称为"兰舟"，将用木兰制成的船桨称为"兰桨""兰棹"。后来，这些词语都变成了舟船的美称。唐代诗人杜牧《陵阳送客诗》："兰舟倚行棹，桂酒掩余鳟。"以木兰舟的航行，写出送客将行的款款情态。李清照《一剪梅》："红藕香残玉簟秋。轻解罗裳，独上兰舟。"则是以木兰舟比喻女子所用之床。由此可见，美丽的舟船往往成为历代文人歌咏的对象，形成了中国传统特有的舟船文化。

汉字简说

熏

·小篆·

暖风熏得游人醉，直把杭州作汴州。

——宋·林升《题临安邸》

"熏"是会意字，金文字形的"熏"，上面象火烟冒出，中间是烟突，两点表示烟苔，下面是火焰，即表示高耸的烟突在冒烟。《说文解字》解释此字曰："火烟上出也。"《尔雅》曰："炎炎，熏也。"清代段玉裁认为此字从中、从黑，意谓"烟所到处成黑色之象也"，其实是"燻"的本字，后来也表达熏陶、熏染等社会文化散播行为。

美学散步 | 书画廊

南宋·郑思肖《墨兰图》

郑思肖的《墨兰图》,是南宋画家郑思肖留下的唯一传世作品,也是中国画兰史上影响最大、最早的作品。

《墨兰图》画面几片兰叶,两朵兰花,构图简洁、舒展,兰花饱满,兰叶互不交叉,用笔沉稳流畅,挺拔刚劲,婉转富有变化,表现了兰叶挺拔、富有韧性、刚柔相兼之质。画面上有题诗一首:"向来俯首问羲皇,汝是何人到此乡,未有画前开鼻孔,满天浮动古馨香。"画面的左下角有一隶书印:"求则不得,不求或与,老眼空阔,清风万古。"

郑思肖在南宋灭亡之后,自号"所南",坐卧不再向北,不向元代统治者屈服。传说他画兰花时往往故意不画地坡,谓之"露根兰",人问其故,辄答曰:"土为番人夺去。"斯言掷地有声,表达了南宋遗民沉郁悲愤的亡国之痛。

淡，薄味也。——《说文解字》

淡妆浓抹总相宜

"撑着油纸伞,独自/彷徨在悠长、悠长/又寂寥的雨巷,/我希望逢着/一个丁香一样的/结着愁怨的姑娘。/她是有/丁香一样的颜色,/丁香一样的芬芳,/丁香一样的忧愁,/在雨中哀怨,/哀怨又彷徨……她飘过/像梦一般地,/像梦一般地凄婉迷茫。/像梦中飘过/一枝丁香地,/我身旁飘过这女郎;/她默默地远了,远了,/到了颓圮的篱墙,/走尽这雨巷……"

《雨巷》是现代诗人戴望舒早期的成名作。雨巷中徘徊的独行者和那个像丁香一样结着愁怨的姑娘共同构成了一种象征性的意境,含蓄地表达了迷惘感伤而又充满期待的情怀。

《雨巷》有朦胧而淡薄的诗境。诗人用一种轻而淡的笔触,表达出失望和希望、幻灭和追求的双重情调。它在疏淡的节奏中完成复沓、叠句、重唱等,给人带来回环往复的旋律和宛转悦耳的乐感。

淡,形声字。

《说文解字》曰:"淡,薄味也。从水炎声。"清代段玉裁解释说:"醲之反也。""醲"即浓酒之称。"淡"字的本义即与"浓"相对,表示水的味道淡薄。也有用"澹"字假借为"淡"。《说文解字》曰:"澹,水摇也。"

淡味是一种返璞归真的感觉

"淡"字从水,由此可见此字的含义与水有关。在自然界中,水是极其薄味的物质,但也因其薄味,而有了返璞归真之美,具有更大的美学张力。宋代苏轼在《饮湖上初晴雨后》赞美西湖景色之美:"欲把西湖比西子,淡妆浓抹总相宜。"西湖的景观即便未经打扮也依然美丽。

明代张源《茶录·品泉》说:"真源无味,真水无香。"古人品茗,非常讲究用水。水虽然味道寡淡,但恰是如此,才能有助于烹调茶汤。或说"真水无香"一词源自印度梵文,是佛教用语。水并不因为"无香"而显得寡淡无味,而正是因为"无香",给人提供了一种自然、清澈、广阔的精神境界,由虚无而进于充实。

酒一般以香味浓郁为美,而在西周时期,"玄酒"才是最高级别的酒。什么是"玄酒"呢?唐代孔颖达说:"玄酒,谓水也。以其色黑,谓之玄,而太古无酒,此水当酒所用,故谓之玄酒。"玄是黑色的意思,在五行之中,水的属性是黑色,故而有此称呼。《乡饮酒义》曰:"尊有玄酒,教民不忘本也。"饮水思源,自古而然。水虽然淡薄无味,但是却在中华礼乐文明中具有崇高的地位。

174

"淡"所带来感官体验，大多以淡薄的、浅显的形式体现出来。为什么还能给人带来美的体验呢？那是因为"淡"固有一种美学特质，能够于淡薄之外给人的内心带来满足感、充实感。应劭注曰："沺淡，满也。"清代段玉裁亦以"澹淡""洊淡"等词为"水满貌"。段玉裁认为，"淡"为"赡"之假借，二字音韵相通，所以字义上亦可互训。"淡"的内涵已由嗅觉感官体验上升为一种崇高的心觉的体悟。

冲淡清致是一种艺术风格

《管子·水地》曰："淡也者，五味之中也。"《汉书·扬雄传》曰："大味必淡。""淡"的审美价值在书法、绘画、诗文等传统艺术领域中得以衍生，历代文人士子对于淡雅清致的艺术风格亦有极大的推崇。

唐代司空图《二十四诗品》中有"冲淡"一品："素处以默，妙机其微。饮之太和，独鹤与飞。犹之惠风，荏苒在衣。阅音修篁，美曰载归。遇之匪深，即之愈希。脱有形似，握手已违。"斯人富有智慧，但是恬静少言，独来独往，任由微风吹拂衣袖，听着竹篁响动的声音，你可以看见他，却无法深入地与他交往——司空图借一个淡泊出世的隐者形象，说明了诗歌的冲和、淡泊的风格特色。"脱有形似，握手已违"讲出了一种只可意会、不可言传的美学特质。宋代的梅圣俞说："作诗无古今，唯造平淡难。"风格冲淡的艺术作品，最难淡而有味。

艺术风格之冲和平淡源自一种心平气和的气度，极绚烂而归于平淡，需要一种极高的人文素养。晋陶渊明《饮酒》诗写得色彩淡然，却韵味十足："采菊东篱下，悠然见南山。山气日夕佳，飞鸟相与还。"人与自然的生命交会，有一种感受生化天机于微妙处的宇宙感。唐代王维的诗冲淡而有理致："木末芙蓉花，山中发红萼，涧户寂无人，纷纷开且落。"《鸟鸣涧》："人闲桂花落，夜静春山空。月出惊山鸟，时鸣春涧中。"王维以学佛者的视角，体悟有限的生命处在无限的生灭之中的运动状态。

绘画艺术亦有冲淡之美。元代倪瓒的画，线条简洁，以中锋为主，他所画的木石寂寞、榆柳萧疏，墨竹偃仰有姿，寥寥数笔，逸气横生。倪瓒的艺术格调天真幽淡，全然以淡泊取胜，明代何良俊评价他"无一点尘土"，董其昌评价他"古淡天然"。

安于淡泊是一种君子品格

《礼记·表记》曰："君子淡以成。"《庄子》曰"君子之交淡若水。"皆是将君子的人格修养与"淡"的品质联系在一起，它体现了君子安贫乐道的生活态度和刚健乐观的人格精神。

老子《道德经》曰："恬淡为上，胜而不美。"淡泊无欲、清静自守是道家讲求的精神境界，它以自然为宗，主张人的社会属性的淡出。当然，它对中华民族性格塑造产生更大影响的，应是一种淡泊明志的处世态度与方法。道家主张清虚淡泊、修生保真，使个人自由的心性不为外界世俗所役，故三国诸葛亮《诫子书》曰："非淡泊无以明志，非宁静无以致远。"即讲究以淡泊的态度实现独立而坚定的生命形态。

孔子说："饭疏食、饮水，曲肱而枕之，乐亦在其中矣！不义而富且贵，于我如浮云。"意谓口吃干粮，喝冷水，弯着胳膊当枕头，快乐也就在这里面了。用不正当的手段得来的富贵，对我来说，就像天际的浮云。在这些风趣高邈的语句中，我们读得出孔子的乐观情绪，他并不以贫困为忧苦，而是将乐道之心转化为内在的心灵的愉快和满足。孔子的弟子"一箪食，一瓢饮，在陋巷"，依然"不改其乐"，亦展示出高尚的品格情操。儒家这种安于淡泊、积极乐观的精神境界，渗透在中国文化传统的血脉之中，极大地、积极地影响了中华民族的民族性格的塑造。

汉字简说

·小篆·

十年一觉扬州梦，赢得青楼薄幸名。

——唐·杜牧《遣怀》

薄从"艸"，此字字义与草木有关。《说文解字》曰："薄，林薄也。"清代段玉裁解释说："林木相迫不可入曰'薄'。"《广雅》曰："草丛生为薄。"意谓丛林中草木丛生、排列紧密，则称为"薄"，后来引申出"凡相迫皆曰'薄'"，所以"薄"有迫近、接近之义。如今，我们多用它表示不厚，引申为稀薄、淡薄之义。

美学散步 | 文学角

梅

宋·王安石

墙角数枝梅,凌寒独自开。
遥知不是雪,为有暗香来。

宋代王安石这首写梅的绝句,以新颖独特的视角,写出了梅花的颜色、香味与姿态——你看那墙角的数枝梅花,在寒冷的冰雪之中独自盛开。我怎么知道那不是洁白的雪花呢,因为它远远地散发着清香。

王安石巧妙地借用了宋代诗人林逋的名句"疏影横斜水清浅,暗香浮动月黄昏","暗香"一词,点出了梅花的香味之淡。这种淡薄的嗅觉体验,使梅花比雪花更具有一分生命力与灵动性,也赋予了梅花淡泊高洁的人格品性。

嗅觉之美
淡妆浓抹总相宜

浓，露多也。——《说文解字》

态浓意远淑且真

《红楼梦》中，贾宝玉有一个丫鬟叫袭人。关于"袭人"的名字，小说中这样写道："宝玉之乳母李嬷嬷并大丫鬟名唤袭人者，陪侍在外大床上。原来这袭人亦是贾母之婢，本名珍珠。贾母因溺爱宝玉，生恐宝玉之婢无竭力尽忠之人，素喜袭人心地纯良，肯尽职任遂与了宝玉。宝玉因知她本姓花，又曾见旧人诗句上有'花气袭人'之句，遂回明贾母，即更名袭人。"

贾宝玉所取的是宋代诗人陆游在《村居书喜》中的一句诗："花气袭人知骤暖"，意谓浓郁的花香扑面而来，让人感觉到了春日的暖意。"袭人"一词，写出了香气的浓厚程度和一种极具动态的美感，表达出春日村居时光中的强烈的嗅觉之美。

浓，形声字。

《说文解字》曰："浓，露多也，从水，农声。""浓"字从"水"，说明此字的本义与液体有关。它最初是表示露水之多，后来多与"淡"字相对，表示物体一种浓稠、浓厚、浓郁的状态。

浓郁之味

《诗经》传曰："浓浓，厚貌。""浓"字的厚重之貌不仅表现在液体与液体气味上，亦描述出了其他物质的浓厚情状，这反映出人们对于物质生活条件的某种要求。这种浓稠、浓厚、浓郁给人带来的视觉、味觉、嗅觉刺激，产生了某种对于美的理解。

人们以"浓腴"指味厚和肥美的食物。"甘旨肥浓"即是指美酒佳肴，"浓香"亦往往特指酒的香气。商周时期的祭祀中，浓稠的酒液散发出的郁积而畅达的气味，则称"郁鬯"。酒在中国传统文化中扮演着重要的角色，亦以醇浓厚重的嗅觉、味觉体验给人提供一个独特的审美意象。

"浓"字右部的"农"是声旁，但是亦有表意的功能。大抵"农"旁的字，都与浓厚、浓郁之义相关。如，从酉的"醲"字，则表示味道浓厚的酒。《淮南子》："肥醲甘脆，非不美也。"《后汉书》："夫明主醲于用赏"，皆表现出以醲酒为美酒，并为之赞美。又如，从衣的"襛"字，表示衣服厚重的样子。衣服是人们日常生活中重要的保暖之物，衣服的厚重，正体现了生活条件之优厚。又如，从禾的"秾"字，表示花木繁盛的样子，称繁盛的花朵为"秾华""秾艳"，还有"杯香酒绝浓""衫色青于春草浓""青春浓桃艳李"等诗句，这些皆有审美上的褒义在焉。

浓墨重彩

人们对于"浓"的理解,从物质方面的享受进而精神方面的追求,而由浓郁、厚重之形态美产生了某种独特的审美心理,强调纤秾之美。

唐代司空图在《二十四诗品》中有"纤秾"一品。"纤"是精微、细致之意,"秾"则表示花木繁盛的样子。品曰:"采采流水,蓬蓬远春。窈窕深谷,时见美人。碧桃满树,风日水滨。柳阴路曲,流莺比邻。乘之愈往,识之愈真。如将不尽,与古为新。"

"纤秾"一品,描绘了一幅春意盎然、彩色绚烂的景象,流水、春光、深谷、美人、桃树、流莺等杂然相处,皆是精微、细致的意象,而经过反复而有致的描绘之后,呈现出一种高密度的美感,此之谓"纤"。"碧桃满树""柳阴路曲",展现桃柳之浓艳、茂盛,凸显大自然浓缛绮丽、峥嵘蓬勃之美感,此之谓"秾"。纤秾的境界是一种洋溢着浓丽盛美而相对细小的艺术世界。

"纤秾"一品中,还有"时见美人"之语,这反映了人们对于女性美的一种浓墨重彩的审美情趣。这在古代许多文学作品中也有体现。如

嗅觉之美——态浓意远淑且真

以女子艳丽的颜色、装扮、姿态为"浓妆""浓姿"等。晋人左思《娇女诗》有"浓朱衍凡唇"之句，以"浓"字写女子的朱唇之美。唐代诗人杜甫《丽人行》："态浓意远淑且真，肌理细腻骨肉匀。"以浓墨铺张的修辞，将长安水边的丽人们姿态之美艳、服饰之繁缛表现得淋漓尽致。

纤秾之美在文学作品的风格上亦有体现。唐代李贺的诗风想象丰富、语言瑰奇，极具浓艳之美。李商隐的诗意韵深微，各种丰满而晦涩的意象，亦具有纤秾的艺术风格。宋代文学家苏轼曾提出，要"发纤秾于简古，寄至味于淡泊"，由此可见，这种浓厚、绚烂的美学特质往往与冲淡、自然的品质相互生发、相互映衬。可以说，纤秾之美已然成了中国传统文学中的应有之义。

情深意浓

《说文解字》解释"浓"字为"露多也"，并引用《诗经》中"零露浓浓"一句。在中国传统美学观念中，露水浓厚的意象，往往具有深刻、厚重的感情色彩。

中国古代的文学作品，多以露水之浓写情深意浓。三国诗人曹操感慨生命之无常，有"譬如朝露"的叹息，夜间的露水虽然浓厚，却在朝晨之时瞬间转薄，消失不见，这种关于浓淡的强烈对比，展示了一种深邃的历史的空间感，以此映照自己内心之激荡。唐代诗人李贺的"酒杯箬叶露"，创造了多样而重叠的物象，写出了露水饱满而洁净的形态，表达了自己的复杂情绪。杜甫"露从今夜白，月是故乡明"，从月夜之中的饱满色彩描绘表达自己的思乡情感。

大自然中的浓厚、浓郁之美，通过视觉、味觉的刺激，给人带来某种情感迁移。露水之"浓"的背后，反映出了情之"浓"。人与人之间的深厚感情、人对于国家、社会的饱满情感，都为文学创作带来了极大的艺术表现力。

人们往往用"血浓于水"的成语来形容亲情。古人认为，通过"滴血认亲"，可以辨别亲属的真伪。这在民间流传的许多戏曲作品中依然能看到。从现代科学的角度看，这些方法并没有科学性。但是，"血浓于水"的说法，恰恰从液体浓度的角度切入，而更强调感情的浓度，这反映了传统中国人对血缘亲疏关系的极大重视。

汉字简说　　　　　　　醇

· 小篆 ·

醇

播醇美之化，杜邪枉之路。

——唐·房玄龄《晋书》

"醇"，《说文解字》解释曰："不浇酒也。"清代段玉裁解释说："凡酒沃之以水则'薄'，不杂以水则曰'醇'。"汉代张衡《东京赋》曰："春醴惟醇。"也就是说，这个字的本义是指浓度、纯度、香度较高的酒液。后来，大凡浓度高的物质、情事的状态，都可以称为"醇"。如唐代诗人杜甫在长安困守十年之中，出于以天下为己任的责任感，道出了"致君尧舜上，再使风俗淳"的政治理想。

美学散步 | 书画廊

北宋·王希孟《千里江山图》（局部）

宋代画家王希孟的《千里江山图》绢本，纵51.5厘米，横1191.5厘米，可谓古代青绿设色长卷的扛鼎之作。

画卷展现了千里江山之绵亘、岩谷之深幽、溪泉之飞流……其中有高峰平坡、水村野市、渔船游艇、桥梁水车、茅蓬楼阁，乃至人们捕鱼、游赏、行旅、呼渡等活动，"咫尺有千里之趣"。

画卷大抵继承了隋唐以来青绿山水的表现手法，以大青绿设色，加之石青、石绿，间以赭色为衬托，着重表现山水之苍翠、厚实。整幅画呈现墨青、墨绿的浓郁色彩基调，色彩层次分明，鲜艳如宝石，满幅画面显得富丽堂皇，而又不失凝重之气。

听觉之美

听,聆也。——《说文解字》

夜阑卧听风吹雨

我们无时无刻不在感受大自然的气息，春风、秋雨、雷霆万钧、莺声燕语……听的行为将大自然的美传递给我们，听是人与大自然沟通的一种方式。宋代陆游有"夜阑卧听风吹雨"的诗句，在夜深人静的夜晚，听着风吹雨打，往往会心潮澎湃。

相比于视觉、触觉等感官体验，听觉的体验对象要抽象得多。声音依赖于空气等媒介传播，往往不存在具体的形态，这种"有所凭"的状态使听觉对象拥有很大的主观性。而当外界的声音被人的意识感知并接受之后，其实相当于在人类的意识中，又进行了一次主观性的演绎与反馈。也就是说，对于听觉所感受到的无形世界，人类具有很大的美学诠释空间。听的艺术，其实来自于人的一种再传播、再创造，在人类情感的催化作用之下，它已然变成一种诗化的语言。

我们凭借耳朵感受空气的律动，察觉外界的声音，并因此感知大自然生生不息的脉搏。我们通过耳朵探索了一个无形而精彩的世界。然而，真正将自然万物的声音之美传达给人类的，并非作为听觉器官的耳朵本身，而更多的是来自一种心灵的体悟。

听，形声字。

在今天，"聽"字简化为"听"，表示聆听之义。在古代，这两个字却不一样。"聽"从耳，《说文解字》中解释为"聆也"，即用耳朵聆听的意思。"听"是个形声字，字从口，斤声，《说文解字》中解释为"笑貌"，即表示人笑起来的样子。

聆听是一种美德

"聽"从"悳"。在古文字中，"悳""德"二字相通。《说文解字》谓"悳"是"外得于人，内得于己"，意谓为人处世能够惠泽社会，内心有所修养。由此可见，在聆听的行为过程中，其实亦反映了一种美好可贵的道德品质。

清代段玉裁阐释了"聽"字的深远含义，说："凡目不能遍而耳所及者，云'聽'。如'聽天下''聽事'是也。"在这里，"聽"体现出了古代贤明帝王如尧、舜、禹等治理天下的美好图景。在《尚书》《礼记》等前秦典籍中，"聽"字亦往往与帝王治世的行为联系在一起。

简化字"听"，亦体现了一种道德之美。"听"原指人笑起来的样子。笑是人类因为心情愉快而发出的欢喜的表达，在声音上能够给听者传递美的信息。后来"听"字引申出聆听之义，这种字义上的变化，大概可以见出古人对于听觉感官的美学追求。善于聆听，是尊重他人的表现；善于表达，能够为聆听者带来精神上的愉悦。这种聆听与交流，凸显了一种社会道德之美。

另外，"听"的声部"斤"，在古文字中象斧子之形。我们或这样理解"斤"字背后的含义——善于聆听，需要一种明辨的智慧。善于聆听者的内心拥有斧子一样的利器，对于善美之事，则虚心接受、用心聆听；对于不正义的、不恰当的内容，予以摒弃。这个"斤"的背后，其实是一条道德的"红线"，一种君子人格的标准。

除了"聽""听"，从其他关于听的汉字中，也可发现其造字之初意对于听觉之美的提炼。如"聆"字，从耳，令声。这个字的本义是听到铃声。传说周武王曾经梦到天帝授予他九个铃，后来周武王伐纣灭商，建立了周朝，维系了中华礼乐文明。或说，此字从令，令亦声。"令"字即有美好、嘉善的含义。又如"圣（聖）"字，《说文解字》："圣，通也。从耳，呈声。"在中国传统观念中，圣人是只有极少数大智、大慧、大德者才能达到的最高人格，"圣"字从耳，即是对"听"的美学追求的最大肯定。

聆听是心灵之间的对话

耳朵是人体重要的听觉器官，表达聆听之义的汉字大多从"耳"。而值得注意的是，"听（聽）"不仅有"耳"，而且有"心"。美的感知，更依赖于人的内心情感世界。在人类的社会交往过程中，表达与倾听的行为往往双双傍地而走，它们将身处不同空间、时间上的人维系在一起，并一次又一次地演绎人类心灵之间的对话。

春秋时期的伯牙善于弹琴，钟子期善于聆听。有一次，伯牙在弹琴的时候，心里想到了高山，钟子期听了琴声，说道："善哉，峨峨兮若泰山！"伯牙想到了流水，钟子期听了琴声，说道："善哉，洋洋兮若江河！"不管伯牙心里想到什么，钟子期都能在琴声中领略得到。钟子期死后，伯牙便破琴绝弦，再也不弹琴了，他觉得这世上再也没有听懂自己琴音的人了。

"高山""流水"由此成了流传千古的著名琴曲。"高山流水"也成了一个比喻知音、知己的成语。伯牙的琴声，与其说是来自于手挥五弦的乐器震动，不如说是个体精神一种独特表达；钟子期的听琴，与其说是对琴声中音调、音色的感知，不如说是对某种情绪、气质的体悟。通过琴声的表达与倾听，伯牙和钟子期完成了一次绝妙的心灵对话。

俗话说："情发乎声。"通过声音的表达，往往能窥见一个人的心思，听一个人演奏音乐，往往能到达他的内心深处。孔子在卫国时击磬作乐，有一个担荷着草器的隐士从他门前经过，他听了孔子击磬之后叹道："有心哉！击磬乎！"孔子积极入世的人生追求在音乐中不知不觉地流露出来，故而隐士称赞它。隐士接着听，慢慢地，他对孔子"有心"的态度转变了，他继而嘲笑道："鄙哉！硁硁乎！"鄙者，狭也。硁硁，坚确之意。孔子击磬，其声坚确有力，就像他在春秋乱世推行"仁"道一样，内心的信念坚定而执着，可是这在避世的隐者看来，却是很不明智的。

在孔子击磬、隐士听磬的过程中，两人完成了一次不算愉快的心灵交流。对于乱世之中的出入行藏，两人的处世态度的并不相同。在磬声的表达与倾听中，正是两种价值观念的相互碰撞。

听的魅力在于，它并不是简单地获取外界的音声，而是对音声的美学特质进行挖掘，并与自己的内在情感世界相映照。所以，个人的学得、修养等因素，便决定了听的艺术感悟力。人与人之间的心灵对话，则更强调了人类的社会属性。

人与人之间的这种交流方式，古人称之为"神交""冥契"。《山涛别传》中记载了"竹林八贤"的交往："陈留阮籍，谯国嵇康，并高才远识，少有悟其契者。涛初不识，一与相遇，便为神交。"古人将下围棋称为"手谈"，因为在对弈时，双方均不言语，单凭棋子展示自己的智力与勇气，落子的节奏、布置棋子的状态等，都可以反映当局者的心智。围棋对弈之"谈"，便是双方内心的对话与交流。

"同声相应"，穿越历史时空

"聽"从"耳"，"听"从"口"，从某种角度上看，口耳相传是传递声音之美的重要形式之一。在人类发明声波振记器以前，记录声音的方式，只能凭借乐谱。工尺谱、五线谱等，通过记录声音的节奏、音调等，使听的艺术以文献的形式保留在历史时空之中。岭南地区有木鱼歌、龙舟调、南音等艺术形式，他们没有太多的表演工具和舞台形式，全靠艺人们的吐字发声，将美传递到人们的耳朵里。中国许多曲艺形式的继承，往往依赖师徒授受的传统教学模式，口耳相传则成了声音在时空中弥留的最好方式。

"玛丽抱着羊羔，羊羔的毛像雪一样白。"这是世界上从录音机中播放出的第一段声音。1877年，爱迪生发明了录音机，它将声波变换成金属针的震动，然后将波形刻录在圆筒形腊管的锡箔上。当针再一次沿

着刻录的轨迹行进时,便可以重新发出留下的声音。爱迪生对着它朗读出了《玛丽有只小羊》的歌词。留声技术的发展,更保障了声音传播的有效性,我们由此可以听到前人的声音,也可以为后人保留今日的声音作为文献材料。

美往往超越时空而存在。20世纪的南音大师杜焕曾在广州的富隆茶楼演唱地水南音,人们用录音机将这段珍贵的史料保存下来了。如今,我们听到这段曲调,还有茶楼中"虾饺烧卖"的叫卖声。

电影《胭脂扣》里,如花和十二少在烟花巷里邂逅,唱的是南音名曲《客途秋恨》,那幽怨的韵味令人回味无穷。时至今日,不少老广一听到"凉风有信,秋月无边",就会想起儿时长辈摇着大葵扇,哼着岭南小调的情景。人的情感、德性是相通的。即使在不同的历史时空中,人与人之间也可以对话交流。

《易经》中说:"方以类聚,物以群分。""同声相应,同气相求。"清代书法家伊秉绶任惠州太守时,重修苏轼故居。他在墨池之中发现了一方砚台。那砚台形制甚古，长四寸，宽九寸。石头隐约泛出赤色，或说这是端砚，但从石头的质感上看，却似不像。砚的背后有一方印，刻镌有四个篆字"德有邻堂"，还有一"轼"字行书，似乎是苏东坡的笔迹。当年苏轼谪居岭南时，筑有一堂，名曰"德有邻"。七百年后，"德有邻堂"砚复为伊秉绶所得，这也堪称传奇之事。《论语》中说："德不孤，必有邻。"同样身在岭南，宋代的苏轼与清代的伊秉绶凭借自身的情感、德性相互照映，竟如同隔空对话一般，真可谓异代而同调。

汉字简说 闻

· 小篆 ·

聞

闻道有先后,术业有专攻。

——唐·韩愈《师说》

闻,《说文解字》解释说:"知闻也。从耳门声。"在古代,"听""闻"二字在含义上有所区分。清代段玉裁说:"知声也。往曰'听',来曰'闻'。"意谓"听"是指外界的声音传达出来,而听觉感官被动接受;"闻"是指人运用听觉感官主动寻找并听到声音。成语"听而不闻",即谓看上去在听,实际上没听见,形容心不在焉的样子。后来,"闻"引申出用鼻子嗅气味的意思,与嗅觉感官联系在了一起。

虞美人

宋·蒋捷

少年听雨歌楼上,红烛昏罗帐。壮年听雨客舟中,江阔云低,断雁叫西风。而今听雨僧庐下,鬓已星星也。悲欢离合总无情,一任阶前,点滴到天明。

由于每个人的人生经历不同、情绪变化不同、个人修养境界不同,听觉所带来的诗化语言也不一样。这阕词便讲述了听雨人的不同故事。

浪漫的少年听到了雨声,那是在歌楼之上。当时的环境是红烛照耀、罗帐轻舞,一幅优游快乐的画面。壮年时的词人已饱经沧桑。人生颠沛流离,正如同这一叶小舟漂泊不定。在悠悠天地之中,客舟中的人与天上的断雁相对,更显得孤独寂寥。老年时在僧庐之下听雨,当时的少年如今已变作两鬓斑白的老人了,回首往事,历历在目,台阶前的雨滴,仿佛在敲打着老人孤寂的内心……蒋捷是南宋末年的词人,他才华横溢,中过进士,也眼见着宋朝的灭亡,一生饱经战乱。一阕《虞美人》,就像是他的一部人生传记,"听雨"成了他生命时空中的主题。

韦庄有"画船听雨眠",李商隐有"留得枯荷听雨声",辛弃疾有"夜阑更听风吹雨"……可以说,"听雨"已然成了中国传统诗词中的经典美学意象之一。

音,声也。——《说文解字》

五音纷兮繁会

《列子·汤问》记载了这样一个故事。春秋时,韩国有一个善于唱歌的女子,人称韩娥。韩娥嗓音优美,而且富有感情,听她唱歌的人们都会被她的情绪所感染。有一次,韩娥从韩国来到齐国,身边带的干粮吃光了,她就在都城临淄的雍门卖唱求食。人们都被她的歌声吸引了,纷纷慷慨相助。韩娥走后,人们感觉"余音绕梁,数日不绝",好像她的歌声还在梁间回绕,一连好几天都没有消失,就好像韩娥还没有离去,还在那里歌唱一样。

"余音绕梁"由此变成了一个成语典故,形容歌声优美,令人印象深刻。这就是"音"的魅力。

音,指事字。

在古文字中,"音""言"二字同源,写法也相近。金文、小篆中的"音"字,即是"言"字上加一横画。这一横画即是指事——以这一象征性的符号来表示"音"字的意义。由此观之,"音"的本义与人的语言有关。

人音是世界上最美的声音

《世说新语》中有一句话，说出了古人对音乐的看法："丝不如竹，竹不如肉。"丝指的是丝弦乐器，竹指的是竹制的管乐。此句意谓琵琶、琴瑟等丝弦乐器的声音，比不上笛子、洞箫等管乐的声音，而管乐的声音则比不上人的声音。为什么呢？因为"渐进自然"——人声最亲近于自然。

在中国传统美学观念中，世界上最美的声音必定源于人类本身。生理上的唇、齿、喉、舌等发音器官相互配合，使人的情感可以轻易地蕴含在内。人声的自由表达，是人们与大自然之间最直接的沟通。

中国民间流传着很多以自然人声为美的艺术形式。昆曲、京剧等曲艺形式，对表演者的唱腔、咬字，乃至一板一眼之处，都有很高的要求。古典诗词的吟诵，亦讲究平长仄短、抑扬顿挫的发音。许多民间曲艺如京韵大鼓、快板书、弹词、评书、相声等，大抵从自然人声中发现美、创造美，自然人声的美学特质，也成就了中国传统文艺形式的丰富多彩。欣赏自然人声之美，其本质是欣赏人之美，它体现了人体与大自然的完美融合。由此也可见出中国传统美学"以人为本"的理念。

音乐体现了一种和谐之美

"音"字泛指自然万物的一切声音，也指音乐、音律、音调等。《说文解字》解释"音"字："从言，含一。"又解释"甘"字："从口，含一。"这里的"含一"之说值得注意——"一"在字中起到指事的作用，正如"甘"味代表味觉中的美味一样，同样的，"音"也代表了声音中的"美味"。在中国传统观念中,"一"往往是个虚指的数量词,也常常被看作是一个抽象的概念。

《说文解字》中的"含一"之说,让人想起了《道德经》中的一句话:"道生一,一生二,二生三,三生万物。"在道家看来,天下事物变化的原理已尽于此了。探寻"音"字造字的初意,可以窥见中国人对于音乐非常崇高的理解,有一种近乎"道"的哲学意味。

中国传统音乐有"五音"之说,即宫、商、角、徵、羽,它们相当于现行简谱上的1、2、3、5、6几个音阶,唐代以来记谱,将它们记作"合""四""乙""尺""工",古代的乐谱被称为"工尺谱",也是从这里来的。中国传统音乐美学讲究五音调和,宫、商、角、徵、羽各自发挥音色特质,共同演绎出平衡、和谐的音乐。

中国传统文化有一种和为贵的美学价值观。《中庸》:"喜怒哀乐之未发,谓之中,发而皆中节,谓之和。""致中和"是孔子思想的核心,是中庸之道的精髓所在,"中和"亦是"温柔敦厚"的诗教的表现。和为贵的美学价值要求音乐的演绎达到恰到好处、文质相宜的状态。

春秋时期,齐国大臣晏婴曾向齐景公谈论"和",举了一个烹调的例子:"和如羹焉,水、火、醯、醢、盐、梅,以烹鱼肉,燀执以薪,宰夫和之以味。"此句意谓,就像烹鱼的时候,加入适量的水、把握好火候,并恰当地加入各种调味料,用柴火烧煮,厨师调配好味道——这就是"和"的境界。

五音调和、五味调和,乃至五行调和等学说,莫不是古代中国人向大自然学习的成果。《论语》中说:"四时行焉,百物生焉,天何言哉?"天地默默无言,而春、夏、秋、冬四时交替,不曾错乱，花草树木、鸟兽虫鱼也按照生命轨迹而生生不息。这正是大自然的和谐，也正是传统中国人的宇宙观。

音韵是一种诗意的栖居

"音"字的意义，广而言之，有情趣、韵味、风度等含义在焉。音韵之美，又多了一层人的主观体悟在焉，而变为一种诗的语言。自古以来，人们在诗词吟诵中便讲究音韵之美。这一方面与诗词本身的音乐性有关，另一方面则可见出传统中国人对于音韵之美的理解，是一种和谐的、契乎宇宙自然运行变化规律的节奏与音调。

由于人口流动、地域发展等因素，各朝各代的人们在发音上会出现差异和变化。南北朝时便有学者发现，用当时的语言来诵读《诗经》时，有许多诗句韵调并不和谐。这是因为时代在发展，语言也有古今不同，正所谓"时有古今，地有南北，字有更革，音有转移"。于是，人们读先秦韵文，有些字词感到不押韵，便临时改变字的读音，使之谐合。这种诵读方法被称为"叶韵"，"叶"读如谐，即是协调、和谐之意。

初唐时期的诗人沈佺期与宋之问，他们正确总结了前代格律诗的创作经验，借鉴了前人的一些粘式格律，规范了律诗的平仄和对仗，提出"回忌声病，约句准篇"的美学要求。从此，格律诗形式由齐梁时代的烦琐复杂而逐渐趋于统一、定型。格律诗的出现和成熟，意味着人们对诗歌的音韵美有了更加自觉的追求。

唐宋时期，中国诗词史进入了最繁荣的时代。当时的中古汉语有平、上、去、入四声，四声在音韵上各有特色，平声清明平长，上声高亢昂扬，去声悠远婉转，入声急切短促。唐诗宋词，大抵能在四声的变化中感受音韵之美。

如南宋岳飞的《满江红》，全篇用入声字押韵，将词人壮怀激烈的爱国情感包含其中。上片开篇即见英雄气概，"三十功名尘与土，八千里路云和月"两句，识度超迈，下语精妙。下片开头，"靖康耻，犹未雪；臣子恨，何时灭。"四个短句，三字一顿，更是从音韵上展示了一种壮美。相比于诗，词有更加明显的音乐性与律动感，更讲究字句的停顿、转折、变化等。

追求音韵之美，即是一种"诗意地安居"。它是人的高贵精神品质和人文精神，是一种高雅的审美情趣，蕴含着优雅的趣味、宁静的心态、浪漫的情怀以及好奇心、想象力等，具有超越性的意义。如孔子的"暮春者，春服既成，冠者五六人，童子六七人，浴乎沂，风乎舞雩，咏而归。"何等富有诗情画意！晋陶渊明有《饮酒》诗："结庐在人境，而无车马喧。问君何能尔，心远地自偏。采菊东篱下，悠然见南山。山气日夕佳，飞鸟相与还。此中有真意，欲辨已忘言。"这是从世俗社会中超越而出的诗性生活。"诗意地安居"的精神，使人有了某种"韵"，正如海德格尔所说，"在这纯属辛劳的境地中，人被允许抽身而出，透过艰辛，仰望神明。"人，要有一种从世俗中"抽身而出"的精神品质，惟其如此，才能达到真正意义上的"诗意地安居"。

汉字简说

韵

· 小篆 ·

　　安仁轻敏，故锋发而韵流。

　　　　　——南梁·刘勰《文心雕龙·体性》

　　"韵"从音。《说文解字》："韵，和也。"本义即表示音乐节奏平和、舒畅的意思。古文"韵"也常写作"均"，此字从匀，亦有平衡、均衡之义。由此可见出中国人以和为贵的音乐美学观念。

美学散步 | 文学角

江雪

唐·柳宗元

千山鸟飞绝,万径人踪灭。
孤舟蓑笠翁,独钓寒江雪。

粤语较好地保留了中古音的语言系统,在发音上,依然保留了入声字的读法。现代汉语普通话语音由中古汉语语音演变而来,而随着语言的发展,"入派三声",如今的普通话已经读不出急切短促的入声了。用普通话诵读诗词,虽然大体上也能做到抑扬顿挫,琅琅上口,但遇到入声字时,就比较难以表现其急促逼仄的音韵特点了。

《江雪》这首诗的韵脚"绝""灭""雪"都是入声字,吟诵到每一句诗,都以短促的音韵结尾,这正是用音韵表现了《江雪》诗意中江山景色幽僻,空无一人,只有一位钓翁独坐舟中的凄寂画面。

平，语平舒也。——《说文解字》

地平旷野连云直

宋代辛弃疾《鹧鸪天》:"莫殢春光花下游。便须准备落花愁。百年雨打风吹却,万事三平二满休。将扰扰,付悠悠。此生于世百无忧。新愁次第相抛舍,要伴春归天尽头。"这阕词描绘了词人历经沧桑,感叹生命之无奈与宇宙之悠悠,"万事三平二满休"一句,是这词人向往回归本质,追求平淡、自然的生活状态。

"三平二满"由此成为一个成语,又称"二平三满",形容平平淡淡的样子。其中的"二""三"均是虚指的量词,重叠言之,构成音韵上的节奏感与韵律美。"平"与"满"构成互文,字义上相互阐释,均表达出一种平凡而满足的生命状态。

平,指事字。

"平"字的小篆字形,从于,从八,"于"表示乐声婉转,"八"表示平分之意。《说文解字》解释"平"曰:"平,语平舒也。""平"的本义指人说话时语气和舒顺,稳定悠长,少有起伏变化。"平"字的古文字或从"丂","亏""丂""云"都是象形字，表现出气要舒出的样子。古人用形象的笔画动态表达了无声无臭的气体运动的样子，特别是与作为特殊生命体的人的结合，"云""平"等字显得更有生命力、更具形象性。

"平"体现了音韵的和谐美

"平"字从"八"。甲骨文的"八"象分开相背的样子，从"八"的字多与分解、分散、相背之义有关。"平"字也是如此。清代段玉裁注："从八之意，分之而匀适则平舒矣。"人说话时语气平舒，口气分散、均匀，平和自然，恰到好处。

从古文字字形上看，与"平"字相似的还有"丂""兮"等字。《说文解字》解释"丂"说："气欲舒出，丂上碍于一也。""兮"字屡见于《诗经》、楚辞等经典文学作品中，如"巧笑倩兮，美目盼兮""路漫漫其修远兮，吾将上下而求索"，它往往作为上古文言中常用的语气助词，其实亦是一种协调语气的需要。上古时代的文学创作往往依赖歌唱、舞蹈、吟咏等音乐性较强的形式流传下来，故而语气助词对音韵和谐的作用显得尤为突出。

平、上、去、入是唐宋时期中古汉语的四声，是传统汉语音韵学的音系根源，是唐诗宋词格律的基础。近代诗词、楹联创作，莫不遵循平仄、押韵等格律要求。平声是平调，上声是升调，去声是降调，入声是短调。明朝的释真空在《玉钥匙歌诀》中，对四声的音韵特质作了形象的说明："平声平道莫低昂，上声高呼猛烈强，去声分明哀远道，入声短促急收藏。"平声的音韵之美，亦从中体现了出来。

中国传统的交际礼仪往往讲究语气平舒，语言平和，这与中国汉字语言固有的音韵和谐之美有关。"平"字所表现出的独特的音乐性，符合儒家讲求的"文质彬彬"之美学价值，于和谐的音韵特质之外创造了很大的社会功用。

《论语》中，孔子这样描述自己的十个杰出的弟子："德行：颜渊、闵子骞、冉伯牛、仲弓；言语：宰我、子贡；政事：冉有、季路；文学：子游、子夏。"后来，人们把德行、言语、政事、文学称为"孔门四科"。由此可见语言的力量。传统儒家认为，要推行自己政治主张，为人所用，需要辩才；要将知识阐述得透彻，亦需要辩才；攻乎异端，以道自任，更需要辩才的支持。古希腊的哲学家善于辩论，在互相诘难中形成了非常严密的逻辑思维，成为西方哲学的理论基础。这与孔子在"言语"一科有一定的相似之处。

"平正"是自然法则，也是社会规则

"平"的内涵取法于天地自然。《尚书·大禹谟》曰"地平天成。"中国传统宇宙观认为天圆地方，天穹像伞盖一样形成圆形，日月星辰遍布其中，运动有序，大地则平坦而宽阔，承载万物，孕育生命。《书传》曰："水土治曰平。"由此可见，"平"字往往描绘大自然的一种状态，这是适宜人类栖居的水土环境。

大地之"平"不仅仅是一种形象的臆想，而且更是一种道德观念的宣讲——这象征着大地生生不息、养育万方的美德，亦表达了劳动者对天地自然馈赠的感恩与敬畏。

"平"的内涵因此被赋予了更多的道德价值。《广韵》："平，正也。""平，和也。"《增韵》："平，坦也。""平"由此有了公平、平正之义。又如，"法"字从"水"，《说文解字》曰："平之如水"，意谓法律象征着公平、公正，就像水一样不偏不倚，保持水平。又如"平"加"言"为"评"，意谓评价须客观公正。"平"加"木"为"枰"，如棋枰讲求公平对等……

唐代文学家韩愈在《送孟东野序》一文中强调了"平"的重要性："大凡物不得其平则鸣"。观乎自然天地之间的万事万物，如果不得其平，就会引起激荡，引发变化。"草木之无声，风挠之鸣。水之无声，风荡之鸣。其跃也，或激之；其趋也，或梗之；其沸也，或炙之。金石之无声，或击之鸣。"韩愈在天地自然之中感悟到了"平"的道德内涵，道出了中国人对于"平"的价值追求。

"太平"是一种崇高的理想

"太平"是中国传统思想中一个巨大的命题，它囊括了儒家的政治哲学观念与人文情怀。"太"即"大"，亦作"泰"，即博大之义。它体现了中国人特有的达观的、安逸自适的生命状态。

先秦儒家思想往往强调"太平"之治，向往夏商周三代以前的社会状态。孔子心目中的圣人是尧、舜、禹、周文王、周武王、周公，他认为圣人治理有道之邦，造就太平之世。其实在上古之世，社会生产力并不发达，而非真正地实现了"太平之世""大同世界"，这应当是孔子等哲人的理想寄托，而寄希望于当世的社会安定、经济稳定、天下太平，每个人都能享受真、善、美的人生。

《大学》对中国士人提出了一种关怀天下积极入世的人文精神，追求

"修身、齐家、治国、平天下"的人格理想。宋代理学家张载曾经提出四句名言,道出了读书人的理想:"为天地立心,为生民立命,为往圣继绝学,为万世开太平。""太平"之业,成为中国历代士人的理想追求。

关于太平盛世的描绘与向往,一方面,它关乎历史与现在,是一门历史学,另一方面,它关乎现在与未来,是一门未来学。这种理想追求与道德价值取向,已然凝聚成中国人的民族精神,不管在过去、现在,还是在将来,它对中国乃至全人类社会生活都具有不可忽视的永恒价值。

汉字简说

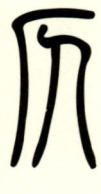

·小篆·

多寡匀停，平仄递用，方为得体。

——清·郎廷槐《师友诗传录》

"仄"字的小篆字形象人侧身在山崖洞穴里的形状，它的本义是倾斜。《说文解字》："仄，侧倾也。"后来，"仄"字被运用在音韵美学体验上。古人写作韵文时，注重音韵之美，讲究"平""仄"相宜。平，即四声中的平声。仄，即四声中的上、去、入三声。在诗词韵文中，用字须平仄相互交替，使其合于格律。

美学散步 | 音乐厅

　　《平沙落雁》是一首广为流传的古琴曲。全曲以水墨画般的笔触，勾画出大自然寥廓壮丽、淡远苍劲的秋江景色，表现清浅的沙流，平横的云天，还有天际群雁的声情。曲意开朗，情思平整开阔。

　　《古音正宗》评价《平沙落雁》之曲"取其天高气爽，风静沙平，云程万里，天际飞叫。借鸿鹄之远志，写逸士之心胸也"。琴曲借雁群飞翔、和叫、隐显往来、顾盼盘旋等等情态，寄寓一种平和开阔的心绪，表达了古代仁者的隐逸之情。

动，作也。——《说文解字》

若纳水辀
如转丸珠

传说，在上古时代，有一位具有非凡音乐才能的人，名叫夔。他生活在荒僻边缘的地方，后来受到舜帝的赏识，被提拔为国家的乐官，主管乐舞之事。《尚书》中记载舜帝让夔掌管乐舞，教导年轻人，夔向舜帝述职的时候说："於！予击石拊石，百兽率舞。"意思是说，我敲打起了石磬，打响节奏，演奏出音乐，众人们扮演成百兽的样子，一边歌唱，一边跳舞。夔不但能演奏音乐，而且成了整个乐舞的组织者和指挥者。在音乐的感染下，整个画面动了起来……

动感的节奏、韵律给人带来一种感染力与震撼力。音乐的律动带来了人心的触动，人心的触动则引起身体的舞动，个人的行为则影响集体的生活状态——人与音乐的互动，便在这种由内而外的运动中不断深入。正如《诗·大序》中所说："诗者，志之所之也。在心为志，发言为诗，情动于中而形于言。言之不足，故嗟叹之。嗟叹之不足，故咏歌之。咏歌之不足，不知手之舞之足之蹈之也。" 人在内心情感有所触动,乃至于用语言以致唱歌都难以充分表达的时候,会情不自禁地通过手舞足蹈来抒发。

动,形声字。

"动"字从"力","重"声,表示行动、发作。《易·象传》曰:"动而健。"《礼记·中庸》曰:"明则动。"这些都说明了运动的状态和美感。

"动"有一种流动、悠逸之美

唐代司空图《二十四诗品》中有"流动"一品:"若纳水輨,如转丸珠。夫岂可道,假体如愚。荒荒坤轴,悠悠天枢。载要其端,载同其符。超超神明,返返冥无。来往千载,是之谓乎。"对艺术创作的流动、悠逸之美学风格,提供了一个诗意的阐释。

"若纳水輨,如转丸珠"二句,依然道尽了"动"的情态之美。意谓"动"如水车之纳水,如丸珠之转动,假借一些形象可感的事物来表达一种流动的、自由地情感。乃至于"荒荒坤轴,悠悠天枢",天地四时交替,冷暖、寒暑带来阴阳二气的运动,它能对外物带来变化,所以有花开叶落、草长莺飞、水落石出的画面。这些丰富而美好的画面也能够感动人的内心,使人有一种摇荡的感觉,因而表现在诗歌等艺术创作之中。诗歌总是要充溢着真挚强烈的感情,流注着动荡不滞的气脉,才能塑造出鲜明生动的艺术形象,产生一种神采奕奕、顾盼如生的美感。

大凡优秀的艺术作品,其内容往往充盈着一种流动于宇宙开端、过程、相对终结之处的运动规律,流动、悠逸的面貌,实则是一种生命力的展现。如明代画家徐渭画竹,画面之间,笔墨自任,他曾自题诗曰:

"信手扫来非着意，是晴是雨恁人猜。"他在描绘枝叶的笔法中，将自然界竹子的蓬勃生命力与个人独特的精神面貌融为一体，展示了一种率性、自由的动态美。又如，清代画家陈洪绶擅画人物，他的《隐居十六观》绘制了隐士隐居生活的十六件事——访庄、酿桃、浇书、醒石、喷墨、味象、漱句、杖菊、浣砚、寒沽、问月、谱泉、囊幽、孤往、缥香、品梵。陈洪绶以点、线、面的造型艺术，刻画了一组组体态生动，容貌悠逸的人物形象。

"动"是一种力量之美

"动"字从"力"，其字义与力量有关。金文、大篆中，"动"字或不从"力"，而从"辵"，"辵"是个会意字，表示人走走停停的样子。另外，"动（動）"的声部"重"，亦在某种程度上表达出一种隆重、强烈、激动的美学意味。因此，"动"的字形较大程度地表现了力量迸发的样子，展示了一种力量之美。

在西方美术史中，罗马国立博物馆所收藏的掷铁饼者雕塑，被认为是"空间中凝固的永恒"。雕塑刻画了一名强健的男子在掷铁饼过程中最具有表现力的瞬间，掷铁饼者的铁饼摆回到最高点、即将抛出的一刹那，有着强烈的"引而不发"的吸引力。雕像的重心落在右腿上，他张开的双臂像一张拉满弦的弓，带动了身体的弯曲，呈现出不稳定状态，但高举的铁饼又把人体全部的运动统一了起来。这虽然是一件静止的雕塑，但艺术家把握住了从一种状态转换到另一种状态的关键环节，达到了使观众心理上获得"运动感"的效果。它赞美了人体的美和运动所饱含的生命力。

在中国传统美学观念中，关于运动之美最重要的作品当属于"阴阳鱼"的图案。广为人知的"太极图"，即是两条黑白的"阴阳鱼"。白鱼表示为阳，黑鱼表示为阴。白鱼中间一黑眼睛，黑鱼中间一白眼睛，表示阳中有阴，阴中有阳之理。在所有的自然现象中，最早并且最能够触动原始人类灵魂的莫过于白昼和黑夜永恒不断的交替变化。这种现象使得先民们形成了一种观念，即宇宙是由两个对立面构成。他们将这种二元论思想推广到几乎所有事物上面，性别分成雌雄两性对立、温度分为冷热对立、光照分为明暗对立。"太极图"中的黑鱼与白鱼互相推动，共同形成完美的圆形。这正合于宇宙世界的运动之美，是先民对天地万物的深刻体悟，体现了对自然宇宙敬畏之心。

对于宇宙运动规律，乃至世界的最初起源，人们从未停止思考。宇宙在诞生之前，没有时间、空间、物质、能量。一切都没有，而就在那么一瞬间，一个爆炸，一切都诞生了。那么，宇宙运动的最初推动力来自于哪里呢？那是一种怎么样的力量呢？《圣经》首篇："起初，上帝创造天地。"中国古代神话则有盘古开天辟地的传说。力量与生命相关，象征着生存与强大，是人类从茹毛饮血的人猿延续至今的基础，这种美属于全人类与其他生灵。

"动"是一种高妙的智慧

动与静相对而言，它们的精神内涵，在《论语》中得到极为深刻地挖掘。子曰："知者乐水，仁者乐山；知者动，仁者静；知者乐，仁者寿。""知"通"智"，孔子这句话的字面意义很简单：智者喜爱水，仁者喜爱山。智者常动，仁者常静。智者快乐，仁者长寿。此章的智者、仁者，是指君子。在孔子的这种说法里，意味着人之精神品质不同，其对自然山水之喜爱也就不同。李泽厚先生认为，孔子此章实际上是在美学史上第一次揭示了人与自然在广泛的样态上有某种内在的同形同构从而可以互相感应交流的关系。

为什么孔子把智者与大自然中的水联系起来呢？那是因为智者从水的形象中看到了与自己的精神品质相通的特点——"动"。水具有川流不息的"动"的特点，而知者通达事理，周流无滞，同样具有"动"的特点。故"水"与"智者"的精神品质有着相似的形式结构。

智者就像流水一样，不仅能"动"，而且善于"动"。《易经》曰："君子藏器于身，待时而动。"智者往往能够在最合适的时机行动起来，做事往往因人而动、因地而动，追求"天时、地利、人和"，而不是一味地蛮干、莽撞行事。

战国和汉代学者在孔子之后纷纷对这个命题进行解释和发挥。《说苑·杂言》中对于水之"动"的智慧，又有了更进一步地阐释："夫水者，君子比德焉。遍予而无私，似德。其流也埤下，裾拘必循其理，似义。浅者流行，深者不测，似智。其赴百仞之谷不疑，似勇。绵弱而微达，似察。受恶不让，似包。蒙不清以入，鲜洁以出，似善化。至量必平，似正。盈不求概，似度。其万折必东，似意。是君子见大水观焉尔也。"这几乎是用流水的形态描绘出一个智者的面貌了。

这种看似比附的说法，在一种简单朴素的形式下向我们提示了有关自然美的一个极为重要的事实，那就是人所欣赏的自然，并不是同人无关的自然，而是同人的精神生活密切相关，人对于智慧的向往与追求也与自然密切地联系在一起。汉民族在对待自然时，经常把自然的美和人的精神道德相联系，着重于把握自然美所具有的人的精神的意义。

听觉之美　若纳水辂　如转丸珠

汉字简说 运

·小篆·

日月运行，一寒一暑。乾道成男，坤道成女。

——《易·系辞》

"运"字，《说文解字》解释说："迻徙也。"《释诂》解释说："迁运徙也。"《广雅》曰："运，转也。"古代往往将"运"字与天地日月的运动规律联系起来，如《方言》曰："日运为躔，月运为逡。"《易·系辞》曰："日月运行。"这种博大充盈的运动之美，折射出了传统中国人的宇宙观、人生观，"天运""命运"等词也由此衍生而来。

箫

  《梅花三弄》又名《梅花引》《梅花曲》，早在唐代就在民间广为流传。这首乐曲表现了梅花洁白芳香、凌霜傲雪的高尚品性，曲音清幽，音节舒畅，其曲调在不同的徽位上作三次的重复，具有一种动态之美感。

  "三弄"之曲调旋律富于动力，似乎梅花在微风的吹拂下轻轻晃动起来，这段优美流畅的曲调轻巧、跳跃的旋律在音乐中三次循环，表现出"风荡梅花，舞玉翻银"的意境，令人仿佛看到含苞待放的花蕊迎风摇曳的样子，一幅生机勃勃的景象。

静,审也。——《说文解字》

深院静 小庭空

春秋时期,孔子周游列国,宣扬仁道,却始终不为用,于是叹道:"予欲无言。"——我想安安静静不说话了。孔子的弟子子贡担心地问:"老师您若不说话了,我们这些弟子怎么学习呀?"孔子说:"天何言哉?四时行焉,百物生焉。"你看天说过什么话了吗?没有。可是春、夏、秋、冬四时交替,从来没有颠倒错乱,花草树木、鸟兽虫鱼也按照生命的规律而生生不息。

孔子告诉了子贡一种学习方法:不必在意没有老师的传授,其实,大智慧须在天地自然之中寻得。天地之间的静默之道,不正是值得我们学习的么!

静,形声字。

《说文解字》解释"静"字说:"审也。从青争声。"它的本义是指彩色分布适当,后来引申为动静之静,表示物体静止不动的状态。"动"与"静"往往相对言之,《易经》曰:"动静有常,刚柔断

矣。"两者从不同的角度和程度去表现自然万物的运动状态。

"幽静"体现了自然之美

"静"从"青",是一种深绿色或浅蓝色,它展现了大自然生机勃勃的生命力。山川、河流、草木、阳光……大自然清幽寂静的环境令人心旷心怡。

在盛唐的山水诗里,静默安详的景象往往成为和谐盛世的音符。盛唐诗人亦善于对大自然采用一种静观的态度。诗人王维便善于描绘幽静的自然画面,他往往以深山旷谷、幽涧碧溪、日暮月夜、青霭烟岚为审美对象,依循自然万物的本性,探索与欣赏生命的本真之美。如《鹿柴》:"空山不见人,但闻人语响。返景入深林,复照青苔上。"一束斜晖透过密林,返照在阴冷的青苔上,深林空山,人迹罕至,其幽冷之境令人为之寂然。又如《鸟鸣涧》:"人闲桂花落,夜静春山空。月出惊山鸟,时鸣春涧中。"细小的桂花从枝头落下,万籁都陶醉于夜色的宁静之中。明代的胡应麟说此诗"读之身世两忘,万念皆寂"。

以动衬静,更见大自然的幽静之美。"夜深知雪重,时闻折竹声。"白居易的《夜雪》,写积雪偶尔压折竹枝的声音,反衬雪夜的幽静气氛。"蝉噪林逾静,鸟鸣山更幽。"王籍的《入若耶溪》,描绘林静山幽,却多出些蝉声、鸟鸣,这些声音的加入,反倒使山林之间的环境显得更加清幽宁静。

在中国传统观念中,人与自然相互交融,共同创造美的境界。人们置身于静水流深之间,能够发现流水——宁静故而致远,长流故而不绝,幽深故而博大,人生之大境界,亦是如此。人们置身于平静的大海面前，能够感悟到：海是最宽广的孤独。巨浪滔天固然摄人心魄，浪前的平静更是无人企及，海静谧之处，恰将其背影塑成永恒的幽蓝。人们置身于清风夜唳明月静的环境之中，能够鉴照天地的精微，甚至还可以明察万物的奥妙。以心灵之美映照自然之美，心物一体，才能真正感悟到幽静的美学意味。

"平静"是一种恰当、适宜的状态

《说文解字》认为"静"的本义是彩色分布适当的样子。清代段玉裁解释说："采色详审得其宜，谓之'静'。《考工记》言画缋之事是也。分布五色，疏密有章，则虽绚烂之极，而无淟涊不鲜，是曰'静'。"就像画画，如果能够合理地分布多种色彩，做到疏密有章，即使画面描绘得绚烂之极，色彩之间也没有跳跃的、突兀的、不和谐的感觉，而会呈现平静自然、恰到好处的美学特质。

段玉裁由此引申到人的内在修养："人心审度得宜，一言一事必求理义之必然，则虽繇劳之极而无纷乱，亦曰'静'。"这是由物象之恰当、适宜之美引申至人的循理、得体之美。古语有言："朴能镇浮，静能御躁。"言谈话语把握分寸，神态举止得体有度，内心自制自律，安分守己，这些皆是人的"静美"境界。

人之平静状态，并不局限于静止之静，而是一种动静得宜的状态。动宜静——人在社会表现自己时，要注意内敛，不要锋芒太露；静宜动，人应居安思危，防范于未然，注意方法和思想的积累、准备，知雄

而守雌。由此可见，"静"不是不动，而是伺机而动，动静相宜体现了一种大智慧。

在古文字中，"静""靓"二字相通，皆有淑静、幽静、美好之义。今天的粤语方言中，依然保留了"靓"的说法，表示人长得好看、漂亮，引申之，凡是美好的事物，皆称之为"靓"。由此可见，"静""靓"为"详审其宜"的内涵提供了一个翔实的审美标准，它与中国传统"文质相宜""文质彬彬"的美学原则是一脉相承的。

"心静"是儒释道共同追求的境界

"心静则明，品超斯远"，一个人内心清静则自然明澈，不为外物所累，故能品格高远。"静"的境界儒释道三家所推崇，是中国传统文化中的一个重要概念。

儒家认为"静"之君子的修养之一，《大学》曰："静而后能安，安而后能虑，虑而后能得。"内心的宁静状态能够有效调动个体的思虑，从而能够在学问上有所收获。"宁静致远"亦被视为一种高尚的生活情趣。此语典出诸葛亮《诫子书》："非淡泊无以明志，非宁静无以志远。"意谓人如果没有恬静寡欲的修养，就不会有明确的志向；如果没有宁静的心态，就无法达到远大的目标。

道家以清静无为作为一种哲学思想和治术，主张心灵虚寂，坚守清静，回归自然。道教经典《云笈七签》曰："专精积神不与物杂，谓之清。反神服气安而不动，谓之静。"道家认为"清静"是道的根本，万物清静，则道自来居。道家思想中展示的人生姿态、思想境界和养生方式，在今天浮躁、纷扰的社会里，不失为一方消解焦虑、烦躁、不安情绪的"清新剂"。

佛家把入静、修静作为个体禅修的重要方法。"禅那"是梵文Dhyana的音译，意为沉思、静虑。佛家将"心静"的境界演绎到极致，讲求眼、耳、鼻、舌、身、意的六根清净，保持内心的净与洁，不为尘俗所扰，以获得一种远离烦恼的清静境界。

汉字简说　　　幽

·小篆·

幽

曲径通幽处，禅房花木深。
　　　　——唐·常建《题破山寺后禅院》

《说文解字》解释"幽"字："隐也。从山中　。""幽"的本义幽藏、隐蔽之义。此字从"山"，清代段玉裁说"取遮蔽之意"，意谓隐藏在山林之中。此字中的两个"幺"，亦有微小之义。《尔雅》曰："幽，微也。"《小尔雅》曰："幽，冥也。"《周书·谥法》曰："雍遏不通曰幽。""幽"的幽深、僻静之义，引申出一种藏匿于山水之间的情怀，追求幽居、幽隐的生活方式，这反映了中国古代士人的隐逸之情。

捣练子令

五代·李煜

深院静,小庭空,断续寒砧断续风。

无奈夜长人不寐,数声和月到帘栊。

秋风送来了断续的寒砧声,在小庭深院中,听得格外真切。夜深了,月光和砧声穿进帘栊,更使人联想到征人在外,勾起了绵绵的离恨和相思。因而长夜不寐,愁思百结。

这阕词里,亡国之君李煜借大宅院之"静",表达一种孤独的心情。在词里我们可以感受到,那种静让人恐惧,静得让人透不过气,是在心理压抑下而产生的一种深沉的静谧感。"断续寒砧断续风",更渲染了这种沉寂、静谧,那木杵捶击石砧的咚咚声被阵阵悲凉的秋风荡来,时轻时重,时断时续,无止无休更加深了主人公的孤寂感。

曲，象器曲受物之形。——《说文解字》

曲折有如九回肠

人类的艺术发展,往往需要在大自然中汲取灵感,人类对于音乐之美的感知和领悟,同样是受到大自然的启发。在人类生产生活的环境中,每一个音符、每一种声音、每一片空气都蕴藏着一种等待被发掘的美丽。伯牙、钟子期以琴相知的故事广为人知,而《高山》《流水》的名曲,正是从峨峨泰山和洋洋江河的自然风光中得到的灵感,其他著名古琴曲如《平沙落雁》《梅花三弄》《汉宫秋月》等,莫不是从自然之美中提取音乐的律动和节拍,成就音乐艺术。

大自然的声音是曲折多变,婉转丰富的,人类对大自然的曲折多变、婉转多情的音色的模仿,便形成了最原始的歌诗和乐曲。

"曲",象形字。

《说文解字》中解释"曲"字:"象器曲受物之形。"无论是甲骨文、金文,乃至篆书的字形,"曲"字都像一个弯曲的器物的形状,这种器物的曲面形态提供了物件盛放的空间。也有学者认为,古文字的

"曲",其实是古时候养蚕的一种器具,称为"蚕曲",其本义亦是此。后来,"曲"字引申出了歌曲、乐曲之意,与音乐艺术紧密联系在了一起。

"曲"表现为旋律之美

"歌""曲"二字都谈音乐,含义则有所区别,"歌"是唱出来的,"曲"是奏出来的。"曲"往往需要通过各种乐器来表达,用声音的形式与人类的审美直觉对接。

春秋时期,精通音乐的孔子曾向鲁国的乐师教授乐理,他以简约的语言描述了一首乐曲由开始到结束的过程,道出了其丰富多变的旋律之美:"乐其可知也:始作,翕如也;从之,纯如也,皦如也,绎如也,以成。"

翕如,犹言翕翕,形容各种乐器合奏,乐音相合而起,给人以热烈振奋的感觉。纯,纯一、纯粹,因纯粹而谐和。皦是洁白的意思。绎,是连续不绝的意思。孔子说:"音乐,那是可以知道的。一开始演奏时,丝管齐鸣,热烈而振奋;接着展开下去,乐音纯一而和谐,节奏鲜明而悠扬,连绵相续,不绝如缕,一首乐曲就这样完成了。"

可以说,在中国美学史和音乐史上,孔子是表述对器乐美的欣赏体会的第一人,他也是对抽象无形的音乐,对当时笼罩着神秘色彩的音乐做出知性分析的第一人。在这一章中,孔子把一套乐曲的演奏过程分为几个阶段:开始时众响齐奏,给人以热烈振奋之感,接着是乐音纯一和谐、节奏鲜明、悠扬悦耳的展开部分,最后是乐音相寻相续、不绝如缕的尾声部分。这样每一阶段都各有不同的特点,各有不同的美感,这

样，一首完整的乐曲也就给人带来了审美的愉悦和享受。

中国传统诗词亦有一种旋律之美。从诗经、楚辞到汉乐府民歌、唐诗、宋词、元曲，其诗意与音乐性的旋律往往相和而生，诗词本身的旋律美，如四季之代序、昼夜之交替、山水之起伏、人声之抑扬顿挫……中国传统诗词的语言节奏是依据汉语的特点建立的，语言文字内部潜在的音乐美借节奏、平仄、韵、双声、叠韵等语言形式表现了出来。乐曲旋律中的重复、变奏、再现等形式，会给欣赏者带来不一样的接受、理解甚至好恶、褒贬，由此可见，旋律之美与人们教育、熏陶而习得的音乐知觉定势有关，在音乐审美活动中，有一个不可忽视的文化变量。

"曲"是丰富多变的委婉之美

"曲"字的象形，即有曲折变化的形态在焉，而用弯曲、曲折之"曲"表示乐曲之"曲"正是展示了音乐的含蓄、委婉之美。乐曲之"曲"，往往表现为音乐演奏过程中曲折多变的音色、音高与节奏，正是从复杂而有序的乐章，体现了音乐之美。

在中国，《诗经》中认为"乐章为曲"。按照汉代经师的解释，所谓的"章"，即是声音婉转曲折的意思。中国传统的音乐，讲究起、承、转、合的过程，是在曲折变化中表达统一和谐的美学特质。例如，《诗经》中的《国风·蒹葭》等，便采用了回环反复，重音叠字，反复吟咏的手法。这种一唱三叹的节奏，使诗显得委婉而意味深长，增强抒情效果。又如，唐代司空图在《二十四诗品》中有"委曲"一品。委曲，即不直说，欲言左而先右，欲言正而先反，恰如"翠绕羊肠""水理漩洑"，"似往已回，如幽匪藏"，用婉转委曲的艺术形式来表达内心的情感，意味悠长。

在欧洲，从17世纪后半期起，出现了一件或几件独奏乐器与管弦乐队竞奏的器乐套曲，后来逐渐成为西方古典音乐典型代表。控化的协奏曲多用三乐章的套曲曲式构成：第一乐章为奏鸣曲式的快板，第二乐章慢板，第三乐章快板。第一乐章一般为该协奏曲的本调性。第二乐章为比该协奏曲本调性高一个纯四度的调性。第三乐章，一般会回归原调性，但在其中间会进行一个小三度的转调。如此，则三个乐章各有变化，并和谐地组成一个整体。

乐曲并不仅仅作为乐曲而存在，它更多的是抒发乐曲创作者、歌咏者的内心情感，所以是一种"心曲"。歌曲的曲折多变与人类内心情绪复杂多样的变化，是有异曲同工之处的。"心曲"一词，最早见于《诗经》："乱我心曲。"汉代郑玄笺注曰："心曲，心之委曲也。"即是指人内心的曲折多变的状态。情绪是一种体验、一种反应与冲动，和缓的与激烈的、细微的与强烈的、轻松的与紧张的诸多形式，莫不与音乐审美心理紧密联系，晋代音乐家嵇康就谈道："声音之体，尽于舒疾，情之应声，亦止于躁静。"由此可见，歌曲可以非常生动、形象甚至直观地表达出人类的内心情感。

"曲"是中华文明成果的音乐式表达

丰富曲折的"曲"，展示了音乐的曲线美，其实不局限于音乐，除了音乐，许多中国传统艺术成就都具有类似的美学特质。曲线是一条具有美学特质的线条，它于丰富的线条造型艺术之外，又往往成为人们情感的蕴藉，所以，曲线美也逐渐成为一种美的范式。

"曲径通幽处，禅房花木深。"中国古代的园林建筑，往往有曲径通幽之美。以苏州园林为代表的中国传统园林艺术，本于自然，高于自然，把人工美与自然美巧妙地相结合，从而做到"虽由人作，宛自天开"。它不受传统建筑的方正格局所约束，而渗透了自然美的气息，小中见大、迂回曲折、深邃幽远。

书法在运笔、结构等方面都讲求曲折变化，追求因笔法、章法变化而带来的意境、情趣，展现一种曲折尽情、婀娜尽致的风格。例如，汉代以来的碑额，多用装饰性较强的盘曲之曲线笔画来写，龙蛇竞走，这些书法作品在金石学大兴的清代受到了书家的极力追捧。又如，宋代黄庭坚的草书单字结构奇险，章法富有创造性，经常运用移位的方法打破单字之间的界限，使线条形成新的组合，节奏变化强烈。古人论书，往往认为"宋人尚意"，意谓宋代以苏轼、黄庭坚、米芾为代表的书家善于追求意趣而不拘法度。这正体现了书家对于曲线之外的感情、意韵的强调。

中华文明是基于传统农耕文化发展而成的，中国劳动人民在大自然中汲取了大量的艺术创作灵感，黄河九曲之"曲"、海波如山之"曲"，皆是曲线美、曲面美的表达，这种极具音乐性的画面，使"曲"成为中国艺术不可或缺的创作灵感。当然，对于曲折变化的艺术形式的追求应是适当的，孔子所说的"过犹不及"，至今是一个仍然适用的美的哲学和审美心理学的普遍原则。

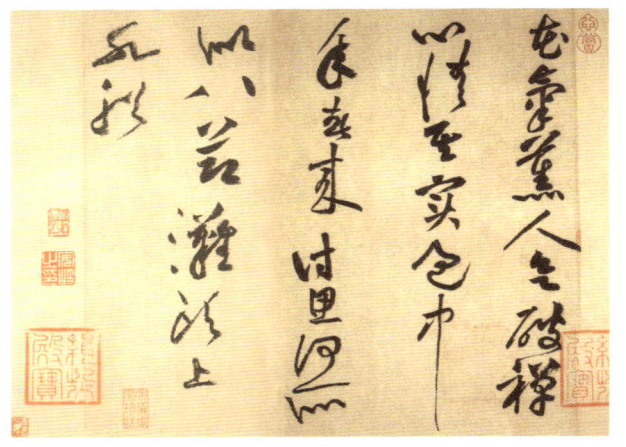

汉字简说　乐

·小篆·

兴于诗，立于礼，成于乐。

——《论语》

"乐"是个象形字，《说文解字》说："五声八音总名。象鼓鞞。"古文字的"乐"象一种击打乐器，上部是用于敲击的鼓面，下部是乐器的支架。《诗经》有"钟鼓乐之"，可见鼓鞞等乐器是古代常见于廊庙之上的重要乐器，在商周时代的礼乐文化中占有重要地位。

诗经·蒹葭

蒹葭苍苍,白露为霜。所谓伊人,在水一方。

溯洄从之,道阻且长。溯游从之,宛在水中央。

蒹葭萋萋,白露未晞。所谓伊人,在水之湄。

溯洄从之,道阻且跻。溯游从之,宛在水中坻。

蒹葭采采,白露未已。所谓伊人,在水之涘。

溯洄从之,道阻且右。溯游从之,宛在水中沚。

《蒹葭》用了比兴的手法,引譬连类、感发意志。全诗分三节,每节一换韵,复沓咏叹。由于上古时期所唱诵的歌诗皆为入乐歌诗,所以它亦有一种旋律上的美感。

近代学者王国维在《人间词话》里就说:"《诗·蒹葭》一篇,最得风人深致。""溯洄""溯游""道阻且长""宛在水中央"也不过是反复追寻与追寻的艰难和渺茫的象征。诗人上下求索,而伊人虽隐约可见却依然遥不可及——极有委曲绵长的美学意味。

琴，神农所作。——《说文解字》

乐琴书以消忧

神农氏所造的古琴，最初只有五根弦，代表着金、木、水、火、土五行。到了周朝，周文王为了悼念他死去的儿子伯邑考，增加了一根弦，称为"文弦"；周武王伐纣时，为了增加将士的士气，又增添了一根弦，称为"武弦"——这就是《说文解字》中所说"周加二弦"。古琴也因此被称为"文武七弦琴"。

神农氏是中国上古神话中的"三皇五帝"之一，也有人认为神农氏即是炎帝，是"炎黄子孙"的始祖。传说神农氏长着一个透明的肚子，五脏六腑都看得见。他曾经遍尝百草，还教老百姓播种百谷，发展了古代中原的农耕业。

有一天，神农氏观察着天地自然的变化、感受着日月四时的运动，忽然内心有所感悟，于是，他将桐树的木料削成琴，配上五根丝弦，发明了"琴"。这琴正是天地自然的象征——古琴厚度为两寸，象征着天、地"两仪"；前端宽约八寸，象征着立春、春分、立夏、夏至、立

秋、秋分、立冬、冬至"八节";后端宽约四寸,象征着春、夏、秋、冬"四时";长度约三尺六寸五,象征着周天三百六十五度。古琴上有十三个徽,其中最大的一个象征着君王,也表示一年之中的闰月;其他十二个象征着臣民,也表示一年十二个月。

"琴"字在古代也写作"珡",是个象形字。"珡"字的上部表示琴弦,下部为琴座。"琴"字则是个形声字,"今"为声旁。

《说文解字》中关于"琴"的解释,就讲述了这个神农造古琴的故事:"琴,神农所作。洞越。练朱五弦,周加二弦。"

琴是君子人格的象征

清代段玉裁解释"琴"字的象形:"象其首身尾也。上圆下方,故象其圆。"古琴的创制远取诸物,近取诸身,古琴也是依照人身圆颅方趾的形象设计,有琴首、琴颈、琴肩、琴腰等,俨然就是一个人的形象。

三国时期的名士嵇康有《琴赋》流传于世。《琴赋》从琴器之用材、巧匠之制琴，琴器的文采刻绘，到演奏古琴的情状、琴曲的历史发展、风格特色，乃至琴声之美感等，都做了细致的描写，为中国琴学理论史翻开了崭新的一页。明代书法家文徵明，曾用小楷抄录下了嵇康的《琴赋》一文，可谓异代同调，更令古琴的艺术魅力绽放在中国历史时空之中。

据明代《太音大全》的记载，古琴的样式有38种，清代的《五知斋琴谱》则发展成51种。随着古琴制作工艺的成熟，它渐渐从中融入了许多斫琴者审美意趣。古琴样式的命名方式，较常见的即是以古代圣贤为名，如孔子式（又称"仲尼式"）、伏羲式、神农式、师旷式、子期式等。这使古琴有了更加生动的形象，甚至拥有了高贵的"人格品质"，成为君子贤人的象征。

《说文解字》解释"琴"："禁也。""琴""禁"二字在音韵上相通，在字义上也可互相阐释。"禁"表示吉凶之忌，引申为禁止。由此观之，"琴"也有这样的含义在焉。《白虎通》曰："琴者，禁也，所以禁止淫邪、正人心也。"调琴以五音为正，抚琴要用正心、正念，五音之正与身心之正共振，以此达到人神相和的崇高人生境界。由此可见，在中国传统观念中，琴是一种独特的教化工具。

先秦两汉文献都广泛记载了历代帝王"以乐为教"的历史传统，自春秋以后，儒家极力倡导"礼乐"人文教化，"乐教"更成为中华文化的优良传统。《礼记》中说："广博易良，乐教也。"乐教即是通过音乐、韵律之美，提高人的道德修养。琴在中国传统的"礼乐"人文教化中扮演着非常重要的角色。所以，琴自古以来就是中国文人修身养性的器物之一。

琴声传达一种诗意

"琴"从二"王",颇有两玉相合而鸣的意味,强调了琴声之美。"琴"字下部的"今",是个表音符号。但是,汉字中的音和义并不是绝对割裂的,它们之间有着某种微妙的联系。"今"字亦有其独特的含义在焉。甲骨文、金文中的"今"字形多象人的嘴形,"饮(左部的古文字写作上'今'下'酉')""含"等字皆与此有关。"琴"字也是如此,下部的"今"表示弹奏琴声如同吟诗一般,富有情感、包含诗意。它那敦厚、闲适、优雅、虚静的声音质感,能够表达出一种弦外之音、韵外之致、味外之旨。

《说文解字》中描述"琴"的声音"洞越",清代段玉裁注曰:"洞当作迵。迵者、通达也。"因为古琴的琴腹中空,并凿有两孔,上孔叫作"龙沼",下孔叫作"凤池",利用声音共鸣的原理,使古琴在弹奏时声音更加通达。老子《道德经》中说:"长短相形,高下相倾。音声相和,前后相随。"琴的演绎取法于天地自然,正体现出"音声相和"的特点,展示着流动之美、自然之美、天籁之美。

三国时期的名士嵇康写下了弹琴的名句:"目送归鸿,手挥五弦。

俯仰自得，游心太玄。"这是描述了名士弹琴时的状态——他在山林之间，一边注视着南飞的大雁，一边用手弹着琴，琴声洞越，令他心绪自由、俯仰自得，心已徜徉到天地之外了。这数句诗，将琴声之美与君子之美、自然之美融合在一起，是中国传统人文精神的诗意表达。

晋陶渊明在《归去来兮辞》中说："乐琴书以消忧。"表达了自己沉醉在琴弦、书法中而忘记了一切烦恼，过着一种洒脱、自在的生活。

古琴曲大都依赖古琴谱流传下来。古琴谱又叫减字谱，它有一种特殊的记录方式。它用减省了笔画的文字来记录古琴曲，主要记录了古琴弹奏时的指法、弦序、音位等，而没有记录音高、节奏等。也就是说，依照同样的减字谱，不同的人弹奏的琴曲也有不同。所以，自古至今，古琴艺术非常重视师承授受，也因此产生了不同的琴派、不同的演奏风格。所以，古琴中有许多个性化的表达，艺术造诣的高低也取决于个人的精神品质与人格修养。

古琴在弹奏时，发出的声音不大，声音不过斗室之内。所以，古琴的演奏和欣赏，也只适合在一屋一室的小范围内。孔子说："古之学者为己，今之学者为人。"儒家注重"为己之学"，古代的士人将抚琴作为日常的一件乐事，大抵是弹奏给自己听，抑或给一二知己欣赏，这正合于儒家"为己之学"的理念。由此可见，古琴个人化、个性化的表达方式，与中国传统的诗的艺术有相通之处。

抚琴以依托理想

中国传统对于"琴"的理解,首要即是道德的。古琴的演绎,即是一种道德理想的寄托。

最著名的例子当属孔子。孔子有很高的古琴艺术造诣,而琴声也成为孔子的理想寄托。他曾在弹琴时想象周文王的模样,那是因为他秉持儒家的政治理想,向往三代的礼乐秩序。他通过弹琴,表达了自己的理想。

孔子曾经周游列国,经过陈国时,正好遇见陈国大乱,孔子师徒连粮食都断绝了,从者也都饿病了,起不了身来。在此种境地中,孔子依然讲诵诗书、鼓琴作乐,没有中断过。

还有一次,孔子师徒经过匡地,匡人误以为孔子是他们的仇人阳虎,于是围困了孔子师徒,并把孔子囚禁了起来。困厄危难之中,孔子依然"弦歌不辍"。

孔子的弟子子游曾在鲁国的武城作城宰,他秉承夫子所教,以礼乐教民。孔子去往武城，听到城中有"弦歌之声"，非常高兴，表扬了子游。《史记》中记载，到了秦朝末年，楚汉相争之时，刘邦发兵围攻鲁地，"鲁中诸儒尚讲习礼乐，弦歌之音不绝。"由此可见孔子的文化影响之深远。在这里，"弦歌之声"在各地的传播，便是孔子理想的传承、精神的延续，是儒家文化在中国大地生根发芽的过程。

嵇康是三国时的名士，是"竹林七贤"之一。传说他妙于琴，善于音律。嵇康曾创作琴曲《广陵散》，说的是古代聂政刺韩王之事，琴声中有一股浩然之气。后来嵇康因得罪权贵被杀，临刑前，嵇康从容不迫，索琴弹奏了此曲，并慨然长叹："《广陵散》于今绝矣！"《广陵散》之绝的背后，是魏晋君子对于黑暗政治社会的控诉，是对理想破灭之失望。

唐代的司马承祯在《素琴传》里写道："皇王以琴道致和平也……闲音律者以琴声感通也……灵仙以琴理和神也……君子以琴德而安命也……隐士以琴德而兴逸也……"说出了各种社会角色的人在琴道之中的精神寄寓。这也充分说明了中国琴艺兼容儒、道，兼具庙堂文化和乡野文化的功能。它能充分表达人的内心世界，甚至感通自然乃至动物之性，具有如"飞鸟集舞，潜鱼出跃"的美学特质。君子理想的寄寓，使古琴艺术为中国人构建起了高贵的人文精神和高雅的审美情趣。

| 汉字简说 | 瑟 |

瑟

·小篆·

锦瑟无端五十弦,一弦一柱思华年。

——唐·李商隐《锦瑟》

"瑟"字从珡,必声。瑟传说是上古传说中的帝王伏羲氏所作的乐器。琴与瑟两种乐器往往并言之,它们在古代常常被用作宗庙之中的礼乐器物。《尚书》:"搏拊琴瑟,以咏祖考来格。"《周礼》:"云和之琴瑟,云门之舞。"琴、瑟同奏的声音也体现一种和谐之美。

美学散步 | 音乐厅

　　古琴曲《流水》即源于"高山流水"的著名典故，展示了朋友之道、知音之美。《列子·汤问》记载："伯牙善鼓琴，钟子期善听。伯牙鼓琴，志在登高山。钟子期曰："善哉！峨峨兮若泰山。"志在流水，钟子期曰："善哉！洋洋兮若江河。"伯牙所念，钟子期必得之。钟子期死后，伯牙觉得世上再也没有知音了，于是破琴绝弦，终身不再弹琴了。

　　明代《神奇秘谱》云："《高山》《流水》二曲，本只一曲。"今天的琴曲《流水》，传为清代川派琴家张孔山所编。这是极具表现力的乐曲，充分运用古琴滚、拂、打、进、退等指法及上、下滑音，生动地描绘了流水的各种情态，淙淙的山泉、潺潺的小溪、滔滔的江水、洋洋的海水……听者如同可以极目远眺，想象烟波之浩渺，甚至可以思接古人，体悟到"洋洋兮若江河"的山川之美。

弦，弓弦也。——《说文解字》

行披带索衣
坐拍无弦琴

唐宪宗元和十年时，诗人白居易被贬到九江郡。有一天夜里，他在浔浦口听到有人在船上弹琵琶。探问之下才知道，原来这是一位长安的歌女，歌艺精湛，后来年纪大了，红颜退尽，嫁作商人妇，在江湖间沉沦漂泊。白居易听了琵琶女的琴声，不免有"同是天涯沦落人"之感慨。

琵琶女弹奏的琵琶声是怎么样的呢？"转轴拨弦三两声，未成曲调先有情。"她转紧琴轴、拨动琴弦，试弹了几声，便发出凄楚悲切的声音，似乎是在诉说她平生的不得志。只听那琵琶声，大弦浑宏悠长，嘈嘈如暴风骤雨；小弦和缓幽细，切切如有人私语。大弦、小弦交错弹奏，就好像大珠小珠一串串掉落在玉盘之上。声音一会儿像花底下宛转流畅的鸟鸣，一会儿像水在冰下艰涩低沉地流动。有时闷闷无声，有时像银瓶乍破，有时像刀枪齐鸣……最后，"曲终收拨当心画，四弦一声如裂帛。东船西舫悄无言，唯见江心秋月白。"收拨一画，戛然而止，弦外之意，犹然不绝。

弦，会意字。

"弦"字的左部为"弓"，是古代一种常见的兵器；右部为"幺"，象一束丝的形状。《说文解字》曰："弓弦也。从弓，象丝轸之形。"古代的弓弦便是用丝制成的。

弦用以演奏美妙音乐

古文字的"弦"，右部象一束丝的形状，这与弓弦最初的制作材料有关，古代的弓弦、琴弦多用丝线制成。《说文解字》解释"弦"字"象丝轸之形"，"轸"当作"紾"，亦从"系"，就是弓箭、琴瑟等缠钮，是维系丝弦两端的地方。丝弦在中国传统音乐中扮演着重要的角色。

早在三千年前的周代，中国就已经有了"琴""瑟"等乐器，这些乐器通过弹拨琴弦，使其震动，以创造美妙的乐声。对于这些弹拨乐器的音乐之美，古人评价曰："弦而鼓之，金声而玉应。"这种说法最早源于《孟子》："集大成也者，金声而玉振之也。"意谓音乐演奏自始至终都很有条理，音韵响亮、和谐。

通过弹拨弦的方式演奏音乐的乐器，在古代中国流传甚广。不同的乐器，供人弹拨的琴弦数量也不一样。古琴原有五根弦，称"五弦琴"，后增至七根弦，称"七弦琴"。瑟原有五十根弦，唐代诗人李商隐便有"锦瑟无端五十弦"的名句，后来减至二十五根弦。

其他中国传统的弹拨乐器，如三根弦的三弦、四根弦的琵琶等，常见于戏曲演奏中。中亚地区哈萨克族的古老乐器冬不拉广为人知，它的两根琴弦可以演奏出三至八度的和音。欧洲的大型拨弦乐器竖琴是现代管弦乐团的重要乐器之一，吉他则在民谣、摇滚、流行音乐中占有重要地位。这些中西方的弹拨乐器，在演奏方式与音质特色等方面，都各有擅长。

二胡、京胡、马头琴、小提琴等弓弦乐器，则是依赖琴弓擦奏琴弦而发出声音，属于弦鸣乐器。西方古典音乐中的重要乐器小提琴，将弦鸣乐器之美展现的淋漓尽致。巴洛克时期德国音乐家巴赫的无伴奏小提琴奏鸣曲，设计了小提琴所能演奏的一切和弦，以四根琴弦架构出繁复宇宙的作品，使用了几乎不可能演奏的对位技巧，一度达到了弓弦乐器音乐创作的巅峰。

弦展示了一种张弛有度之生命状态

"弦"字的本意是弓弦，它配合弓而使用，是古代生活、军事上常用的工具，所以，它往往象征着紧张、严肃的状态。传说，汉代的董安性情迟缓，做事太慢，他意识到自己的问题，于是他"佩弦以自急"，在自己身上佩带弓弦，时时提醒自己做事不要迟缓，这便是在寻求一种张弛有度的生活节奏。

张弛有度之弦表现出一种力量之美。古语有言："箭在弦上，不得不发。"意谓弓箭已经搭在了弓弦上，表示情况危急。汉代"飞将军"李广有一次出猎，误将石头当作老虎，弯弓射箭，一箭迅猛无比，整个箭镞竟没入石头之中。想象"飞将军"手中拉紧弦的弓弦由弛到张，继而达到了某种临界点，这种蓄力未发的美学状态，足以给人带来深刻的情感激击。

弹拨音乐亦强调张弛有度之美。丝弦在弹拨的一瞬间，声音静止，但是在单纯与宁静之中亦有某种未发的紧张动机，这两部分的对抗性装填，与"飞将军"弯弓搭箭的美学状态非常相似。所以，人们张弛有度之音乐美的认知，来自于丝弦固有的物理属性，它主要是通过强调线条的顶点、力学的复杂性来表现的。

张弛有度体现了音乐的和谐之美。音乐听觉的美感，本质在于音乐与情感主客体之间的和谐境界，音乐心理的变化、发展亦以平衡—不平衡、松弛—紧张的动态形式流转不息，展示了音乐生命的用进废退，使音乐的审美、立美在张弛有度的活动状态中呈现多姿多态的心理运动形式。

弦展现了音乐的玄妙之美

"弦"字右部的"玄"不仅表音，而且亦有独特的美学内涵在焉。"玄"有深邃、幽远之义，这与中国传统音乐美学理念相通。中国传统音乐中的丝弦演奏，人们的审美并不仅仅满足于琴、瑟、阮、琵琶、箜篌等古代常见传统乐器中丝弦震动后产生的物理特质，而更强调丝弦给受众带来的"玄妙"的美学体悟。

中国传统文人更看重的是乐器、乐曲、歌咏等形式之外的文化内涵与精神特质，而更加追求如王羲之在《兰亭集序》中所说的"虽无丝竹管弦之盛，一觞一咏，亦足以畅叙幽情"的精神乐趣。这是与歌弦的愉悦形式之外寻求一种"弦外之音"，即弹拨乐器之外所表达出来的虚响——某种意韵、某种境界。

　　传说陶渊明家中悬挂着一张"无弦琴"。陶渊明是晋代著名的隐逸之士，他并不擅长音律，但是每当自己喝了酒，怡然自得之时，他就会取下无弦琴，放在桌案上"弹奏"起来，仿佛真的能听到琴声一般。唐代诗人白居易有诗赞道："行披带索衣，坐拍无弦琴。"说的就是这样的情景。这是多么闲适自得的精神状态！陶渊明所"弹奏"的琴，并非手下之琴，而是心中之琴。琴弦之下的"玄妙"之美，已然突破了琴弦本身的概念——陶渊明所听到的"琴声"，并非琴下的乐曲，而是弦外之音，是一种乐观旷达的精神，是一种生活态度，一种生命智慧。

　　北京大学著名教授、当代著名哲学家冯友兰在《贞元六书》中根据人们对于宇宙人生的"觉解"（意即理解、觉悟）的不同，把人生的境界分为四种：自然境界、功利境界、道德境界、天地境界。"弦外之音"的表达，正体现了冯友兰先生所说的最高一境："天地境界"，南宋爱国词人张孝祥的《念奴娇·过洞庭》上片所描写就是一种这样的境界："洞庭青草，近中秋，更无一点风色。玉鉴琼田三万顷，著我扁舟一叶。素月分辉，明河共影，表里俱澄澈。悠然心会，妙处难与君说。"

汉字简说　　　　　管

·小篆·

　　肠断秦台吹管客，日西春尽到来迟。

　　　　　　　　　　——唐·李商隐《相思》

　　"管"字，《说文解字》说："如箎，六孔。"箎是古代一种竹管制成的乐器，形状近似于笛子。故"管"字从竹。中国古代大部分吹奏乐器都是竹制的，如洞箫、南箫、笛子、尺八等。古代常将"管弦"并称，泛指音乐。

美学散步 | 音乐厅

二胡

《二泉映月》用我国著名的民族丝弦乐器——二胡来演奏。华彦钧（阿炳）是一个刚直顽强的盲艺人，他用二胡演奏《二泉映月》，表现出了夜阑人静、家清月冷的音乐意境，向人们倾吐他坎坷的人生。

在《二泉映月》的演奏过程中，二胡之弦与多种弓法的力度变化互相配合，旋律呈微型流动之美感。全曲有一种回环反复的美学表达，将主题变奏五次，随着音乐的陈述、引申和展开，流露出一种压抑悲怆的情调，展示了诸多弦外之音，提供了孤独的心境、夜行者的感伤、不屈不饶的性格和对光明的渴望等。

歌，咏也。——《说文解字》

从事因高唱
秋风起处闻

"九歌"是古代的一种祭神乐歌。"九"数是虚指,犹言数量之多。例如,首篇《东皇太一》,是祭祀天神之最尊贵者的乐歌;《云中君》,是祭祀云神的乐歌,《东君》是祭祀太阳神的乐歌,另外还有祭祀大司命、少司命、河伯、山鬼,乃至在战争中阵亡将士之魂的诸多乐歌。

古代祭神时,也有各式各样的演奏形式,清代陈本礼说:"《九歌》之乐,有男巫歌者,有女巫歌者,有巫觋并舞而歌者,有一巫倡而众巫和者……"古代的楚地注重巫神祭祀,所以产生了极具神秘色彩的楚辞等艺术形式,"九歌"这种古老的音乐形式在楚地民间也非常流行,其音乐特质大抵低沉哀婉。

战国时期,楚人屈原被放逐江南,内心苦闷抑郁,于是通过改写这些祭神乐歌,以寄托自己的这种思想感情,在文学史上留下了经典名篇。"悲莫悲兮生别离,乐莫乐兮新相知""既含睇兮又宜笑,子慕予

兮善窈窕"……这些句子起伏回宕、一唱三叹、韵致深远，至今依然广为流传。

"歌"，形声字。

《说文解字》曰："歌，咏也。"其本义是歌唱、吟咏。《说文系传》解释说："歌者，长引其声以诵之也。"表示动作，后来也指能够歌唱的文辞。

歌为心声

"歌"字从"口""欠"。"欠"的本义与人的气息吐纳有关，如"饮""吹"等字的"欠"，都像一个人合拢着嘴唇用力吸气或呼气的样子。"歌"亦是通过人嘴所发出的气体运动，以此表达个人内心的情感。古人在评价音乐的时候说，"丝不如竹，竹不如肉"，意谓凭借丝竹乐器发出的声音，不如人声咏唱的歌曲。正所谓歌为心声，人因内心有所感动而咏唱成声，是自然而然的过程，歌声是人类情感最直接的表达。

"歌"字的"哥"是声部，也有表意的作用。今日的"哥"字多用作兄长之意，而其本义并非如此。《说文解字》解释"哥"："声也。"这说明此字最初的内涵即与音乐有关。"哥"从两个"可"，可

者,肯也。这说明,人的歌声的发出,乃是在实现一种表达欲。人们因内心有所触动,并遵循自我的意愿,向外界发出声音。

歌从口中出,实为心中声。有欢歌——明代文学家袁宏道在《满井游记》中描写自己春游满井时的场景,"泉而茗者,罍而歌者,红装而蹇者,亦时时有。"这里虽然游人稀少,但是亲近大自然的人们饮茶、唱歌,怡然自乐。这是人与自然交感而生的欢歌。有悲歌——战国末年,荆轲要去刺杀秦王,人们送他至易水之上,义士高渐离击筑,荆轲相和而歌:"风萧萧兮易水寒,壮士一去兮不复还!"声音高亢慷慨,众人听了,皆为之瞋目。这是燕赵之士的感慨悲歌。有恋歌——春秋时候,楚国的鄂君子皙想坐船出游,一位越人前来拜谒,并用越地的方言唱起了歌,歌声悠扬缠绵,委婉动听。鄂君命人将越人的歌词翻译成楚国的语言:"今夕何夕兮,搴舟中流。今日何日兮,得与王子同舟。蒙羞被好兮,不訾诟耻,心几顽而不绝兮,知得王子。山有木兮木有枝,心悦君兮君不知。"越人唱出了一首深沉真挚的恋歌。有情歌——"关关雎鸠,在河之洲。窈窕淑女,君子好逑。"《诗经·关雎》用兴起的艺术手法,描写了青年男子思恋少女的辗转反复之情,这是一首至今依然广为传颂的古老情歌。

歌以咏志

《说文解字》将"歌""咏"二字互训,说明二字意义相通。"歌咏"往往合而言之,这亦往往成为人们表达志向的一种方式。

有一次,孔子与众弟子谈论时,曾点谈到了自己的志向:"莫春者,春服既成。冠者五六人,童子六七人,浴乎沂,风乎舞雩,咏而归。"这里的"咏",即咏唱之义。曾点说,自己的志向是在暮春时候,春天的衣服已穿定了,自己可以偕同几个同道中人,在沂水中洗洗澡,在舞雩台上吹吹风,然后一起唱着歌儿走回来。孔子听了曾点的话,赞赏不已。"咏而归"的画面,正表达出了太平社会之缩影和快乐人生的境界。

战国时期,齐人冯谖给当时的孟尝君当门客。孟尝君门客众多,冯谖也没有寸功,所以不受重视。于是,冯谖弹铗而歌:"长铗归来乎!食无鱼!"他故意让孟尝君听到他的歌声,那是在抱怨自己不受优待,吃饭的案几上没有鱼肉。孟尝君听了,便让他与那些受优待的门客一样有鱼吃。后来,冯谖又埋怨道:"长铗归来乎!出无车!"孟尝君又一次大度地优待了他,让他和其他门客一样有车坐。后来,孟尝君有难,其他门客皆作鸟兽散,唯独冯谖挺身而出,帮他逃过了劫难。弹剑作歌,是冯谖向孟尝君表达志向的方式,他的志向,当然不仅仅是食鱼、乘车,而是为主尽忠、为君分忧。

诗词歌赋等古代文学形式,最初往往是通过歌咏的方式表达出来。故而古时候的"歌行"等文体,往往有"歌以咏志"的说法。具有音乐性的歌咏成了作者表达自身志向的重要方式。《诗经》是上古时期重要的诗歌文献,诗三百中常见"比兴"等修辞手段,亦即"先言他物以引起所咏之辞",这也是一种托物言志。又,在诗词作品中,往往出现咏物诗、咏物词等,诗词作者通过歌咏某种事物来表明心迹,以表达自己的人生态度和生活感悟。

歌通过音韵、节奏、旋律等表达美

"歌"字从"可"。值得注意的是,"可"字从"口""丂"。"丂"是个象形字,它像人口舒缓地发出气体的样子。这与"歌"字的"欠"部亦有异曲同工之妙。它不仅说明了该字与人嘴的活动有关,而且将人嘴所发出的气体的形态特质惟妙惟肖地表现出来。这些气体的运动状态,正体现了歌声的音韵美、节奏美和旋律美。

从听觉生理的角度看,人的听觉感官接受声波的振动并产生相应的主观感知效果,本身受约于听觉感官的自主选择,表面上的被动反映,实际上已包含了对外在事物的适应、调整与选择。可以说,听觉感官对于歌中音韵、节奏、旋律的美的感受力,来自于人类的文化感召力。

中国古代的乐府诗,本是可以歌唱的歌辞,人们将放情长言的音乐节奏称为"歌",如《鸡鸣歌》,将步骤驰骋的音乐节奏称为"行",如《猛虎行》,二者渐渐没有严格区别,后来也有将其作为一种诗的体裁,称为"歌行"。"歌行"是音节、格律较一般诗体自由,往往采用五言、七言、杂言的古体,富于变化。可以说,"歌"的音韵美、节奏美、旋律美在中国传统诗文化中得到了升华。

唐代张若虚的名篇《春江花月夜》,便是一首长篇歌行,采用的是乐府旧题,但作者已赋予它全新的内容,将画意、诗情与对宇宙奥秘和人生哲理的体察融为一体,创造出情景交融、玲珑透彻的诗境。李白擅作"拟古题乐府",如《行路难》(大道如青天)(金樽清酒斗十千)、《梁甫吟》《将进酒》《长相思》《猛虎行》等。又如白居易《长恨歌》《琵琶行》,堪称"唐人歌行煊赫者"。今日,吟诵这些古诗,我们依然能够体悟到"歌"圆美流转的韵律节奏。

汉字简说

吟

·小篆·

笛奏龙吟水，箫鸣凤下空。

——唐·李白《宫中行乐词》

"吟"字，《说文解字》说："呻也。"两字互训。清代段玉裁注曰："呻者吟之舒，吟者呻之急。浑言则不别也。"呻、吟二字，皆是指声调抑扬地念、唱，只不过舒卷缓急有所不同罢了。古人学诗，常用吟唱、吟咏的方式，通过一定腔调表达字里行间的平仄、顿挫，展示出诗词歌赋的节奏美和音韵美。

美学散步 | 音乐厅

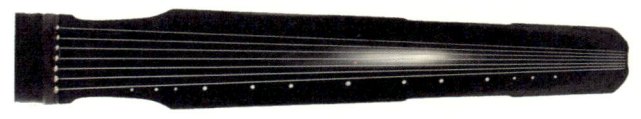

古琴

琴歌《关山月》唱词:"明月出天山,苍茫云海间。长风几万里,吹度玉门关。汉下白登道,胡窥青海湾。由来征战地,不见有人还。戍客望边色,思归多苦颜。高楼当此夜,叹息未应闲。"《关山月》是汉乐府鼓乐"横吹曲"中的曲目,传为李白所作,表达了守边战士的思乡之情。

1901年前后,山东地区的琴家将流传在山东的民歌曲调移植于古琴弹奏中,改编出了琴曲《关山月》。此曲由六个乐句组成,利用泛音、实音的音韵变化,体现刚健、质朴之美。20世纪50年代初,中国音乐史学家杨荫浏、夏一峰等将《关山月》重新配入歌唱,全诗十二句,正好配以乐曲的六个乐句。在节奏、声韵上融入人声歌唱特有的美学特质。人声歌唱时,宜苍古朴实,抒壮士之情怀,配合古琴的音色,更显得刚健严峻、真挚感人。

豪,健也,伉也。——《说文解字》

男儿到此是豪雄

1991年上映的电影《黄飞鸿之壮志凌云》的片尾主题曲，是一首充满英雄豪气的歌曲："傲气面对万重浪，热血像那红日光。胆似铁打骨如精钢，胸襟百千丈，眼光万里长。我发愤图强做好汉。做个好汉子，每天要自强，热血男儿汉，比太阳更光。让海天为我聚能量，去开天辟地，为我理想去闯。看碧波高壮，又看碧空广阔浩气扬，我是男儿当自强……"

这首《男儿当自强》的曲调改编自唐朝的古曲《将军令》，并由中国香港著名词曲家黄霑填词。这首歌曲节奏铿锵高昂，歌词豪迈激进，荡气回肠，在一代中国人心中久久回唱。

豪，形声字。

《说文解字》解释"豪"字曰："健也，仇也。""仇"当有高亢之意。《易经》中说："天行健，君子以自强不息。"这是强调天地运动刚强劲健的状态，也体现了君子力求自我进步、刚毅坚卓、永不停息的品格。

豪气体现了一种高昂的精神状态

"豪"从"高","高"亦声。古文字中的"高",象高高的台观高之形。这说明"豪"字的字义与高度有关。高大的形象展示了一种向上、向善的生命力。

高亢的歌声能够在听觉上带来审美冲击力,展现一种高昂的精神状态。《列子》中记载,薛谭向秦青学唱歌,未尽得其艺欲辞归。秦青送行至郊外时,引吭高歌,"声震林木,响遏行云。"薛谭听了大惊,感叹学无止境。秦青唱歌的声音响亮高妙,上达天际,空中的行云也为之停止。人们在譬喻技艺的高超时,总是用上达于天的境界去形容。

孔子说:"君子上达。"朱熹解释说:"君子循天理,故日进乎高明。"从美学的角度上看,高大的形象往往能够传达出人们高昂的精神、高远的眼光,契合于德性盈满的美学范式,接受者能够于其略显豪放、粗犷的形态之外,寻找到一种向上之美、向善之美,而更进乎哲学的范畴。

程颢在《秋日》中写道:"闲来无事不从容,睡觉东窗日已红。万物静观皆自得,四时佳兴与人同。道通天地有形外,思入风云变态中。富贵不淫贫贱乐,男儿到此是豪雄。"在这首诗里,展示了英雄的豪情气概:得到富贵不得意,就算贫穷也安乐,男儿达到这样的境界就算英雄了。

《圣经·旧约·创世纪》中记载了一个古时候人们的一次豪情壮举:"来吧,我们要建造一座城和一座塔,塔顶通天,为要传扬我们的名,免得我们分散在全地上。"于是,人们齐心协力,建造起了高插入天的巴别塔,想通过它直达天堂。此举惊动了上帝,上帝让人类说不同的语言,使人类相互之间不能直接沟通,于是,建造巴别塔的计划失败了,人类自此各散东西。

由此，巴别塔成了人类哲学史上一个重要的象征。它一方面体现了人们崇拜高建筑的原始情感。另一方面，它体现了人类文明对"究天人之际"的追求。古人云"天道远，人道迩"，人们却希望于现实社会的经济、文化之外，寻求一种涉及的是自然、宇宙等方面的形而上的智慧。

豪迈有一种朴质之美

"豪"字从"豕"，豨也，猪也。古文字的"豕"，象未被驯化的野猪的样子。清代段玉裁解释"豪"是"豕鬣如笔管者"，意谓此字的本义是野猪身上如笔管一般粗壮的毫毛。"毫"是"豪"的俗字，从毛，也是同样的意思。"豪"字的产生，或与上古时代的狩猎生活密切相关，它展示出具有动物性的原始朴质的美学。

在12000年前在两河流域、亚洲及中美洲、安第斯地区，农耕文化开始普及，而在此之前，人们大抵以采集、狩猎为生。在今天的文字中，依然可以看到不少上古社会人们狩猎生活的影子。如"弓""矢"等象形字，象古人猎取远距离猎物的工具。从"豕"的字多表现人们捕杀野猪的场面。如"坠（墜）"，像人们将野猪逼至悬崖，使其坠落的情景。又如"逐"，从"辶"从"豕"，就像人快速奔跑，追逐野猪的情状。中国古代最早的歌诗："断竹，续竹，飞土，逐肉。"描写了狩猎的人们用弹弓射出弹丸，打中猎物的情景。这首歌诗即展示出了这种动物性的原始美学，不仅表现出了野猪的壮硕之美，而且表现出了人类在大自然中搏斗时的壮硕之美。

《诗经》中赞美"硕人"，如"硕人其颀""有美一人，硕大且俨"，《尔雅·释诂》："硕，大也。"以硕人为美人，这是追求壮硕之美。现代学者朱自清说："古人'硕''美'二字为赞美男女之统词。"这种观念与古希腊人体雕塑所表现出来的精神是一致的。在恶劣的自然环境与较不发达的生产条件下,人在与动物角力的过程中,体验到了一种动物性的野蛮的美学特质。这种以高大壮硕为美的观点,应该说是人类从功利要求出发对人体美最早的认识。古人对狩猎之事的描写,正体现了这种对力量美的朴质追求。

豪放是一种痛快、淋漓、无拘无束的表达

自古至今,许多文学艺术创作既在形式上显得豪迈放纵、不受约束,又在内容上体现不受羁绊的真情释放,它为形式与内容提供了一种诗性的表达。

唐代学者司空图在《二十四诗品》中有"豪放"一品:"观花匪禁,吞吐大荒。由道反气,处得以狂。天风浪浪,海山苍苍。真力弥满,万象在旁。前招三辰,后引凤凰。晓策六鳌,濯足扶桑。"司空图用诗的语言描绘出一个"豪放派"的诗人,他"真力弥满",内心拥有超强的精神力量,并用它来表现自然万象,天风、大海、日月、凤凰……要写出豪放风格的作品,须涵养出一种吞吐大荒的豪迈之气。

宋代文学家苏轼是"豪放"一派的代表人物。他所作的词"自是一家"。苏轼曾经给他的朋友写信,说自己进行文学创作的时候,写出了一阕词,"令东州壮士抵掌顿足而歌之,吹笛击鼓以为节,颇壮观也"。他说自己写的词突破了柳永的缠绵哀婉,另辟词风,所用乐器也不再是丝竹管弦,用柔美的歌声演唱,改成"东州壮士"一群汉子,还是拍着手跺着脚打着拍子唱的,一股豪迈之气昂然在焉。

苏轼在信中所说的这阕词,便是著名的《江城子·密州出猎》:"老夫聊发少年狂,左牵黄,右擎苍,锦帽貂裘,千骑卷平冈。为报倾城随太守,亲射虎,看孙郎。酒酣胸胆尚开张,鬓微霜,又何妨!持

节云中,何日遣冯唐?会挽雕弓如满月,西北望,射天狼。"

这阕词上片出猎,下片请战,不但场面热烈,音节嘹亮,而且情豪志壮,顾盼自雄,精神百倍。同苏轼其他豪放词相比,它是一首豪而能壮的壮词,把词中历来软媚无骨的儿女情换成有胆有识、孔武刚建的英雄气。

"豪放"的精神状态不仅适用于诗词艺术,而且适用于其他传统文化艺术的诗意表达。这种痛快、淋漓、无拘无束的诗性表达来自于个人冲决理性的精神状态。如被称为"颠张醉素"的两位唐代书法家张旭、怀素。传说张旭曾用长发作毛笔,直书狂草,洒脱自在。他的字如传世的《肚痛帖》《古诗四帖》等,奔放豪逸,有着飞檐走壁之险。怀素性格疏放率真,不拘小节,喜欢饮酒,他的草书被称为"狂草",有《自叙帖》等作品传世。

明代的徐渭被后人称为"东方的凡·高",徐渭与梵高都有狂疾,都曾自毁其耳,他们以狂来展示自己不容于时的想法,都以狂来为艺术世界开一新天地。徐渭以豪放的笔墨写花鸟竹石,开大写意一途,对后来的泼墨写意艺术有很大的影响。

"豪放"的形式往往以首创的、瞬间的风味取胜,但也难免存在一定的粗粝,因它过于忽略规则,常常让人感到突兀、疵误。而"豪放"的内容则有效地弥补了这一不足。正如西哲狄德罗所说,豪放艺术的创作者"表现使他激动的激情需要不断受到文法和惯例的困扰……力、丰盈、我无以名之的粗糙、紊乱、崇高、激动正是天才在艺术里的特征"。

汉字简说

雄

·小篆·

雄

> 双兔傍地走,安能辨我是雄雌。
> ——汉乐府《木兰诗》

"雄"字从"隹","隹"是短尾鸟的总称。《说文解字》解释"雄"字"鸟父也",即公鸟的意思。引申而言,"雄"字表示阳性,用作形容词,亦表示雄浑的、强有力的美感。对这种审美体验的认同,或许与上古时代父系社会的原始审美观有较大关系。

美学散步 | 书画廊

南宋·梁楷《泼墨仙人图》

宋代梁楷的《泼墨仙人图》是一幅风格豪放的画。作者梁楷在绘画艺术上师承吴道子，他是一个不谐世俗、使酒任性的人，人称"梁疯子"。因为梁楷绘画才华出众，皇帝曾赐予他金带，梁楷并不接受，把金带挂在院中，飘然而去。这位"天子呼来不上船"的艺术家性情狂放如此。

这幅《泼墨仙人图》以水墨泼写，匆匆几笔，写尽了仙人醉步的姿态。仙人的五官纠结一堆，宽袍大袖，露着大肚子。湿笔渲染处可以清楚地看出运笔轻重缓急之潇洒，简单的笔触充分表达出仙人飘逸的气质。它更重视笔墨本身的抒情性美学表达，而不拘泥于所画的物象。客观的物象，往往是他内心澎湃情感的一种凭借。

谐,詥也。——《说文解字》

事体和谐四海春

说到"谐",我们往往想到谐音。在中国古代的饮食文化中,谐音成了其中很大的一个特色。

中国婚俗中,红枣、花生、桂圆和莲子四味食材在婚床前的地位便不一般。人们取其谐音,代表"早生贵子"的祝福。

红枣、花生、桂圆、莲子并不仅仅作为简单的摆设而存在,它们确实是足以"早生贵子"的好食材。自古药食同源,将桂圆、莲子等调成药膳也颇为常见。不过,在大喜的日子里,药的潜台词显然没有催孕的祝福语那么吉祥,好外表终究比事物的本质更讨人喜欢。红枣、花生、桂圆、莲子四姊妹都有甘温的性情,而且名字的寓意又那么令人心情愉快——这样的谐音游戏,难怪在婚俗中如此博人欢心了。

又如用古代的医药文化,中医称之为"意类相假,变化感通",这也是通过谐音造成一种口头上的"暗示"。治吐血之症,会用胭脂红花,似取其色。治小便不尽、大便滞结之症,则取灯心、木通,似取其

类。要病痛快些好，则用百合，似取其名。这都是医生们以意类取，运用谐音的手段。

"谐"，《说文解字》解释道："詥也。""詥"字则解释道："谐也。"从体例上看，二字转注，字义相通，都表示和谐、协调的意思。

谐音是一种语言艺术

"谐"字从"言"，该字的本义，应与语言有关。谐音在流传至今的歌谣、诗词乃至于各类通俗的语言游戏中并不鲜见。

文学作品中惯用谐音的手法。如《红楼梦》中的人物，便使用了谐音来定名，如甄士隐、贾雨村谐音"真事隐，假语存"。贾宝玉谐音"假宝玉"，暗示他是具有反叛精神的"真顽石"。元春、迎春、探春、惜春四姐妹谐音"原应叹息"，这是叹息她们短暂的青春年华。也预示了封建社会的衰败、灭亡。这些都足见作者的苦心妙思。

文人之间，往往有许多文字游戏，如联句、诗钟、回文等。中国古代诸多诗集中，常常能见到许多酬唱之作，或同题，或步韵。诗词楹联等创作本是雅事，贪玩的文人以俗入雅亦有之，文字的谐音也值得作一番文字游戏。

传说，宋代大学士苏东坡来到乡间，信步走上一条田埂，迎面来了一个挑泥农妇。二人相待，互不让路。那妇人出了个上联难为苏学士："一担重泥挡子路。""一担"是"一旦"的谐音，"重泥"是"仲尼"的谐音，"子路"即你的路，也是孔子学生的名字。东坡听了，半晌无言以对，两旁田埂上送泥返回的人见东坡如此窘态，都哈哈大笑。

东坡见了，忽急中生智，忙对道："两行夫子笑颜回。""夫子"即孔子，"颜回"，也是孔子的学生。苏东坡巧妙利用谐音，对答得工整有趣。

在饮食文化方面，亦有许多谐音之美。一尾全鱼是中国人逢年过节必不可少的菜肴，因为"鱼""余"谐音，象征"年年有余"。在讲求吉祥美好的春日始端，鱼的寓意显得无比丰满。新年的食物中少不了糕点，北方有将年糕称作"年年糕"的，亦是取"年年高升"的谐音。冬春之际，正是竹笋拔出的时节，南方人特喜食之，广东的"蒸酿冬笋"，便是其中的名食。食笋的风俗亦是自古有之，竹笋本身清嫩美味，又有节节拔高的象征在焉，自然深受人们喜爱。在岭南地区，"笋"的读音近乎粤语俚言中的"顺"，这谐音确是人们喜闻乐见的。人们的情绪的另一端往往连接着肚子中的食欲。情绪舒畅时，自然也就胃口大开。人们借谐音的方式，亦无非是为食物博个彩头、图点吉利，为人们在享受美食时营造更加愉快的气氛。

和谐是一种社会之美

"谐"字中的"皆"为声旁,表示声音。许多文字有声旁,汉字中的音和义往往互相联系。这种文字学理念被清代乾嘉学派的学者如段玉裁、王念孙等重视,发展出了"因声求义"的训诂方法。王引之在《经义述闻》中说:"训诂之旨,存乎声音。"人们对汉字的音韵之美也有了更加科学的认知。"谐"字的声旁"皆"也是如此。"皆"即众人之意,《说文解字》曰:"皆,具词也。""谐"字的字义应与集体协调、社会和谐有关。"谐"音通"协""携"。和谐有如一部机器,各个零件都发挥各自的功能,协调地运转,只要有一个零部件出问题,机器就难以运行。

春秋战国时代,社会急剧变化,社会上产生了各种思想流派,许多学者纷纷著书立说,议论时事,各自一家之言,出现学术环境上"百家争鸣"的繁荣景象。儒家、墨家、道家、法家等学派之间,互相针对而又互相学习、借鉴,成为东方轴心时代最为灿烂的和谐景象。

孔子说"《诗》可以群",意谓《诗经》是值得人们"群居相切磋"的,说明这种音韵和谐的文学形式是有群体性功用的,可以令人们在涵咏中互相学习、互相进步。其实何止《诗经》,大凡艺术,不都有这样的共性吗?

孟子向齐宣王讲解为政之道时,曾以娱乐之事作譬喻。孟子问齐宣王:"独乐乐,与人乐乐,孰乐?"齐宣王说:"不若与人。"孟子又问:"与少乐乐,与众乐乐,孰乐?"齐宣王说:

"不若与众。"此句意谓，自己一个人享受快乐，不如和众人一起享受快乐。国君能够与民同乐，则实现了政治上的和谐。

群体之和谐，能够析出人类感情中最真挚、最热烈的元素，它不仅令人自由，而且令人自律，许多灵感的星火，往往需要群体的互相激击。如五味调和成食，五声调和成乐，声味不同，而能相调和，从而形成一种和而不同的美学特质。

诙谐是一种生活趣味

人们常将风趣、幽默，容易引起人笑乐的事物称为诙谐。"诙谐"是一个联绵词，二字皆从"言"，可见，诙谐的意趣往往与语言上的戏谑、游戏相关。如《世说新语》记载了魏晋时期许多贵胄名士的事迹，其中不乏诙谐的文字。当然，诙谐不仅仅局限于语言游戏，而且渐渐成为一种生活趣味乃至人生艺术。

社会学家托马斯·霍布斯认为，人们总是处于相互竞争的环境中，并且在不断寻找别人的缺点。他认为，笑是突然意识到自己比别人优越的表现，所以，人们会通过寻找对方的缺点取悦自己。诙谐的效果，往往源自某种缺陷被放大的牺牲。诙谐之"得"，其实亦是基于某种"失"。

得失之间的权衡，体现了人们不同的道德价值追求。自古以来，并不缺乏以诙谐为业的人。汉代史学家司马迁在《史记》中写了一篇《滑稽列传》，专记古代滑稽、诙谐的人物。如淳于髡、优孟、优旃等，他们大抵言辞流利、思维敏捷，做事滑稽幽默。他们以诙谐的形象出现人们面前，却在历史舞台上扮演了重要的角色。

淳于髡是齐国的入赘女婿。他身高不足七尺，能言善辩，有一次，他用诙谐的语言对齐威王说："都城中有只大鸟，落在了大王的庭院里，三年不飞又不叫，大王知道这只鸟是怎么一回事吗？"齐威王听出了淳于髡的言外之意，说："这只鸟不飞则已，一飞冲天；不鸣则已，一鸣惊人。"从此发愤图强，使齐国变成一个强大的国家。

优旃是秦国一位诙谐的艺人。有一次，秦王在宫中设置酒宴，正遇上天下雨，殿阶下执楯站岗的卫士都淋着雨，受着风寒。优旃看见了，就表情夸张地喊道："卫士！你们虽然长得高大，有什么好处？只有幸站在露天淋雨。我虽然长得矮小，却有幸在这里休息。"秦王听了优旃诙谐的语言，便笑着准许卫士减半值班。

这些诙谐故事，貌似是极鄙极亵之事，但是言语之中若雅若俗，若正若反，往往在嬉笑怒骂之中切中事理，对君主进行有效地规谏。所以，司马迁在《史记》中高度赞扬了这些诙谐之人，甚至为他们立传设说。由此可见，诙谐虽然是小道，却也有大用，它于细微处见智慧，于趣味处见情怀，诙谐趣味的背后，亦有君子高贵的使命意识和社会责任感。

汉字简说

合

·小篆·

天监在下，有命既集，文王初载，天作之合。

——《诗经·大雅·大明》

"合"字，《说文解字》说："合口也。"这是一个会意字，意思是闭合、合拢。"合"字从"亼"，象三面合闭的形状。又从"口"，说明该字与言语有关。古文字中，也有将"合"字写作三个"口"字相合的样子，俗语云"众口难调"，三"口"相合，正表示众人和谐相处之意。

美学散步 | 音乐厅

古筝

  广东音乐主要是19世纪末20世纪初在当地民间"八音会"和粤剧伴奏曲牌的基础上形成的。它多采用粤胡、秦琴、琵琶、扬琴、喉管、木鱼、铃等乐器合奏。多种民族乐器的合奏，实用性强，能够把多种音色、多种生活情趣的音乐内容融合一起，体现了音乐的和谐之美。

  《步步高》是一首著名的广东音乐。它的旋律轻快激昂，层层递增，通过不同乐器之间的协调合作，使旋律线升降有序，音浪叠起叠落，张弛有度，给人传达一种奋发上进的积极情绪。这段著名的音乐曾被用于2008年北京奥运会开幕式的入场仪式上。

触觉之美

厚,山陵之厚也。——《说文解字》

厚人而薄财
损上以益下

我们往往把扁平物体上下两面之间大距离称之为"厚",与"薄"相对,如厚木板、厚嘴唇、厚书本等,《庄子·养生主》中,形容刀刃很薄,谓"刀刃者无厚",庖丁解牛时,能够"以无厚入有间"。

这样的触感体验亦往往被用来作为一种譬喻,如比喻不切题的文章、言论为"厚皮馒头",形容人傲慢而无羞耻之心为"厚脸皮"。明代的解缙天资聪颖,自幼能诗善文。有一次,告老还乡的李尚书宴请当地的名流雅士,并叫来解缙。酒过三巡,解缙挥毫舞墨写了一副对联,然后掷笔大笑而去。众人一看,这是一对咏物联:"墙上芦苇,头重脚轻根底浅;山间竹笋,嘴尖皮厚腹中空。"解缙分明是借山间竹笋的外皮质感之厚来讥讽在座的宾客学问肤浅,徒有一张"厚脸皮"。

厚,形声兼会意字。

今天以"厚"字表示厚薄之厚,古代亦写作"垕",二字同音。《说文解字》曰:"垕,厚也。从反'亯'"它的字形像一个倒置过来的"亯

（享）"字。"亯（享）"字的本义与古代祭祀活动向上天进献食物有关，倒置过来，显然就是向下之意了。

"厚"字从"厂"，"厂"表示"山石之崖岩"，意谓高大厚实的山石之形。所以，《说文解字》解释"厚"是"山陵之厚也"，表示山川地势之高大耸立。

"厚"还指优质、推崇

唐代陆贽说："厚人而薄财，损上以益下。"意思是说，重视人而不重视财，减少上层的开支使人民受益。这是一种民本人本思想的体现。

土地观念带来了一种"厚土"崇拜、"厚生"是一种情怀。"厚"字下部为"𠫓"，甲骨文、金文写作，是声符。当然，也有学者认为它有表意之处。郭沫若先生《释䵣》一文认为是装水果的器皿，"自可得'长味'之义"，其意应是装着味道美或浓的物品的器皿。季旭升先生则认为它可能是装盐的坛子，表示盐味之厚。依此说，"厚"字从"厂"从"𠫓"，可会意为在山石之岩崖里，摆上器皿，器皿中盛着味道浓美的物品。这一活动与祭祀有关。商周时代，人们已将山川作为祭祀的对象，而祭祀自然需要用器皿装上丰盛的祭品。可见，"厚"字与先民祭祀山川的地点、用品之"厚"有莫大的联系。"厚"字从"子"，从人的角度看，亦有"大地之子"的原始美学意味。

古文的"厚"亦有写作"垕"，《说文解字》曰："古文厚从后土。""后土"是古人对大地的始终称呼。《周礼》有"先告后土"的说法，《礼记·月令》曰："中央土，其日戊己。其帝皇帝，其神后

土。"它源于对土地之神的一种崇拜。土地固有广袤博大、神秘而富有生命力的特性,它能够给人厚重、崇高的感官冲击力,从而产生一种宗教性的美学特质。

在中国传统观念中,人们相当注重土地之"厚"。土地之厚薄直接关系农作物产量的多少,进而关乎百姓的生死、国家的贫富以及王朝政权的兴衰。对于以农耕为本的传统中国而言,"厚"就意味着"生",意味着繁荣昌盛。

所以,土地之"厚"逐渐衍生出一种土地的德性。《周易·坤》说:"至哉坤元!万物资生。"坤即地也,言宇宙万物都是秉承地气而生。又说:"坤厚载物,德合无疆,含弘光大,品物咸亨。""坤"的性状就是"厚",它宽广深厚、包含宏厚,故能承载万物,世间各类事物才能运势亨通。因而,"厚"在某种意义上就是"坤"道之德。

人们对土地德性的认知,逐渐产生了一种"厚生"的情怀。中国政治很早就具有"厚生"的施政理念。《尚书·大禹谟》曰:"正德,利用,厚生,惟和。""厚生"就是薄徭役,轻赋税,不夺农时,令人民生计温厚、衣食丰足。人们希望为政者宽厚爱民,构建"民德归厚"(《论语》)"温良宽厚则民爱之"(《管子》)的和谐稳定的社会状态。在军事上,古人亦有"厚德"的主张,《孙子兵法》讲究"不战而屈人之兵",《孙膑兵法》则曰:"德行者,兵之厚积也。"总之,"厚"作为一种道德价值取向,早已渗透在人们的社会生活、政治实践之中,被人们深刻理解与认同,实际上也是"仁者爱人""仁政""民本"等中国传统政治哲学思想的内在要求。

"厚道"是一种美德

由于中国人对于土地之"厚德"有着深刻的理解,所以,在社会道德秩序的建构上,也秉承了这种道德之美。《周易·坤》:"地势坤,君子以厚德载物。"意即谓君子应当效法大自然,学习大地容载万物、生养万方之厚德,培养自己的道德情操。"厚"字中的"日",亦不乏阳光、正派的意味,因此,"厚"的特质便由自然之美进乎人格之美。

翻看历史可以发现,人们往往更乐于赞美忠厚、仁厚、宽厚的人格特质。《史记》说子产"为人仁爱人,事君忠厚",说周勃"重厚少文,然安刘氏者必勃也";《汉书》称颂汉宣帝"诚爱结于心,仁厚之至也";贾谊《过秦论》称美战国四公子"皆明智而忠信,宽厚而爱人";柳宗元《答韦中立论师道书》称赞韦中立"吾子行厚而辞深,凡所作,皆恢恢然有古人形貌"……

明清以后,这种诚恳、宽容、忠诚的美德往往以"厚道"称之。

"厚"近于"道",在中国传统美学观念中,它说明了人格品质之"厚"是顺应天地自然之道的,是受福的。《国语》曰:"唯厚德者能多受福。"当然,这种对"厚"的道德之美的追求,并不仅限于个体的生命,更体现为社会、国家的道德价值取向。

"厚实"是一种美态

"厚"从"厂",表示高大、广博、厚实的山石之形,这体现了丰肥厚美的艺术审美特点。古代有"厚酒肥肉""醇厚""浓厚"等表达,即将"厚"与触觉体验移至于味觉感官,以"厚"表示酒味之醇厚。"厚"给人带来的感官愉悦、舒适和享受,使它具有了某种审美意味。人们对于"厚"的审美追求,深刻影响着中国传统艺术的美学特质。

中国书法艺术尤以"厚"为至境。书法中的字的结体、布局、章法往往追求气韵之充沛、厚实。如唐代颜真卿的早期作品《多宝塔碑》,线条横细竖粗,给人严谨丰厚之感;晚年的《自书告身》丰肥古劲、端庄朴厚,《颜勤礼碑》可谓"血浓骨老,筋藏肉莹"(《广艺舟双楫》),呈现出庄重浑厚的整体风貌。颜真卿本人公忠杰出、坚贞一志,其字也似有浩然正气充韵其内,是其忠厚刚直的人格特质的艺术延

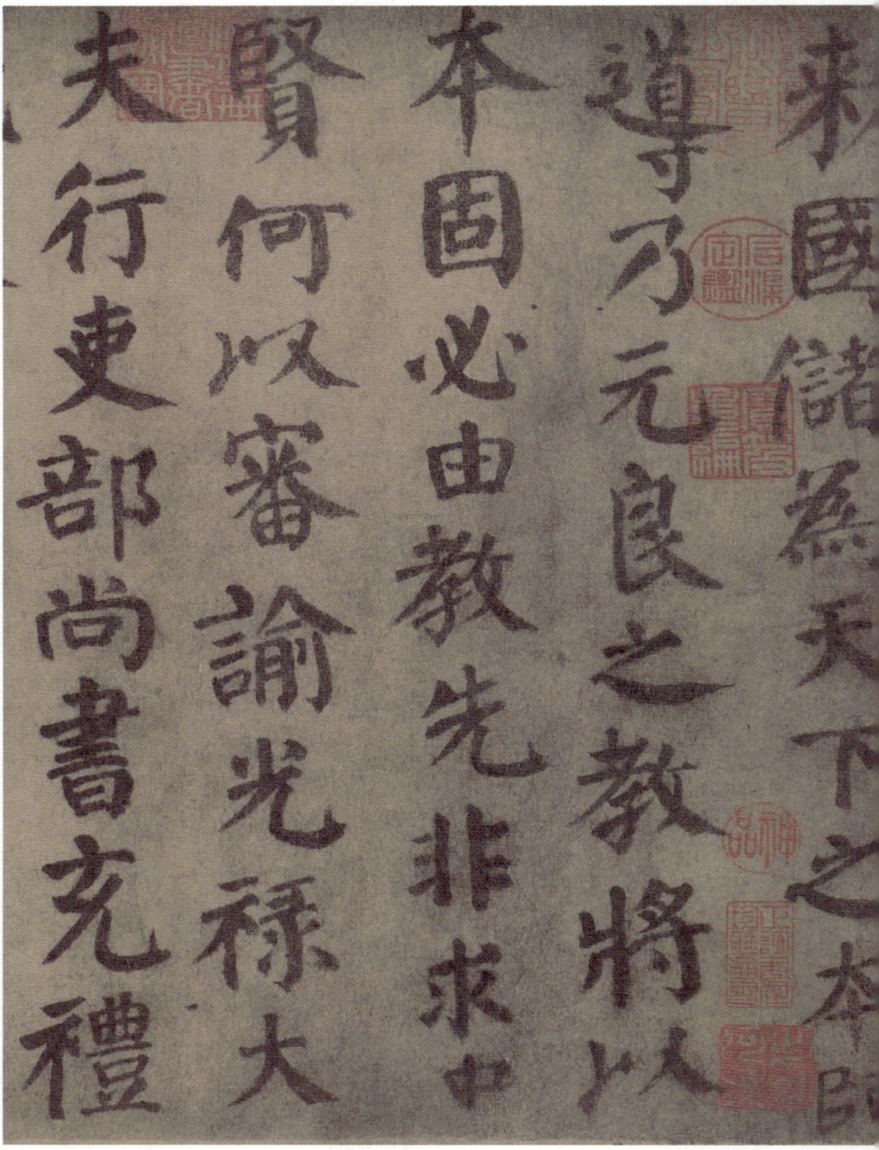
來國儲爲天下之本師
導乃元良之教將以
本固必由教先非求中
賢何以審諭光祿大
夫行吏部尚書充禮

伸。又如，清代书法家傅山博采众长，他的小楷，喜以篆隶笔法作书，又师法颜体而吸收钟王意趣，并受王铎书风影响，展现出看似古拙、实则含蓄奇特的风貌，呈现出积学深厚、深沉博大的美感。

清代康有为在《广艺舟双楫》中总结魏碑、南碑的十美，其中之一就是"点画峻厚"。其如《张猛龙碑》《秦山经石峪金刚经》《瘗鹤铭》等碑碣书法，虽线条凌厉粗硬如铁钩抓石，但笔法上多方圆笔并用，奇险刚厉之中不乏端庄稳重，森严肃穆之中不乏飞动跌宕之美。碑碣书法刚健厚实、骨强气盛的风神往往为后世书家所宗。

中国古典诗歌也追求"厚"的审美境界。《礼记》曰："温柔敦厚，《诗》教也。"本是说学习《诗经》能让人的性情温厚平和、从容诚朴，后来"温柔敦厚"发展成一种审美标准，要求文学创作尤其是诗歌要具有情感抒发适度、表现委婉含蓄的艺术风格，影响了几千年的古典诗歌创作。到唐代，"气象浑厚"（严羽《沧浪诗话》）、浑朴蕴藉的盛唐诗歌成了后世诗歌创作的一个重要标杆和典范。以明代文学家钟惺为代表的竟陵派，便以"厚"作为一种诗歌审美特质，认为"深厚者易久"，意谓深厚的作品可以流传千古。为了达到这种理想，钟惺在《与高孩之观察》中主张"读书养气，以求其厚"，并把真挚的情感和丰厚充实的内容融合在诗里，创作出淳朴含蓄、言近旨远的诗歌，所谓"诗至于厚而无余事矣"。清代词家陈廷焯在《白雨斋词话》中认为："加以沉郁，本诸忠厚，便是词中圣境"，他主张词义要中正温厚，而以情感要哀怨真挚、沉着凝重。"不郁则不深，不深则不厚"，亦将沉郁深厚的美学特质作为一种词学理想。

汉字简说

实

·小篆·

稻米流脂粟米白，公私仓廪俱丰实。

——唐·杜甫《忆昔》

《说文解字》释"实"："富也。从宀从贯。贯，货贝也。""宀"象交覆深屋之形；"贯"，古代串钱称贯，一千文一串为一贯。"实"字即像一个大屋里堆满了钱贯，故清代段玉裁说"以货物充于屋下为'实'"。因此，"实"的本义是富有，其次有充满、充塞、充实之义。果实成熟则饱满，故"实"又喻指果实种子。在中国传统观念中，"虚""实"相对，相因相生，"虚实"的概念，表达了中国人对自然宇宙的理解。

赠 汪 伦

唐·李白

李白乘舟将欲行,忽闻岸上踏歌声。

桃花潭水深千尺,不及汪伦送我情。

  《赠汪伦》是唐代诗人李白于安徽皖南地区游历时写给当地好友汪伦的一首赠别诗。"桃花潭水深千尺,不及汪伦送我情"一句,用传统诗歌中比兴的手法,道出了汪伦对自己深厚而真挚的感情——桃花潭的潭水已"深千尺",那么汪伦送李白的情谊必定更深厚,此句耐人寻味。清代沈德潜在《唐诗别裁集》中说:"若说汪伦之情比于潭水千尺,便是凡语。妙境只在一转换间。"大自然的"厚"之美与人类情感的"厚"之美交相辉映,展示了诗人的至真之情,极富艺术感染力。

刚，强断也。——《说文解字》

劲节刚持君子操

明代著名政治家海瑞，自号"刚峰"。

海瑞在从政期间，屡平冤假错案，打击贪官污吏，深得民心。嘉靖四十五年他任户部云南司主事时，给当时的皇帝明世宗呈《治安疏》，批评皇帝迷信巫术、生活奢华。明世宗看了，非常生气，周围的人也说："快把他抓起来，这个人向来有傻名。"据说，海瑞上疏之前，便为自己买了一口棺材，疏散了奴仆们，并和妻子诀别，做好了视死如归的准备。明世宗听了，默默无言，他把《治安疏》留在宫中数月，说："这个人可与商代的比干相比，但朕却不是商纣王。"

海刚峰刚正不阿的性情，可谓人如其名。有关他的故事传说，也在民间广为流传。京剧传统剧目便有《海瑞上疏》的经典唱段，秦腔《海瑞驯虎》、豫剧《海瑞斩子》等，皆是传唱"海刚峰"的故事。

刚，形声字，从刀冈声。

许慎《说文解字》释"刚"："强断也。"段玉裁注曰："强者，

弓有力也。有力而断之也……引伸凡有力曰刚。"可见"刚"字有力量强大、性质刚强、质感坚硬等含义。

"刚断"之物充满生命力

"刚"字从刀，古文字的"刀"是一种有刀背和刀刃的兵器。这说明"刚"字的本义与刀器有关。刀器是人们日常生活中常用的工具，它质地坚硬，能作断砍之用。故《增韵》曰："刚，坚也。"又，"刚"字的声部"冈"，亦有表意的功能，"冈"是山骨、山脊之意。这些都与"坚硬"这一物理属性联系在一起。

古人欣赏器物的刚断之美。《山海经》："北岳之山，多枳棘刚木。"刚木就是檀、柘这类材质坚硬而密致的落叶乔木，是贵重的木料。又，"没有金刚钻，别揽瓷器活。"金刚钻是传统手工艺人修补瓷器的重要工具，它是用质地坚硬的金刚石做成的。又，民间有"百炼钢""百炼铁"的说法，这是对应坚不可摧、永世长存的生命力。

帛书《衷》篇："子曰：'万物之义，不刚则不能僮（繁盛）。'"意谓"刚"是万物产生的动力，它能使万物能繁盛，具有生养之功。在中国人的观念里，"刚"是一种生命的创造和勃发，有着世界之本源的意味，即司马光《虚潜》所阐述的："刚，天之道也。"《周易》里，"乾"代表着"天""纯阳"，是自然万物运行不息、应化无穷的根源。

"刚正"之人具有崇高道德品质。《广韵》曰："刚，坚也。"《增韵》曰："刚，强也。"这种表达质感的字词用在道德层面上，则有刚明、刚硬、刚傲等说法。"刚"常被古代先贤尤其是儒家用来表达坚韧不拔、恪守天道的人格特质。

儒家尚"刚",孔子称颂"刚毅木讷"(《论语·子路》)之人,意谓坚强、果决、质朴、言语谨慎之人近乎仁道。孟子主张人要涵养"至大至刚"的浩然之气,推崇"盛大刚直"的人格,提倡"富贵不能淫,贫贱不能移,威武不能屈"。

自古以来,人们都称颂刚正不阿的崇高人格。东汉董宣有"强项令"之美称,唐代魏征有"人镜"之美誉,宋代包拯有"包青天"之美名……英国诗人蒲柏说:"正直的人是神创造的最高尚的作品。"千百年后,往圣先贤,仍给人以"高山仰止"。这种奋发刚健、一往无前的人生态度,让人的生命力得到充分地发挥、释放,生命的充盈之美和创造之美流溢其间。

鲁迅说:"悲剧是将人生的有价值的东西毁灭给人看。"古往今来,还有无数"志士仁人,无求生以害仁,有杀身以成仁",为捍卫真理、正义而付出了生命的代价。古希腊大哲学家苏格拉底主张无神论和言论自由,被雅典当局逮捕,为捍卫自己的思想和法律的尊严,拒绝逃跑,最终服毒而死;嵇康"越明教而任自然",屡拒为官,最终被司马昭处死;文天祥留下"人生自古谁无死,留取丹心照汗青"的誓言,英勇就义;方孝孺拒绝为朱棣拟诏书,而被处以灭十族的极刑……他们的宁死不屈的精神让人钦佩,可命运遭际却无不让人沉痛惋惜。透过那些流着鲜血的誓言和坚守,我们能看到生命的崇高和悲壮之美。

"阳刚"是中国传统艺术的审美视角

清代段玉裁曰："凡有力曰刚。""刚"字的强断之义，往往被融会到各种艺术创作之中，成为中国传统艺术鉴赏中一个重要的审美观念。

中国书法美学里有"瘦硬""肥劲"之说。东晋大书法家卫夫人《笔阵图》说："善笔力者多骨，不善笔力者多肉；多骨微肉者谓之筋书，多肉微骨者谓之墨猪；多力丰筋者圣，无力无筋者病。"卫夫人论书法以"多力丰筋，多骨微肉"为美，实际上也是对有晋一代书法风尚的概括。今观西晋张华《得书帖》、陆机《平复帖》、王导《省示帖》等名家书帖，用笔圆健、线条瘦劲，正是瘦硬风格的代表。东晋书法家首推王羲之，《兰亭序》的笔法，提按顿挫，一任自然，线条刚柔相济而偏重骨力，具有潇洒流丽、优美健劲的无穷魅力。自唐代颜真卿一出，"肥劲"书风成为一种新的典范。其《多宝塔碑》《颜勤礼碑》等，笔画竖丰横瘦，结体端正雄伟、气势威严浑厚，自有刚劲之美。唐代颜真卿、柳公权的书法并称为"颜筋柳骨"，它们均以挺劲洒脱为其质地。人们更期待于笔力或意蕴上的健劲之外，寻求一种"刚柔相济"的审美特质。

词至宋代，豪放之风渐盛。豪放词一般境界宏大、气势恢宏，情感汪洋恣意、崇尚直率，充满雄壮、阳刚之气，从而与含蓄婉曲、阴柔内敛的婉约词风大相径庭。南宋俞文豹《吹剑续录》载时人对苏东坡词的评价："须关西大汉，执铜琵琶，铁绰板，唱'大江东去'。"豪放词至南宋达到顶峰，辛弃疾、陈与义、张元干、张孝祥、陆游、刘过等词家辈出，他们刚强正直，多为国家民族的命运奔走呼号，词风呈现出慷

慨悲凉之美。

唐代著名的"健舞"以劲健矫捷的风格取胜。杜甫《观公孙大娘弟子舞剑器行》赞公孙大娘的舞蹈："霍如羿射九日落,矫如群帝骖龙翔。来如雷霆收震怒,罢如江海凝清光。"诗歌形象地把舞姿的迅速敏捷、明朗有力、洒脱自如的风格呈现了出来。

我国的戏曲文化源远流长,自明中叶至清代,各种声腔呈百花齐放之势。其中,西秦腔以声音高亢、腔调紧促为其特色,清人昭梿《啸亭杂录》称其:"辞虽鄙猥,然其繁音促节,呜呜动人"。陕西华阴老腔具有刚直高亢、磅礴豪迈的气魄,给人以酣畅淋漓、自由奔放的快感。京剧的武打和翻跌技艺冠绝古今,展现出生命的阳刚之美。

汉字简说

硬

·小篆·

苦县光和尚骨立,书贵瘦硬方通神。

——唐·杜甫《李潮八分小篆歌》

"硬"字的异体字或写作"鞕",从革,更声。《说文解字》曰:"鞕角也。"意谓一种山水地貌,形如古代木屐下部的硬齿。《洪武正韵》释"硬":"坚牢也,强也。"此字从"石",正是取石头坚硬、不易损毁、改变之义。汉乐府诗《孔雀东南飞》有:"磐石无转移,蒲苇韧如丝",用来形容夫妻感情牢固如磐石。

美学散步 | 书画廊

铁画《迎客松》

  北京人民大会堂接见厅陈列着一幅巨型《迎客松》铁画，画稿是由王石岑设计，由储炎庆打造而成，它已成为中国的符号和国家的象征。

  这幅《迎客松》铁画松针茂密，松花、松果隐现其间。全部松针约有两万根，是储炎庆带着他的八大弟子主锤，一根一根锻打出来的，根根松针都有槽沟和正反面。巨大的松干的树皮鲮圈，层层相扣，连接十分讲究，要求锻接时锤点疾落，密如骤雨。

  画中"迎客松"的原型是闻名世界的黄山迎客松。它挺立于为玉屏峰一角的万丈石崖边上，松根外露又似铁爪般钻入岩石，如破石而出。画面右侧，黑色铁线勾勒出壮丽的黄山主峰天都峰形象。整株迎客松顶天立地，姿态苍劲，刚毅挺拔。是美与力的结合，折射出一种刚劲之美。

柔,木曲直也。——《说文解字》

杨柳未堪折
柔条时倚风

在佛教神话传说中,"飞天"是乾闼婆(天歌神)与紧那罗(天乐神)的复合体,他们一个善歌,一个善舞,是一对形影不离的夫妻。甘肃敦煌莫高窟112窟绘有《伎乐图》,画面中央的飞天,半裸着上身翩翩翻飞,姿态轻盈,天衣裙裾如游龙惊凤,摇曳生姿,在悠扬仙乐中突然使出了"反弹琵琶"绝技,让整个天国为之惊羡不已。

《伎乐图》中的飞天造型身材修长,面瘦颈长,额宽颐窄,眼秀眉细,嘴角上翘,微含笑意。飞天的衣裙飘曳,舞带飞卷,飞势流畅有力,姿势自如优美,真如唐代大诗人李白《古风(十九)》"素手把芙蓉,虚步蹑太清。霓裳曳广带,飘浮升天行"描写的诗情画意,突显了人物的柔美形态。

柔,形声字。

许慎《说文解字》曰:"柔,木曲直也。从木矛声。"清代段玉裁解释"柔"字:"凡木曲者可直,直者可曲,曰柔。"可见,"柔"字与树木密切相关,它概括了树木枝条柔韧有致、可曲可直的特性。

草木有柔韧之美

"柔"字从"木",《康熙字典》曰:"草木新生曰柔。"新生的草木材质柔韧,弯曲而不断,它代表着一种持久而旺盛的生命力。

先秦时期的文学作品常常用"柔"字表现草木之初生及其柔嫩性状,如《诗经·豳风·七月》中有"遵彼微行,爰求柔桑"诗句,描写了女子沿着小路采摘柔嫩的桑叶的情景。《小雅·采薇》中"采薇采薇,薇亦柔止"句,写出了薇菜刚冒嫩叶时的情形。后世文人描写草木新生状态时,多以"柔"做修饰,杜甫的《绝句》"两个黄鹂鸣翠柳,一行白鹭上青天",其中关于"柔"的意象,不仅局限于属于草木的柳树,而且将黄鹂的鸣叫、白鹭的飞翔乃至青天的静谧与广阔融为一体,描绘出了一幅柔美的画面。又如明代袁宏道《满井游记》"柳条将舒未舒,柔梢披风",同样描述具有"柔"的特性的柳树,则赋予了它安定而温柔的感情色彩,着重以"柔"表情达意,照应人物将舒未舒的内心情感。

借草木之美写人体之美亦有之,主要是以"柔"言情。如"柔荑",指软和的茅草嫩芽,《诗经·卫风·硕人》比喻美人"手如柔荑,肤如凝脂",用以形容女子手的纤细白嫩。三国曹植《洛神赋》

有:"柔情绰态,媚于语言"。又如"柔甲",指草木初生的嫩皮,梅尧臣《答水丘》有:"岁怜柔甲长,只恐艳条稀"。又如"柔肠",宋代李清照《点绛唇》词有:"寂寞深闺,柔肠一寸愁千缕"。

大自然有一种"柔德"

"柔"的触觉特质不仅可以表达草木,而且可以广泛地用于描述自然万物柔美形态。这种大自然的生命力展现出一种"柔德",焕发出一种孕育万物、生养万方的意味。

唐代诗人张若虚的《春江花月夜》,以柔美的笔调再现了江南春夜的景色,"春江潮水连海平""江天一色无纤尘""白云一片去悠悠,青枫浦上不胜愁"……如同月光照耀下的万里长江画卷,意境空明,缠绵悱恻,词清语丽,韵调优美。明代的钟惺评价这首诗"将春江花月夜五字炼成一片奇光,分合不得,真化工手"。正因为这首诗描绘出了大自然独特的张力与德性,故有"孤篇盖全唐"的美誉。

当代李泽厚先生这样评价《春江花月夜》:"永恒的江山,无限的风月给这些诗人们的,是一种少年式的人生哲理和夹着悲伤、怅惘的激励和欢愉。闻一多形容为'神秘''迷惘''宇宙意识'等等,其实就是这种审美心理和意识意境。"后来,人们取《春江花月夜》中的柔美诗意,创作了同名的琵琶独奏曲,又称《夕阳箫鼓》《浔阳月夜》等,用音乐的形式再现了唐人诗歌中的柔美意境。到了当代,犹有不少艺术家将它作为一个创作题材,出现了各种各样的诗画剧、微画雕艺术、流行歌曲等。

将大自然的美学特质推而广之，类比于人类社会，可以发现，"柔德"寄予了诸多人文追求。《尚书·舜典》曰："柔远能迩。"《诗经·大雅·民劳》说："柔远能迩，以定我王。"都恰当地表达出了统治者顺应大自然的规律、化育万方的政治理想。后世统治者治理天下讲求"柔道""柔克"。《后汉书·梁统传》载："文帝宽惠柔克，遭世康平。"又《光武纪》："吾理天下，亦欲以柔道行之。"这些都体现了古人从自然之道体悟人伦之道的过程。

"刚柔相济"是一种智慧

"柔"字上部的"矛"，象古代战争所用兵器之形，有锋利尖锐之感。这里的"矛"虽是声旁，但亦表达了一定的人文内涵，它说明，"柔"并非是单纯的没有侵犯和伤害的柔软、柔顺，而有柔中带刚，表现出柔韧而不易屈服的意味。

《周易·说卦》曰："立地之道，曰刚与柔。"即将"刚""柔"二字合而言之，阐释了大地生养运行的规律，这体现了中国传统中"刚柔相济"的哲学观。"刚"与"柔"的生养机制是什么呢？《周易·系辞上》："刚柔相推而生变化"，即刚与柔相互推动而变化成世间万物。那么"柔"在其中的具体作用又是什么呢？帛书《衷》篇："子曰：'万物之义，不刚则不能僮（繁盛），不僮则无功，恒僮而弗中则亡，此刚之失也。不柔则不静，不静则不安……是故天之义，刚健僮发而不息，亓吉保功也。无柔救之，不死必亡。'"可见"刚"主要负责产生万物，"柔"则是一种制约因素，好比刹车的闸，让万物安定下来。"刚"代表坚硬倔强不妥协，"柔"意味着圆和温顺善包容，两者看似矛盾，实则是一种对立统一的智慧之美。

　　刚柔相济的哲学观在中国传统文化内化为一种优秀的处世智慧。老子《道德经》曰："天下柔弱莫过于水，而攻坚强者莫之能胜""天下之至柔，驰骋天下之至坚"，可见柔可胜刚、弱可胜强，"柔"并不一定弱，这正是柔中带刚之意。又，"兵强则灭，木强则折"，可知"弱"则易存，刘向《说苑·敬甚》以舌齿的存亡说明了这个道理："夫舌之存也，岂非以其柔耶？齿之亡也，岂非以其刚耶？"从这个意义上说，"柔弱者，生之徒也。"辛弃疾《卜算子·齿落》"刚者不坚牢，柔者难摧挫"说的也是同样的道理。由此可见，"以柔克刚""柔中带刚"是古人对生存之道的一种领悟。

　　孔子重视"刚"，他说："志士仁人，有杀身以成仁"（《论语·卫灵公》）。但是，孔子并不是刚而无柔之人，子贡评价"夫子温、良、恭、俭、让以得之"，这显示了孔子人格中刚中带柔一面。《论语·述而》曰："子温而厉，威而不猛，恭而安"，体现了孔子的完整的人格风貌，代表了刚柔相济的美好人格的理想典范。

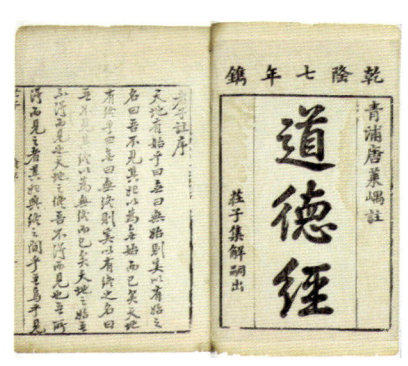

汉字简说

·小篆·

御前新赐紫罗襦,步步金阶上软舆。

——唐·王建《宫词》

"软"的异体字是"輭",是个形声字,从车,而声。它的本义与车的轮子关系更密切。《康熙字典》引《后汉·明帝纪》曰"安车软轮。"意谓古代的车轮,通常用蒲草裹住轮字,使之柔软不颠簸。所以,"软"字表示质感柔软之义,后来也引申为表示人的性情柔弱。

美学散步 | 文学角

春江花月夜（节选）

唐·张若虚

春江潮水连海平，海上明月共潮生。滟滟随波千万里，何处春江无月明！江流宛转绕芳甸，月照花林皆似霰；空里流霜不觉飞，汀上白沙看不见。江天一色无纤尘，皎皎空中孤月轮。江畔何人初见月？江月何年初照人？人生代代无穷已，江月年年只相似。不知江月待何人，但见长江送流水。

唐代诗人张若虚的《春江花月夜》，将诗情、画意与对宇宙奥秘、人生哲理的体察融为一体，创造出情景交融、玲珑剔透的柔美诗境。

选文的第一层诗意，诗人望着一江春水向东流，皎月当空，一色净美。面对着无限的时空，他进入了一种寻求顿悟的深沉，感慨人生与岁月之短暂。选文的第二层诗意，天上水上，只有这一轮孤月在无穷的宇宙中，诗人似乎从宇宙天地顿悟到有限与无限的平衡。全诗的最后，"斜月沉沉藏海雾，碣石潇湘无限路；不知乘月几人归，落月摇情满江树"，诗人最终以江月落笔，回扣起笔，结体妙绝。全诗虽然带着一种淡淡的哀愁，但洋溢着浓郁而温柔的青春气息，意境清澈而透明。

顺，理也。——《说文解字》

人生半哀乐
天地有顺逆

在生活中，人人都希望自己的生活顺顺当当、幸福美满。"今日早起，开铺就算着这一卦，好不顺当。"（《元曲选》）开店铺的开门大吉；"安排的好菜蔬，调和的好汁水，来吃的人都喝采，以此买卖顺当。"（《水浒传》）做生意的红红火火；写文章的适意于"文从字顺各识职"（韩愈《南阳樊绍述墓志铭》），希望自己的文章文从字顺、表达得当。夫妻之间希望情感顺利，"知子之顺之，杂佩以问之"（《诗经·郑风·女曰鸡鸣》），意谓你对我和顺，我就把众多玉佩赠送给你。古代士人讲求"和顺积中，而英华发外"（《礼记·乐记》），希望自己内心充实和顺，又有英姿飒爽的外貌气质。

"顺"既是形声字也是会意字，清代段玉裁说它"举形声，包会意"。《说文解字》解释"顺"字："理也。从页从巛。""顺"字的本义与流水有关，表示沿着同一方向的状态。事事遂顺，这是人们的心愿。但在现实生活中，却并不如此。"花无百日红，人无一世好"，在

人生的旅程要经受点波折也是正常的现象，正如杜甫有诗云："人生半哀乐，天地有顺逆。"

川流不息是自然之美

"顺"字左部的"巛"即"川"字。《说文解字》释"川"："贯穿通流水也。""川之流，顺之至也。"清代段玉裁说："水有始出谓川者。"意谓水始出于山头的样子称为"川"。同时，"顺"字右部的"页"，是头部的意思，此处可以引申出水源之意。所以，既像水流从源头贯穿而出的形态，又通过水流现象表示顺畅之意。

水具有川流不息的动态美，黄河之水奔流到海不复回，庐山瀑布飞流直下三千尺……顺畅的流水能滋润万方，也不会带来水患，在人性道德的映照下，它代表一种通达事理、周流无滞的美德。

在中国传统的文学作品中，不乏大量描述流水之美的文字。中国最早的诗歌总集《诗经》，就把流水与人的快乐情感联系起来。《扬之水》："扬之水，白石凿凿。素衣朱襮，从子于沃。既见君子，云何不乐？"《齐风·载驱》写齐女嫁鲁："汶水汤汤，行人彭彭。鲁道有荡，齐子翱翔。"唐诗宋词中描绘了大量的流水之美，其中有很多将流水的动态美与诗人内在某种情感互相呼应的诗句。王维的"明月松间照，清泉石上流"，以流水的动态写出作者隐逸山林的静态。黄庭坚的"醉归来、恰似出桃源，但目送、落花流水"，将个人对生命的领悟与豁达之情寄托在流水的时间与空间之中。

对流水之美的表达也反映了某种人生哲学的高度。老子《道德经》："上善若水。"因为水无色无味，在方而法方，在圆而法圆，

314

无所滞碍，故道家认为修养的最高境界就像水的品性一样，泽被万物而不争名利。这在中华民族谦虚谨慎的传统美德中亦有所体现。又，《孟子》："原泉混混，不舍昼夜，盈科而后进，放乎四海。"意谓流水不舍昼夜地流动着，遇到坑洼时，要充满之后才会继续向前流，直奔向大海。后来，人们用"盈科后进"的成语表示踏踏实实的学习态度。这其中的流水之美，被赋予了勤奋、踏实、有理想、有进取心的中华传统美德。

气血顺畅是健康之美

"顺"之"頁"是头部的意思，段玉裁解释"顺"字是"人自顶以至于踵（踵），顺之至也。川之流，顺之至也。"意谓"顺"字表示人的身体顺畅，从头顶到脚踵气脉一贯，就像川流从源头流出，畅通无阻、通行无碍，十分顺利。气血顺畅，则身体有活力、心情畅快、思维敏捷，这体现了一种健康的生命状态。

人们倾心于山中水流的这种畅通无碍的"顺"的状态，并将它类比于个人的生命状态之中。天地万物若能顺应规律而运动，则日月运行就不有过差，四时变化就不会有错乱，寒暑交替就符合四时季节变化。而在人类的身体内，大概也有"四季"变换，人的身体就像一个小周天，它莫不暗合于天地的大周天。因此，"顺"也引申出顺应、顺从、遵循之义。

所以，中国人注重养生之道。正如古人敬畏、顺从天地一样，人们对自己的身体亦有崇敬、遵循之意。《庄子·养生主》中认为，人"安时而处顺"，可以解除受缚之苦，"缘督以为经（常），可以保身，可

触觉之美 顺 人生半哀乐 天地有顺逆

以全生，可以养亲，可以尽年。"缘督，即顺从自然之道的意思。汉代的医学家华佗发明了一套导引养生之法"五禽戏"，仿效虎之威猛、鹿之安舒、熊之沉稳、猿之灵巧、鸟之轻捷，以达到强身健体的目的，这是向大自然学习的一种方式。唐代医学家孙思邈在《卫生歌》中讲述了人的嘘、呵、吸、吹等调息吐纳的方法。这亦是在调节人体运动状态，使之顺应大自然的气息流动规律。传统中医理论注重人体的经络之学，讲求血气畅通，故有"痛则不通"的说法，针灸、推拿、切脉等中医文化也由此产生。

和顺安泰是社会之美

　　许慎《说文解字》释"顺"："理也。"古代的"治理"二字，本义皆指雕琢美玉，后来引申为君子治理国家、社会。

　　自古至今，人们都希望做事顺风顺水、顺心如意，希望国家社会能够安定和谐、风调雨顺。《诗经·大雅·皇矣》："王此大邦，克顺克比。"《诗经·大雅·抑》："有觉德行，四国顺之。"《魏书·高宗纪》："百姓晏安，风雨顺序，边方无事，众瑞兼呈，不可称数。"在中国传统观念中，为政者往往以正统自居，认为中国是世界的中心，并希望通过政治、经济、文化、军事等因素的辐射力，达到"以明好恶，顺彼远方"（《礼记·月令·孟秋之月》）的状态，这种"顺"本于一种居高临下的态度，实则具有封建社会的落后性。然而，中国人追求和平统一、安定和谐的美好愿望却不可被忽视。

　　《释名》中说："顺，循也，循其理也。"意谓要达到"顺"的状态，就要像雕琢美玉一样，遵循其中的规律、方法、道理。为政之道也是如此，通过符合仁义、顺应天理的方法来治理国家、社会，就会使人民安居乐业，社会安定和顺。

道家典籍《文子》曰："治不顺理则多责，事不顺时则无功。"不顺随天理、顺应时机，治理国家就会多受责备，处理事情就不会收获成功。儒家学派同样强调依顺天道、规律的重要性。《周易·豫卦·象辞》："天地以顺动，故日月不过，而四时不忒；圣人以顺动，则刑罚清而民服。"顺从天道、遵循人伦规范，才有利于社会秩序。"名不正，则言不顺，言不顺，则事不成。"（《论语·子路》）名分不合于人伦道德规范，他说的话自然就不顺当、合理，说话不顺当、合理，做事情自然也就不能成功。所以儒家倡导"六顺"，即"君义、臣行、父慈、子孝、兄爱、弟敬"。小至于人，大至于国，"人伦睦，则天道顺"（周密《齐东野语》）。在数千年的历史进程中，中国人在无数次地观察自然、体悟自然，期待遵循、顺随自然万物的内在规律，使国家顺治、社会和谐。

汉字简说

滑

·小篆·

滑

> 为人上,操下如束湿薪。滑贼任威。
>
> ——汉·司马迁《史记》

"滑",形声字。《说文解字》:"利也。从水骨声。"今之"滑"字,有触感顺滑、光溜不粗涩之义,而其古义却与利益联系在一起,略带有贬义。《康熙字典》引《周礼》曰:"以滑甘。"《周礼》疏曰:"滑者,通利往来,所以调和五味。"可见,"滑"的本义与食物的口感有关,大概人们偏爱顺滑而甜美的食物,并认为它对自己有利,故而"滑"字引申出好处、利益之义。

美学散步 | 文学角

早发白帝城

唐·李白

朝辞白帝彩云间,千里江陵一日还。
两岸猿声啼不住,轻舟已过万重山。

唐肃宗乾元二年春天,李白因受永王李璘案牵连,被流放夜郎,途中取道四川赴贬所。行至白帝城,赦书忽至,作者惊喜交加,随即乘舟东下江陵,这首诗正抒写了作者当时喜悦畅快的心情。

这首诗画面感极强,先写白帝城高耸入云的地势,用隐笔烘托出长江上下游之间落差之大,仿佛有物体要从万丈之巅顺势而下,为后文描写轻舟疾行如箭的动态蓄足之势。继而描写极短的一日竟穿行千里,人生之自由畅快、适意顺达莫过于此,遇赦之欣喜溢于言表。后两句以山影猿音烘托行舟飞进,仿佛一叶轻舟在江河激荡之中随流浮沉,飘飞如燕。全诗笔逸神驰,字里行间流溢着人生之悠扬轻快、自由豪迈自由,彰显了生命畅顺之美。

轻,轻车也。——《说文解字》

竹杖芒鞋轻胜马

1969年出土的青铜器"马踏飞燕"是东汉时期的艺术珍品,它展现了一匹奔跑中的骏马的形象。

怎样表现这匹马速度快呢?艺术家匠心独运,在奔跑中的马的右后蹄下设计了一只轻快的飞燕。马蹄踏在飞燕上,飞燕竟然安然无恙——这种具体化的、夸张化的艺术设计,完全展现出了奔马四蹄离地、风驰电掣般的姿态。

奔马全身的重量都集中在右后蹄上,为了保持平衡,艺术家有意使马的头和颈往后收缩,让重心后移,使踏燕的后蹄前伸,让马的支撑点和重心垂直。再加上向前后伸出的两条腿和扬起的尾巴,青铜奔马的造型显得更加轻盈、优美。

"轻",形声字。

"轻"字与"重"相对,表示分量轻,重量小。赵飞燕的故事,虽然有夸张的成分,但是她的舞蹈极妙地阐释了"轻"的含义。"轻"不

仅是一种静止的状态描述，而且是一种行为、一种节奏，它就像舞蹈一样，是动态的、富有生命力的状态。

轻盈是一种飘逸之美

"轻（輕）"字的声部是"巠"。不过，古文字学家早已发现，汉字中的音和义并不是绝对割裂的，他们之间有着某种微妙的联系。"巠"字从川，它的本义是水脉。"轻"字的声部"巠"，其实亦有表意的作用。流水的轻盈形态展现出了一种富有渗透力的节奏。

老子《道德经》："上善若水，水善利万物而不争。处众人之所恶，故几于道。"此句意谓，最好的品德就好像水一样。水善于滋润万物而不与万物相争，停留在众人都不喜欢的地方，所以最接近于"道"。水无为而无不为，无形而无不行，处无为之事，行不言之教，在老子看来，这或许是最完美的事物了。

水无形、无色、无味的特质，正合于"轻"字的内涵。但是，水却是人类生存最重要的物质之一，在道家思想中，它象征着极高的道德品质。

水虽至"轻"，但是却有极大的孵化力与渗透力。唐代著名诗人杜甫在享受春夜的小雨时，写下了这样的诗句："好雨知时节，当春乃发生。随风潜入夜，润物细无声。"成都春天的雨水是轻柔而温暖的，杜甫的诗正描绘出了它的润物之神。因为好雨下在夜里，诗人只能靠耳朵去听，在听觉上感受雨景。雨细而不能骤，随夜色而逐渐隐没。它悄悄而来，默默无声，不为人们所觉察，故称它是"潜入"夜晚之中的。这样不声不响地下的雨，当然是滋润万物的细雨。虽然它的质量很轻，力量很弱小，甚至是细而无声，但是这种至"轻"的状态与其至"重"的道德追求形成了对比，于细微处见证崇高，展现出极具渗透力的道德品质。

"轻物"是社会文明进步的体现

"轻"字从"车"，其本义也与古代的车有关。《说文解字》解释"轻"字："轻车，所用驰敌致师之车也。"意谓"轻"字的本义，即古代用于临阵作战的一种战车。

《左传》《战国策》等古代典籍，即径以"车"字指列阵作战所用的战车，通常战车的多少可以显示军队的势力。由于畜牧业的发展和骑兵在战争中的普遍运用，过分笨重和高成本的战车逐渐被兵家所淘汰。战车从最初的驷马并力拉动的战车，逐渐向"轻车"的方向改良，甚至由"轻车"变为"无车"，用战马等更加轻便的战斗装备取代了车的运用。由于车的发展，人们生产生活中的交通运输也逐渐得到了改善。由此可见，由"重"变"轻"是一种社会进步的体现。

在人们的生产、生活中，"轻"已经逐渐成为人们的一种追求。"轻"与"重"相对，它表示分量、重量的削弱、减少。可以说，从物品之轻重，亦可衡量一个社会道德水平之高下、文明进步之程度。

以公共设施的重量为例。早在1917年前后，英国人的一些公共设施，如街道旁的垃圾桶、护栏、邮箱、汽车站牌等，都异常沉重。这是因为这些公共设施如果太轻，就会被人挪动、偷走。这也一度成为英国人制造公共设施的一个标准。随着时间的推移，六七十年过去了，英国渐渐成为世界上最文明的国家之一，他们也制造出了全世界最轻巧的公共设施，简单方便，不用再担心被人搬走卖掉。

由此可见，公共设施的重量与社会公德水平成反比，物品之"重"，讽刺了道德之"轻"，而物品之"轻"，恰恰赞美了道德之"重"。目前，中国的公共设施还不得不把重量列为制作时的一项重要标准。一些城市的公共设施依然存在被砸、被盗的现象。随着我国社会文明的进步，相信我国的公共设施会变得更加耐用、美观、轻巧、大方，拥有物品的"轻"之美，亦有社会道德的"重"之美。

"轻身"是生命的舒适状态

在中国古代神话传说中，天地开辟之初，一片混沌，被盘古一斧子分为上下两半之后，轻者清气上扬，重者浊气下沉，渐渐分出了天地。"轻"与"重"的对比和地位之高下，也从先民的原始意识中体现出一二。

轻者上升，往往象征着干净、舒适的状态，亦用来表达人的健康程度。"轻""快"常常合而言之，"轻"指身体健康之轻，"快"从"心"，本义是心情放松，心绪愉悦。身、心两方面得到满足，即一种舒适的生命状态。在中国古代的文学作品中，常常可以看到人们对这种生命状态和精神境界的向往和追求。

苏轼《定风波》词云："莫听穿林打叶声，何妨吟啸且徐行。竹杖芒鞋轻胜马，谁怕？一蓑烟雨任平生。料峭春风吹酒醒，微冷，山头斜照却相迎。回首向来萧瑟处，归去，也无风雨也无晴。"

此词为宋神宗元丰五年东坡在黄州时作，它充分反映了东坡开朗豁达的达者情怀。"竹杖芒鞋轻胜马"之"轻"，是一种境界的跨越，在烟雨山林中行走过程中，乘马的便捷与舒适程度，已经完全被手持竹杖、脚踏芒鞋的精神追求所超越。苏轼之"轻"体现为一种通达的人生智慧，唯通达才能乐观，才能拿得起放得下，才不会拘泥执着。这种情怀在其《前赤壁赋》中也得到生动的表现："盖将自其变者而观之，则天地曾不能以一瞬；自其不变者而观之，则物与我皆无尽也。""惟江上之清风，与山间之明月，耳得之而为声，目遇之而成色，取之无禁，用之不竭。"

苏子不以得失为怀的旷达超然的胸襟，其实出自他对人生宇宙的深刻认识。这种对于"轻"的认识，直达心灵深处，像春风吹拂，清爽舒适，像秋月挥洒，皎洁光华。内心要保持这样"轻"的境界，无论得意的时候或艰困的时候，都可以乐观面对。

汉字简说 快

快

·小篆·

一点浩然气，千里快哉风。

——宋·苏轼《水调歌头》

"快"字，《说文解字》说："喜也。从心夬声。""快"字的本义即是内心高兴、痛快。后来，"快"引申为快慢之快，表示动作迅速。"快"的俗字作"駃"，当是后起字，改从"心"为从"马"，即是用了此字的引申义。

汉宫曲

唐·徐凝

水色帘前流玉霜,赵家飞燕侍昭阳。
掌中舞罢箫声绝,三十六宫秋夜长。

传说,汉代时有位美女叫赵飞燕,她体态轻盈,善于舞蹈。有一次,汉成帝在高榭上观看赵飞燕跳舞。成帝以玉环击节拍,冯无方吹笙伴奏。赵飞燕跳起《归风送远曲》。一阵风起,赵飞燕轻飘飘的,险些跌入池中,多亏冯无方抓住她薄如蝉翼的云水裙,才有惊无险。汉成帝又命宫女手托水晶盘,令飞燕盘上歌舞助兴,赵飞燕的绝妙舞技,前无古人后无来者。赵飞燕还能在人的掌心跳舞,动作轻盈,舞步飘逸,令人惊叹。

这首《汉宫曲》描写了在昭阳宫侍奉皇帝的赵飞燕跳舞的情态。在月儿皎洁的秋夜,洞箫吹着优美的旋律,在昭阳宫侍奉皇帝的赵飞燕,随着音乐的起伏跳起了掌上之舞。一人承宠,各院凄凉,最后的"秋夜长"三字,道不尽汉宫女子的幽怨之意。

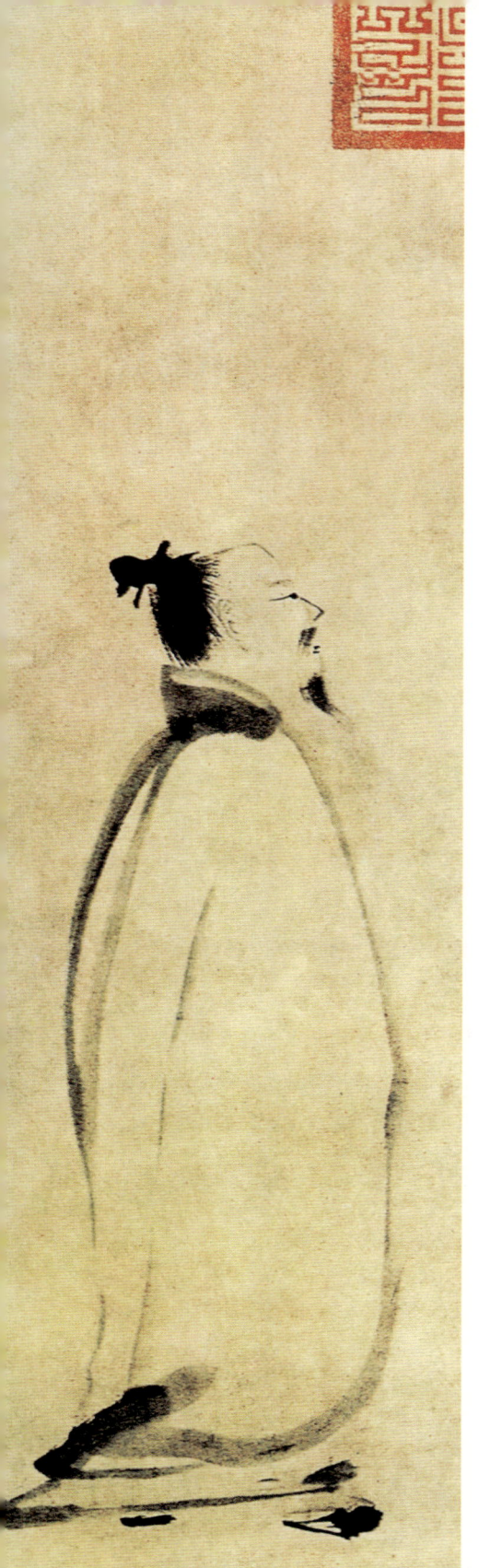

温，水。——《说文解字》

言念君子
温其如玉

成语"冬温夏清",典出《礼记·曲礼》:"凡为人子之礼,冬温而夏清。"意谓子女在对待长辈时,冬天,要体察到天气寒冷,要尽量为长辈创造温暖的环境;夏天,要考虑到天气炎热,尽量为长辈提供凉爽的居住场所,正所谓"温以御其寒,清以致其凉"。

东汉时期有一个孝子叫黄香。小时候,黄香的家里非常贫穷,九岁时母亲便去世了,只有他和父亲相依为命。黄香除了读书外,平时还要帮助父亲操持农活、料理家务。冬天,天气很冷,他就先钻进被窝,为父亲暖和被子,然后才让父亲睡觉;夏天,他在睡觉前扇凉席子,才让父亲躺上去。

小黄香有"冬温夏清"的孝顺之德,加之从小博通经典、文采飞扬,名声广为流传,被当时的皇帝赞为"天下无双,江夏黄童"。

温,形声字。

许慎《说文解字》释"温":"水。出犍为涪,南入黔水。从水昷

声。"他认为"温"是一条叫"温水"的水流,自西而东而北,源流二千三百里,后世郦道元从地理学的角度为许慎的说法找到了依据。清代段玉裁认为,表示温暖的"温",本字应是"昷"。它加上"水"旁,则表示具体的水名。

温润、温暖是大自然的利生之德

"温"从"水",是"温水"之名,据说是岷江的一条支流。水是生命之源,而在中国传统文化中,水更是一个富有生命活力与高贵德性的象征性符号。"温"字既表示水名,又有温暖、温仁之义,这反映了古人对于大自然特别是河流的生养化育之功的崇敬之情。

"温"字中的"日"亦有一定的象征性意义。日光释放出的"热量"带来了温暖,这是一种正能量的传递。《春秋谷梁传·僖公二十八年》:"水北为阳,山南为阳。温,河阳也。"把"温"训为"河阳",即河流北面阳光充沛的地方。有水有阳光,温暖而湿润,故而适宜生命发育生长、繁衍生息, 这从另一个角度体现了生命的"温度"。"温和""温柔""温暖"这些后起的组合和含义,大都与"温"字所体现出来利生之德相关。

《礼记·乡饮酒义》:"天地温厚之气……此天地之盛德气也,此天地之仁气也。"在儒家看来,天地宇宙的运动之美具有"温厚"的品质,大自然的发展规律与人类的道德品质修养互相观照,共同演绎"仁"的主题。传统中国讲求"天人合一"的精神境界,人们往往希望突破有限生命与恒常道理之间的隔阂,寻找一种与大自然相契合的美学状态。天地自然所具有的"温厚之气",是能够温存万方、厚载万物的

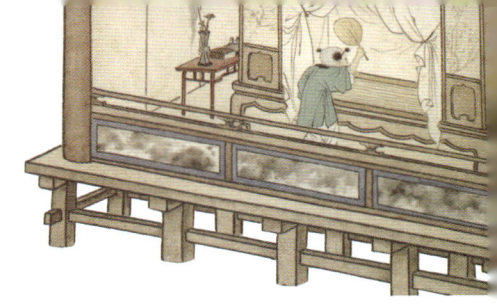

崇高品质，它成为一种能让人类生命获得鲜活圆融之美的"催化剂"，能赋予人们一种生机勃发的生存状态和圆融饱满的生命力。

温良是一种君子人格品质

今天我们多以"温"字表示温暖的触觉体验，它的本字"昷"，上"囚"下"皿"，《说文解字》说："昷，仁也。从皿，以食囚也。"意谓用皿盛食物给囚犯吃，这是仁义之举，让人心生温暖感动。1979年诺贝尔和平奖得主特蕾莎修女在获奖时曾说："我在做每个人都能做到的事，给贫穷、困苦的人一双温暖的手。"这体现了一种人性的温度。

"温"字从"水"，故亦取温良和顺的流水之美。温濡、温润、温柔、温良等的词语，也是以流水譬喻人的品格性情。"温"字的含义亦有对于温良和顺的声音、行为、人体状态等事物作形容。如《逸周书》有"心气宽柔者，其声温和"，《素问》有"劳者温之，结者散之"。《诗经·邶风·燕燕》："终温且惠，淑慎其身。"汉代郑玄《毛诗传笺》解释说："温，谓颜色和也。"意谓"温"是指面色容貌柔和、柔顺。由此可见，"温"不仅仅表示为一种让人感觉舒适的流水般的触感与温度，而且也是一种富有人性光辉的道德品质。

唐代诗人杜甫《赠郑十八贲》："温温士君子，令我怀抱尽。""温温"一词，展示了君子鲜活完美的在世之态。"温"究竟是怎样的一种人格特质呢？《诗经》有"温温恭人，如集于木。惴惴小心，如临于谷""宾之初筵，温温其恭。其未醉止，威仪反反"等句子。"温"的内在基质往往表现为一种对人恭敬、处世谨慎的态度，强调人的社会性，主张对于生命的信念、价值的认同与尊重。在《论语》中，孔子的弟子子贡尝以"温、良、恭、俭、让"五字描述孔子的风度、性格及修养，其中的"温"，宋代朱熹解释为"和厚"，清代刘宝楠解释为"敦柔润泽"，即体现出了君子生命的充实饱满之态。

君子人格历来为中国人所称颂。《诗经》曰："言念君子，温其如玉。"玉是中国古代的高贵器物，古人认为玉有"五德"："润泽以温，'仁'之方也；䚡理自外，可以知中，'义'之方也；其声舒扬，专以远闻，'智'之方也；不挠而折，'勇'之方也；锐廉而不忮，'洁'之方也。"也就是说，美玉有温润剔透、内外一致、声音清脆、不容易损坏、平滑不伤人的优良质感，所以，古人往往将君子譬喻成美玉，认为君子也像玉一样，能散发出让人身心愉悦的温和润度。

温情是传统诗歌的艺术追求

《礼记》中说："温柔敦厚，诗教也。""温柔敦厚"是中国古代诗学最重要的美学追求，它所呈现出来的，不仅是诗歌之美，而且是诗人性情秉质之美。朱庭珍《筱园诗话》说："有温柔敦厚之性情，乃有温柔敦厚之诗。"

从诗歌内容上看，孔子说："不学诗，无以言。"春秋时期，赋诗被广泛用于政治外交场合，如诸侯朝盟，宗庙会同之时，各国卿大夫都熟记《诗经》，说话的时候，往往从《诗》中取句，以修饰自己的辞令。宋代的朱熹解释说："其言温厚和平，长于风谕。故诵之者，必达于政而能言也。"

从诗歌情感表达上看，"温"体现为一种"乐而不淫，哀而不伤"

的情感尺度。孔子在关于"乐而不淫，哀而不伤"的诗歌内容与形式的表达中，包含了他对人的尊严和生命的肯定。他要求人正常合理的、健康的发展，反对沉溺于享乐，反对过度的哀伤。"温"的诗学感情基调，更着眼于人和人类的基本存在及其健康发展，而与毁伤生命、违背理性、放任情欲或悲观厌世等思想相对立。鲁迅在评论十月革命后苏联的革命版画时曾经说过："它真挚，却非固执，美丽，却非淫艳，愉快，却非狂欢，有力，却非粗暴。"即是此意。

诗歌艺术的温厚之境，是千百年来诗家的不懈追求，但要实现这种美学理想，却不容易。《古诗十九首》最早见于《文选》，汇集了汉代的十九首五言古诗，《行行重行行》《青青河畔草》《西北有高楼》等，都是其中的名篇。汉乐府《古诗十九首》以其温厚温丽、婉转切情、微词婉旨的美学特质，往往被当作温厚的诗学典范加以推崇。明代胡应麟在《诗薮·古体中》曾感叹："诗之难，其《十九首》乎！蓄神奇于温厚，寓感怆于和平。"他认为诗歌创作不容易在"温厚"与"神奇""感怆"与"和平"之间求得平衡和谐的状态。刘勰《文心雕龙》评价《古诗十九首》"婉转附物，怊怅切情"，钟嵘《诗品》则称赞它"文温以丽，意悲而远"，明代王世贞认为它是"千古五言之祖"。

汉字简说

润

·小篆·

> 随风潜入夜，润物细无声。
> ——唐·杜甫《春夜喜雨》

"润"，形声字。《说文解字》释"润"曰："水曰润下。"这是引用《尚书》关于五行学说的"水"的解释。河流、雨水等往往向下流淌，滋润万物，正如老子《道德经》中所说的，水具有"利万物而不争"的美好品格。《集韵》曰："润，泽也，滋也，益也。""润"即如水一般流泽、滋养之义。从中亦可见出中国人谦逊、利他、淡泊名利的优良传统道德品质。

美学散步 | 文学角

初冬早起寄梦得

唐·白居易

起戴乌纱帽，行披白布裘。
炉温先煖酒，手冷未梳头。
早起烟霜白，初寒鸟雀愁。
诗成遣谁和，还是寄苏州。

　　《初冬早起寄梦得》中的"梦得"，指唐代文学家刘禹锡（字梦得），白居易与刘禹锡交往密切，他们并称"刘白"，二人之间留下许多互相酬唱、赠答的诗篇。

　　此诗写白居易对好友刘禹锡的思念之情。诗中写初冬早起时分的环境，"炉温先煖酒"的意象，写出了一种安静、温暖的气氛，进而有"手冷未梳头"的情景，以火炉之温度反衬双手之寒冷。情与景的激荡带来了一种无名的愁绪。最后，作者将这种愁绪写成诗歌而"寄苏州"，当时的刘禹锡在苏州任刺史。

　　诗句细致地描写了人对于温度的感官体验——有外在环境的温度，亦有内在情感的温度。既见出冬日阳光下的温暖、安宁之美，又见出温良和顺的朋友相处之道，于温情之中表达人格美。

凉，薄也。——《说文解字》

天阶夜色凉如水

说到"凉",不由让人想起习习凉风——"凉风满红树,晓月下秋江。""南山有云鹄在空,长松为我生凉风",凉风吹拂,让人身体舒适,令人心情舒畅。

"凉风有信,秋月无边,亏我思娇情绪好比度日如年……"这一经典唱词出自广东地区的南音《客途秋恨》。"凉风有信"是一种比兴的表达,道出了男主角对心上人的无限爱慕之情。后来,著名编剧家黄少拔把《客途秋恨》改编为粤剧,其中的男主角是缪莲仙,女主角为麦秋娟,其他被拉入此剧的历史人物还有钱江,陈开,两广总督徐广缙等。"凉风有信"的唱段也因此更加为人所熟知。

凉,形声字。

东汉经学家郑众解释"凉"是"寒粥,若糗饭杂水也"。《说文解字》:"凉,薄也。"清代段玉裁解释说:"盖'薄'下夺一'酒'字。以水和酒。故为薄酒。"意谓《说文解字》的解释中,"薄"字后面缺了一个"酒"字,"凉"的意思应该是"薄酒",即是兑水之后味道浅淡的酒。《周礼·天官》中记载了"六饮",是周代祭祀礼仪中所用的六种流质——水、浆、醴、凉、医、酏,"凉"即其中之一。郑众、段玉裁的意见都认为,"凉"是利用水调配出来的食用之物,稀释它的浓度,使它变成一种味道较稀薄的液体。正因如此,此字便有了"薄"义。

凉快、凉爽是一种舒适的感觉

  清代段玉裁说:"薄则生寒,又引申为寒。"今天我们通常将"凉"字理解为寒凉、寒冷,便是取其引申义。《集韵》曰:"薄寒曰凉。"《字林》曰:"凉,微寒。"《尚书》的疏文中说:"凉是冷之始,寒是冷之极。"由此观之,"凉"作为一种温度上的感官体验,它是指较轻程度上的寒冷,介于热与寒之间,是一种低温而不过分的适宜感官享受。

  今天规范汉字的"凉"是两点水旁。在古代,"凉"是"涼"的俗字,两字意义相通。在古汉字中,两点水"冫"象冰块凝结之形;三点水"氵"则象流水之形。相比之下,"凉"似乎比"涼"更有"寒意"。

  古人认为,适当的寒凉是一种很美妙的温度体验。早在春秋时期,便有"纳凉"之事。《左传》中记载,楚国大夫申叔豫在暑天以冰为床,穿着皮裘做的大衣躺在上面。据说越王勾践出游时,常常"休息食宿于冰厨","冰厨"即类似于古代宫廷中凌室、冰殿一类的消夏场所。三国时,有豪奢之家在一室之中掘出七个冰井,供七个人同时使用,七井生凉,不知暑气。《开元天宝遗事》记载,杨国忠子弟每至炎热的夏天，大排夜宴之前，就取来大块的冰，命工匠雕琢成许多假山一类的装饰，摆放在宴席四周。这一下子令宴席的环境变得既清凉又悦目，即使宾客们喝到酒酣，也少有面红耳热的样子，反而是各有寒色，有的甚至要穿上貂皮大衣。

文学作品中也常描绘出"凉"之美。三国曹丕的"寥寥高堂上，凉风入我室"，写出一种高邈的君子风骨。唐代杜牧的"天阶夜色凉如水，卧看牵牛织女星"，写出了秋天夜晚的凉爽与安静；宋代陆游的"水纹竹簟凉如洗，云碧纱幮薄欲无"，写出了迟日睡起的闲适。宋代陶谷《清异录》中有"凉友招清风"，把能够带来清凉的扇子称为"凉友"，赋予凉爽的空气一种富于美感的生命力。

悲凉、苍凉的情感是一种悲剧美

"凉"描绘了荒芜悲凉的环境，譬如大自然中的大山大峰、大江大河、大漠大湖、大风大雪，无边无际、铺满沙砾的戈壁，连绵不断、五色流动的沙丘，层峦叠嶂、覆盖白雪的高峰、水天一色、平静浩瀚的湖泊……这些自然景色，总是于苍凉之中见出一种博大、深远与浑厚。并激发出人们内心某种凄凉、悲壮的情感。

这种悲凉、苍凉的内心情感体验，甚至带给人们对于人性、社会中诸多

苦难、伤痛、无奈等的共鸣与理解，由此形成一种具有悲剧性的美学色彩。

"十年生死两茫茫。不思量。自难忘。千里孤坟，无处话凄凉。"这是苏轼悼念其妻王氏的诗，写出了一种十年都舍弃不下的、相濡以沫的爱情。其中，"无处话凄凉"透露出一种难言的孤独感，却又在生命中反复吟唱，在静夜中不断怀思。悲剧就像死亡的阴影一样，把人的生存最苦痛、最残酷的一面凸现出来。悲剧就是让人们正视死亡，正视人生痛苦。

"少年不识愁滋味，爱上层楼。爱上层楼。为赋新词强说愁。而今识尽愁滋味，欲说还休。欲说还休。却道天凉好个秋。"辛弃疾将对岁月沧桑的无奈、时光流逝之恐惧、民间疾苦之悲悯，皆化作轻松洒脱的语言，以"天凉"的气温描写殆尽，浓愁淡写，语浅意深。王国维先生认为悲剧美是"所以感发人之情绪而高上之，殊如恐惧与悲悯之二者，为悲剧中固有之物，由此感发，而人之精神于焉洗涤"。

"凉"是一种超脱的心灵境界

"凉"常常与"热""燥"等表示较高温度的词相对而言。相较之下，高温给人体带来更加强烈的不适感，所以，"凉"的感官体验亦往往被赋予了褒义，甚至被上升为一种个人心性的修养。

《庄子》中有一个叫叶公子高的人，他曾这样说自己："朝受命而夕饮冰，我其内热与！"意谓他常常难以抑制自己内心的火热，早晨刚受命，晚上就要喝冰水。庄子其实是借叶公子高作了一个譬喻，认为他"怖惧忧愁，内心熏灼"，这正是因为个人心性修养不够而造成的燥热不安之情绪。

近代革命家梁启超即引用了《庄子》中的这个典故，为自己的书斋起名"饮冰室"，他的文集叫《饮冰室文集》，今天的天津市民族路一带犹存其故居。为什么叫"饮冰室"呢？当年，梁启超受光绪皇帝临危受命，参与变法维新，面对国家的内忧外患，他的内心之焦灼可想而知，如何解其"内热"，大概唯有"饮冰"了。从中亦可见出梁启超崇高的政治理想和人格品质。

佛教文化中，亦以"凉""热"作为一种思想境界之譬喻。佛教常以"热"来形容世俗中的烦恼之境，譬如人处于火坑之中一样危险，而佛性的修养，则是跳脱火坑的一种法门。因此，佛家往往赞美"清凉"之境。《正法念处经》曰："昼时日热可畏，放冷光明，除热清凉……不诳不谄，不热恼他，一切见者清凉爱念。"《大宝积经》曰："譬如极炎热时，于日后分有一丈夫，热所逼故奔趣克河，投于水中沐浴身体，热乏既息清凉悦乐。"在佛家看来，"热"是贪、嗔、痴等内心的障毒，而"凉"则是一种心理愉悦感的获得。人体生理上对温度的凉爽感觉被引申为一种超脱世俗烦恼的大智慧。

汉字简说

·小篆·

风泽清旷，气爽节和。

——南北朝·郦道元《水经注·庐江水》

　　《说文解字》曰："爽，明也。""爽"字从"大"，古文字的"大"象一个站立的人形。南唐徐锴解释"爽"字中的"大"人形："大，其中隙缝光也。"意谓光线从人缝中透过，即是"爽"。此字的本义，即稍微透露出来的光明。古人常常用"昧爽"表示天空将要破晓之时半暗半明的样子。后来，"爽"字引申出畅快、舒适之义。

美学散步 | 文学角

秋夕

唐·杜牧

银烛秋光冷画屏,轻罗小扇扑流萤。
天阶夜色凉如水,坐看牵牛织女星。

  唐代诗人杜牧的《秋夕》,描绘了古代女子深宫生活的图景。在一个秋天的晚上,银白色的蜡烛发出微弱的光,给屏风上的图画添了几分暗淡而寒凉的色调。一个孤单的宫女正用小扇扑打着飞来飞去的萤火虫。"天阶夜色凉如水",夜已深沉,寒意袭人,而牛郎织女美丽动人爱情传说,更是反衬出宫女心中的忧伤之情。

  宫女手中的"轻罗小扇"是有象征意义的,扇子本是夏天用来挥风取凉的,秋天就没用了,所以古诗里常以秋扇比喻弃妇。汉代班婕妤的《怨歌行》便有"常恐秋节至,凉飙夺炎热。弃捐箧笥中,恩情中道绝"的说法,这从另一个角度衬托出了主人公内心的寒凉凄恻。

心觉之美

善，吉也。——《说文解字》

清高宜养性
善事好相兼

    清代《德育古鉴》一书中记载，在宋代哲宗元祐年间，民间流传着一种说法："做人当如葛繁。"为什么这么说呢？有人便在镇江找到葛繁，向他请教修身之道。葛繁说："我力行善事，每天做四五件善事，或至一二十件，至今四十年，从来没有懈怠过。"人们又问："怎么做善事呢？有那么多善事可以做吗？"葛繁说："比如这里有条板凳倒下来了，碍人走路，我就把它扶正放好，即是一善。有人口渴了，我给人送上一杯水，即是一善。一些简单、细小的语言动作，都可以有益于人，自卿相至乞丐，皆可为之。"成语"日行一善"，便典出于此。

    善，会意字。

    《说文解字》："善，吉也。"从言，从羊。言是讲话，羊是吉祥的象征。《国语·晋语》："善，德之建也。"《左传·襄公三十年》："善人国之主也。"

"善"是"羊"的品格

"善"字从羊。羊是古代一种象征美好的动物,《说文解字》:"羊,祥也。"又,"祥,福也。"羊被赋予了某种天降的吉祥。这是古人的一种羊的原始崇拜意识,它体现了先民对羊独特的审美心理。

在商周时期用于祭祀的龟甲、兽骨上留下的文字中,往往可以看到有关"羊"的记载,如称羊为"少牢",有"欦羊""元示三羊"等。这说明,羊是古代祭祀等活动中常用的祭祀品。周朝继承了前代留下的礼乐制度,注重祭祀之礼。《周礼》中记载,古代官职中专门的"羊人"一职,以"掌羊牲",祭祀时,他要负责"饰羔""割羊牲"等工作。《礼记》中说:"大夫无故不杀羊。"可见,羊在祭祀文化中具有重要地位。《说文解字》中说:"羊在六畜,主给膳也。"清代段玉裁注曰:"膳之言善也。""膳""善"二字音韵相近,意义相通。

羊有许多温驯善良的品格。其一,羊是草食动物,不吃荤、不杀戮,有宽容忍让的品格;其二,羊有跪乳之恩,是至孝至顺的生灵;其三,羊吃的是草,挤的是奶,其皮、肉、骨、角等,皆有所用,有奉献精神;其四,羊形体优美,弯弯的羊角、雪白的羊毛,是一种美的动物。另外,在生产力并不发达的古代社会,自然界,特别是天,被放在极其神圣的位置,祭祀、占卜等原始宗教活动是先民们极见诚敬之心的行为。"万物有灵"是原始宗教的核心观念,是先民对外界的原初看法。将羊作为祭祀品,可见羊这种动物具有某种宗教上的合法性,换言之,即是先民用以寄托神圣、美好的事物。

文字这种较为固定的象征性符号,能反映先民在其生产力条件下对自身及对世界的认识。以泛神论观照"善"字中的动物形象,不难发现羊这种动物的"神化"。人们对于羊的审美体验，也在这种原始宗教观念中逐渐形成。先民将对于"善"的认知寄托在羊这一动物身上。如广州别称"羊城"，即与五仙羊衔穗建城的传说有关。又如，中国现存最大的商代青铜方尊四羊方尊，号称"臻于极致的青铜典范"，尊四角各塑一羊，肩部四角是4个卷角羊头，羊头与羊颈伸出于器外，羊身与羊腿附着于尊腹部及圈足上。这些都体现了中国古代羊崇拜的文化。赵炅说："清高宜养性，善事好相兼。"为人清高，远离世俗可以陶冶性情，而善于处事的则兼顾各方。善，既是一种仁心，也是一种义举，更是一种有分寸的中庸之作。

"善"是一种美妙的语言艺术

《说文解字》解释"善"字从"言"，可见，它与人说话有关。在中国的传统道德观念里，似乎认为君子应当"讷于言而敏于行"，似乎并不强调口才、辩才的价值，其实并非如此。其实，中国人特别重视语言艺术的魅力。

《左传》提出了中国士人之"三不朽"，即立德、立言、立功，认为这是三件可以永远受人怀念和敬仰的事。这其中便强调了语言的重要性。在儒家"孔门四科"中，有"语言"一科，其代表人物是孔子的高徒宰我、子贡等。古代圣哲并不轻视语言的作用——要推行自己政治主张，必然需要过人的辩才，要将知识阐述得透彻，亦需要好口才。由此可见，中国士人非常重视语言的社会功用，期待语言艺术"劝善"的美妙效果。

孟子在先秦诸子之中素以"善辩"著称，他善于譬喻、对比和逻辑推理，《孟子》中的许多文章不仅逻辑清晰，而且具有强烈的文学性和感染力。当别人称他善辩时，孟子却说："予岂好辩哉，予不得已也！"意谓自己是不得已才与人言辞交锋的。当世有许多异端邪说，如果不加以辩驳，正本清源，就会使民众受到不当的引导，导致社会风气堕落。孟子的善辩，实则是一种崇高的社会责任担当。

明清以后，民间流行评书、快板、杂谈等优秀的语言艺术作品，大抵以历史故事、神话传说作为艺术创作的题材，如"说岳""水浒"等故事赞扬英雄、批判奸恶，《警世名言》《醒世恒言》等故事批判社会上的酒色财气等坏现象，甚至利用佛道轮回报应等迷信观念教化现世。这些都可以说是通过语言艺术导人向善的一种方式。

"善"是"美"的内在表现，为善最美

《国语·晋语》："善，德之建也。"这些对"善"字的解释，都将"善"确立为一种较高的社会道德准则，它既包含诚信、廉洁、舍己为人等个人品质，也包括安居乐业、保家卫国等集体精神。"善"字的音、义与"尚""上"相通，善既是一种高尚的行为，还能相互感染，引导社会风尚。

古人有"见善如不及，见不善如探汤"的说法。见到善人、善事，自己便希望与之看齐，担心自己会赶不上的样子。探汤，谓把手伸进沸热的水里。见不善之事，便如避祸般躲开。这种求善、摒恶的人生态度，贯穿于中国士人的行为修养之中。宋代理学家朱熹曰："善人者，志于仁而无恶。"从仁义的理想追求与没有恶的行为两方面对"善"进行界定。

我们通常将人生分成三个不同层次的美学价值追求：第一个层次是对事实的追求，即一种科学的精神，称之为"真"；第二个层次是对个人和社会的行为作要求，指向了伦理、道德的层面，称之为"善"；第三个层次是如何教人生提高一个境界，以艺术的方式表达出来，称之为"美"。真、善、美三者彼此独立，也彼此相关。在中国传统价值观中，"善"被视为人生美学价值追求中的重要进阶，以期待"尽善尽美"的境界。君子修身养德，便是追求一种向善、向上的人格美。

心觉之美
清高宜养性
善事好相兼

汉字简说

义

義　　　義

·小篆·

生,亦我所欲也;义,亦我所欲也。二者不可得兼,舍生而取义者也。

——《孟子》

"义"的繁体字为"義",从"羊",取祥福之褒义。关于这个字的本义,一般有两种说法。或说"义(義)"字为古人的"仪(儀)"字,表示形态仪表,也指形态威仪的样子。"义(義)"字下部的"我"字,在古文字中像一种戈一样的兵器,是军队仪仗所用之物。又,"我"有自我之义,清代段玉裁说:"威仪出于己,故从'我'。"或说"义(義)""宜"二字相通,表示适宜、合宜之事,后引申出道义、正义之道德内涵。《说文解字》中说,"义(義)"或写作"羛",从"弗",表示矫正不合宜之事;"义(義)"字从"我",表示道德修养皆不外求,而须从自身做起。

诗经·周颂·武

於皇武王,无竞维烈。

允文文王,克开厥后。

嗣武受之,胜殷遏刘,耆定尔功。

《武》相传为周武王时的乐曲,是周武王伐纣灭商的乐歌,据《吕氏春秋》说,此为周公所作。在《论语》中,孔子曾经将《韶》乐与《武》乐作了对比,"子谓《韶》:'尽美矣,又尽善也。'谓《武》:'尽美矣,未尽善也。'"

《韶》乐的内容讲的是舜接受尧禅让,继承尧的德业治理天下,符合孔子"为政以德"的思想,故孔子说《韶》乐的形式美极了,内容也好极了。周武王是以武力革命,取得天下,故孔子认为《武》乐的形式虽然很美,但其内容却不能"尽善"。

从文艺学、美学上来看,孔子通过对《韶》乐和《武》乐的不同评价,表达了他对于形式和内容的关系、美与善的关系的重要见解。孔子主张文艺的形式和内容两者的完美结合。孔子以美善并重,而从其"未尽善也"的感叹中,既见出他以善为本的思想,也很重视审美的感性愉快和享受的形式特征,肯定了美的独立价值。

神,天神,引出万物者也。——《说文解字》

神欢体自轻
意欲凌风翔

《封神演义》是明代著名的神魔小说，主要以姜子牙辅佐周文王、周武王讨伐商纣的历史为背景，描写了昆仑山元始天尊为代表的阐教、东海蓬莱岛通天教主为代表的截教诸仙斗智斗勇、破阵斩将的故事。

《封神演义》中描写了许多生动的神话故事，如"哪吒现莲花化身""哼哈二将显神通""杨戬哪吒收七怪"等，支持武王的阐教、帮助纣王的截教双方祭宝斗法，几经较量，最后纣王失败自焚，武王建立周王朝并分封诸侯。

姜子牙辅佐周武王伐纣事毕，奉玉虚宫元始天尊之命，将双方战死的人物一一封神。姜子牙亲捧玉符金册，在封神台上敕封共八部三百六十五位正神，其中，上四部为雷、火、瘟、斗，下四部为群星列宿、三山五岳、布雨兴云、善恶之神，柏鉴为三界首领八部三百六十五位清福正神。

神，会意字。

《说文解字》："神，天神，引出万物者也。"从示从申。《大戴

礼记·曾子天圆》:"阳之精气曰神。"《孟子》:"圣而不知可谓神。"《易·说卦》:"神也者,妙万物而为言者也。"

"神"源自先民对大自然的敬畏之心

在生产力尚不发达的上古时代,人们的生产生活对大自然有极大的依赖,变化莫测的自然环境,直接关系着人类的生存状态。在这种客观条件下,人们对大自然有着极强的敬畏之心。对此,钱穆先生曾说:"天命在人事之外,非人事所能支配,而又不可知,故当心存敬畏。"儒家多言人事而少言鬼神,孔子对鬼神之事"敬而远之",这正是一种心存敬畏的体现,对于自己智慧所不能及之事,始终抱有一种敬畏的、学习的态度。这在科学技术高速发展的今天,依然有其现实意义。

"神"字从"申",《说文解字》解释"申"亦曰:"神也。"甲骨文的"申",象天上闪电的形状。在上古时代,人们尚不具备天文科

学常识，对于雷电等自然现象，作为偶然且未知的元素出现，往往被先民视为笼罩着神秘色彩的"天象"。在古代文学作品和神话传说中，雷电的产生往往归结于神，楚辞《远游》中有："左雨师使经待兮，右雷公而为卫。"《离骚》中亦云："鸾皇为余先戒兮，雷师告余以未具。"《山海经》中有多处关于雷电之神的记载，称他是兽形，"龙身而人头，鼓其腹"。唐宋以后的神话传说中，更有雷公、电母的称呼。

"神"字又从"示"。《说文解字》释"示"字，亦从造字的角度阐述了人的这一特殊地位："天垂象，见吉凶，所以示人也。"又释其字形："三垂，日月星也。"古人认为，人可以通过天象"观乎人文，以察事变"，以期待与未知的大自然进行沟通。在《说文解字》中，"示"部的汉字，大抵与天地神明、祭祀之事有关，如"礼""祀""社""祖"等，许慎将"示"部放在《说文解字》的开篇，也说明了其独特的文化内涵。

泛神论亦由此产生。自然界的日月星辰、山川土地乃至花草树木、鸟兽鱼虫，都有了一个人格化的过程。"神"即是这种人格化的结果——可以说，不是神创造了人，而恰恰是人创造了神。"神"的力量亦反映在许多早期文学作品中，如女娲补天、夸父追日、精卫填海等，即反映了先民在大自然中的搏斗与追求理想的过程。

民间传说中对于"神"的描述，即体现了人们对天、人关系的思考。如民间以腊月二十四为灶神上天之日（北方多为腊月二十三），直到新年正月初四灶神才由天上回来。灶神上天是向天帝陈说人间的善恶。所以乡下人送灶，多喜欢弄块糖给他吃，以便他"上天言好事，下地报吉祥"。在吉神造像中，灶神是非常重要的艺术题材。又如，民间传说中的"八仙"铁拐李、汉钟离、张果老、蓝采和、何仙姑、吕洞宾、韩湘子、曹国舅，他们原本是凡人，通过修道成了神仙之体。"八仙"也经常在人间活动，留下了如"吕洞宾三醉岳阳楼"等佳话，民间的剪纸、年画、花钱、瓷器、木雕等广泛采用"八仙"的题材，从"神"的角度展示一种世俗之美。

"神"是一种出神入化的艺术

"神"所从之"申"，亦有伸、引之义。《广韵》曰："申，伸也，重也。"在古文字中，"申"亦象两手交叉的情状，或写作一上一下两手相互牵引的样子。由此可见，此字亦有交互、沟通之义，体现了先民对天、地、人"三才"的思考。"神"的力量是打通"三才"的，《易·系辞下》曰："有天道焉，有人道焉，有地道焉"，指出了天、地、人三位一体的世界观。

《易·系辞上》亦曰："易与天地准，故能弥纶天地之道，仰以观

于天文，俯以察于地理，是故知幽明之故。"在上古时代，生产力水平不高，文化知识多掌握于族群的少数领导者中，群落、氏族的首领往往是宗教活动的领导者，在人与自然的沟通行为中，扮演着"通神"的重要角色。

东汉许慎曾引用董仲舒的观点说："三者，天、地、人也，而参通之者，王也。"由此可见，人类渴望"通神"，强调了人于天地之间的特殊能力。如神医华佗有炉火纯青的医学技艺，能够见病知源，"不治已病治未病"；又如诸葛亮，堪称神机妙算，能够摆"八卦阵"、设坛"借东风"……这些历史人物经过历代各种文学作品的加工渲染，拥有了一种超乎自然的、世间稀有的美学特质，以技艺高超、出神入化为人们所惊叹。

 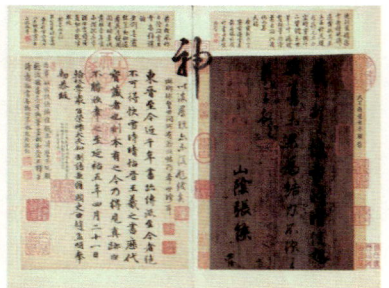

"神"是对于精神气质的审美

形与神是人的一体两面,相互依存,"神"包括人的精神、意识、心智等,"有神",即表现出人的一种积极向上的精神面貌。如"君子不忧不惧""饭疏食,饮水,曲肱而枕之,乐亦在其中矣",这些精神面貌都表达出了中国人的生命高度。当代学者李泽厚先生曾指出,传统中国人所追求的"神"是一种刚健乐观的精神气质,它体现的是知与行统一、体与用不二、情与理交融、灵与肉融合的审美境界。唐代韦应物诗云:"神欢体自轻,意欲凌风翔。"一个人精神欢爽时,通体轻快有若飞的感觉。人的快乐是神形一体的,神气相融的。

中国的智慧是审美型的。《孟子》曰:"大而化之之谓圣,圣而不可知之之谓神。"神、圣,音相近,义相联。孟子此语,反映出了一种传统的审美心理结构,它已经成为中国人的普遍意识或潜意识,成为一种文化。

宋代袁文提出:"作画形易而神难。……至于神采,自非胸中过人,有不能为者。"苏轼也说:"论画以形似,见与儿童邻。"明代李贽说:

"画不徒写形，正要形神在。"他们都认为绘画时仅追求形似，是一种较浅薄的艺术认知。在神、形之间的关系上，古人认为"形者神之质，神者形之用"，中国绘画艺术更讲求"神似"，即画家在主观表达与绘画表现对象之间寻求一种统一，由事物的表象深化为某种精神、某种意象。

书法更讲求笔墨之间神气完实而有余韵。古人往往以此为标准来评价书法作品，如唐代张怀瓘评价王献之的书法"虽圆丰妍美，乃乏神气"，宋代米芾认为世人写大字时往往用力捉笔"字无筋骨神气"。字如其人，而书法作品的面目亦往往与书法家的人格修养、精神气质有关。元代虞集曰："譬诸人之耳、目、口、鼻之形虽同，而神气不一，衣冠带履之具同而容止则殊。"书法艺术富有神韵，譬如一个人的容止可观，进退可度，潇洒流落，翰逸神飞。

汉字简说 　灵

· 小篆 ·

靈

　　身无彩凤双飞翼，心有灵犀一点通。

——唐·李商隐《无题》

　　"灵"字的繁体字是"靈"，本义即巫者。《说文解字》解释"灵"字："灵，灵巫也。以玉事神。"古时楚人称跳舞降神的巫为"灵"。春秋战国以前，楚地的巫觋文化甚为流行，这在《楚辞》等文艺作品中多有体现。《楚辞》中有"命灵氛为余占之""灵连蜷兮既留""灵偃蹇兮姣服"等句子。后来，"灵"亦引申出美好之义，《广雅》："灵，善也。"将它与人的道德修养联系在一起；《说苑》："积仁为灵。"体现了一种向上的价值追求。"神""灵"二字往往合而为一，意义相通，《风俗通》曰："灵者，神也。"

美学散步 | 音乐厅

古琴

《神人畅》是中国著名古琴曲。相传,其作者为上古圣王尧帝。所以,这首古琴曲也被称为《尧畅》。《神人畅》是唐代以前仅两首记载下来以"畅"为体裁的古琴曲之一。

传说,尧帝善于弹琴。有一天,他在郊外祭祀天地神明,并弹奏起了音乐,奇妙的琴声感动上天,有神明降临其室,教诲他说:"水方至为害,命子救之。"尧帝便弹琴作歌,参与祭祀的人们为此欢乐歌舞。《神人畅》便描绘了这一盛事。

《神人畅》的音调古朴,粗犷,节奏铿锵,其淳朴自然的原始祭神舞蹈节奏使得曲风苍古雄健,如江河行地,音节清莹透亮,似日月经天,颇有汉魏遗音之美。它生动地描绘了古代宫廷舞蹈场景,再现了尧帝弹琴、神人降临的故事。琴曲开始时,有一大段沟通神灵的泛音(代表天)由远而近,如同天帝对人的启示,仙音飘然而至。随后便是一段有节奏起伏的散音(代表地)、按音(代表人),似乎把人带入一次虔诚的祭祀里,那开阔的气感就如祭祀天帝般的舞蹈,神秘而有韵律,并最终展现了天人合一的中国传统美学理念追求。

福,祐也。——《说文解字》

福兮可以善取

说到福,不由得让人想到2008年北京奥运会上5个可爱的吉祥物——"福娃"。

"福娃"是五个拟人化的娃娃,每个娃娃都代表着一个美好的祝福——贝贝象征繁荣,它的原型是中国传统的鱼纹样、水浪纹样。晶晶象征欢乐,它的原型是国宝大熊猫。欢欢象征激情,它的原型是中国传统的火纹样、敦煌壁画中的火焰纹样。迎迎象征健康,它的原型是珍稀动物藏羚羊。妮妮象征好运,它的原型是北京雨燕和传统的纸鸢。五个福娃的谐音是"北京欢迎你"。

福娃是中国传统民俗中常见的形象,通常是个体态圆润的小孩子。奥运会中的五个福娃,也延续了传统民俗审美特色。福娃的面部为半椭圆形,给人圆润柔美之感,眼睛浓墨重彩,大而有神,显得聪明可爱。五个福娃的形象,寄寓了中国民众对于"福"的普遍向往。

福,形声字。

《说文解字》："福，祐也"。从示，畐声。声符亦兼表字义。本义为福气、福运。与"祸"相对。《荀子·天论》："师其类者谓之福。"《道德说》："安利之谓福。"

福表现为圆满美好

"福"字右部的"畐"，《说文解字》解释曰："满也。从高省，象高厚之形。"此字与"幅"字同，本义是指又大又厚的布料。"福"字从"畐"，正是取其完备、完满的意思。《礼记·祭统》也说："福者，备也。备者，百顺之名。无所不顺者谓之备。"意谓各种各样的事情都能够顺心如意，就是"福"。在中国传统社会生活中"福"寄托着民间百姓的各种美好憧憬，它多角度、多层次地反映了人们的理想与愿望。

在封建社会，不同阶层、地位的人对"福"的理解不尽相同。农民渴望春种秋收、风调雨顺为"福"，商人以财源茂盛为"福"，文人以金榜题名为"福"，老者以健康长寿、有子孙膝下承欢为"福"……美国心理学家哈利·克赛克认为，幸福意味着生活在一中"沉醉"的状态中。中国传统对于"福"的理解，亦是一种美的沉醉，"福"之美潜移默化地融入在丰富的民俗活动与精神信仰之中。

据《梦梁录》记载："岁旦在迩，席铺百货，画门神桃符，迎春牌儿……"又，"士庶家不论大小，俱洒扫门闾，去尘秽，净庭户，换门神，挂钟旭，钉桃符，贴春牌，祭把祖宗。"其中"贴春牌"的习俗，即粘贴写在红纸上的"福"字。这个民俗一直流传下来，至今，每逢新春佳节，家家户户都要在屋门上、墙壁上、门楣上贴"福"字，以迎春

纳福。

关于"福"字,民间有一种俗解,谓"一衣一口一田为福",这是用了拆字法,"一"表示一个人或一个家庭,"衣"指衣服,"口"为饱腹之食,"田"指田产。在以农耕生产模式为基础的中国传统社会,土地是人民赖以生存的根本。有衣服穿、有田地可以耕种,满足了饱暖,追求丰衣足食的生活,即是最简单的幸福。这种对于"福"的理解,表达了人们追求幸福生活的朴素愿望。

在今天的许多俗语中,"福"成为人们对美好的东西的追求,"福"音通"富",即是以富足为福。又如人长得富贵叫有"福相",好地方称为"福地",好消息称为"福音",享受快乐称为"福分",看到美妙的东西叫"眼福",吃得美味佳肴叫有"口福",人有好运称为"福气"等,提高幸福指数,创造幸福生活成为常用的词汇。

福来自于己之善

中国传统观念认为，"福"之所至，与人的道德品质、人格修养直接联系在一起。《祭统》解释"福"是"贤者之祭也"，意谓贤人必定会受到神明的保佑，必定会获得美好的生活。幸福的生活往往来自于人们主动、努力的追求，这体现了一种品德之美。唐代刘禹锡在《天伦·上篇》中说："福兮可以善取，祸兮可以恶召。"《淮南子·原道训》说："福由己发，祸由己生。"福来自己之积善，善为福源。

成语"自求多福"，典出《诗经·大雅·文王》："无念尔祖，聿修厥德。永言配命，自求多福。"这几句诗的意思是：要感念你的祖先，要修养你自身的德行，要长久地顺应天命，才能求得多种福分——其中专门提出了"修德"的行动。《诗经·大雅·文王》是一首政治诗，传说是周公所作，歌颂周文王顺应天命、施行德政、建立周朝的故事，以此鼓励周成王以及后世君王仿效先辈，谋求福祉。诗中"修德—多福"的因果关系，强调了人的主观能动性。

贤者必受其福的观念体现一种品德美，强调了君子士人自身道德修养的重要性，也体现出了某种道德规劝和价值引导。可以说，在中华文明发展的过程中，先民固有一种集体性的向善的意识。战国时期，孟子提出了"性善论"，进一步挖掘了这一国民精神特质："人皆有不忍人之心。"不忍人之心即本心、良心。人贵在不丧其"本心"。君子坦荡荡，因为他行事不违本心，故而能够获得幸福；小人长戚戚，因为他将善的力量抑于内心深处，故而无法获得幸福的生活状态。

福体现了辩证的智慧之光

"福"与"祸"往往相对而言。老子曰:"祸兮福所倚,福兮祸所至。"《太上感应篇》:"祸福无门,唯人所召。"荀子说:"福莫长于无祸。"也就是说无祸就是在福。但福与祸是互为因果,相互转化的,即好运可以变成坏运,坏运也可变成好运。一种因素中往往潜伏着对立的另一因素,也就是说,祸、福双方是可以转化的。人们对于福祸之间的辩证关系的认识,是一种朴素唯物主义的观点。

《淮南子》中记载了这样一个寓言故事。从前,有位老汉住在与胡人相邻的边塞地区,人们称他为"塞翁"。有一天,塞翁家的马在放牧时走丢了。邻居们得知后,纷纷表示惋惜。可是塞翁却不以为然,劝慰大家道："谁知道它会不会是福事呢！"没过几个月，那匹迷途的老马又从塞外跑了回来，并且还带回了胡地的骏马。邻居们又一齐来向塞翁贺喜，这时的塞翁却忧心忡忡地说："谁知道它会不会是祸事呢！"家里有了骏马，塞翁的儿子喜不自禁，天天骑马，结果不小心从马背上掉下来，摔断了腿。邻居们纷纷来慰问，塞翁却说："谁知道它会不会是福事呢！"又过了一年，胡人大举入侵中原，身强力壮的青年都被征去当兵，十有八九死在了战场上，塞翁的儿子因为是个跛腿，免服兵役，父子二人得以保全性命。"塞翁失马"的故事流传至今，向我们演绎了福祸相倚的辩证思维。它提示我们，在生活中，无论遇到福还是祸，都要善于调整自己的心态，超越时间和空间去观察问题。

今天，人们更习惯用"塞翁失马，焉知非福"的成语，比喻一时虽然受到损失，也许反而因此能得到好处。于福祸相倚的辩证思维之外，更见出中华民族乐观向上的精神品质。祸、福虽难以预测，但可以靠人的努力去转化、维护，从而争取幸福、美好结局。李泽厚先生在《秦汉思想简议》中指出："中国人很少有真正彻底的悲观主义，他们总愿意乐观地眺望未来。"这种乐观旷达的精神，被后世无数中国人所吸取，成为他们的一种生活态度，一种生命智慧。

汉字简说 禄

· 小篆 ·

禄

鸳鸯于飞,毕之罗之。君子万年,福禄宜之。

——《诗经·小雅·鸳鸯》

"禄"字是个形声字。《说文解字》:"禄,福也。"《广韵》:"善也。""福""禄"二字音韵相通,在汉代以前,此二字在字义上并没有绝对的区别。如《礼记》"受禄如天"、《诗经》"天被尔禄",其中的"禄"均可训作"福"。二字合而言之亦有焉。《诗经》:"福禄如茨。"《左传》:"同福禄,来远人。""禄"字的本义是福气、福运。后来,此字引申出官吏俸给之义,逐渐与功名富贵之事联系在一起。

美学散步 | 建筑风

传统建筑中的蝙蝠装饰图案

南粤地区传统建筑如陈家祠、余荫山房、宝墨园等，有诸多蝙蝠装饰图案。这些图案是中国传统"福"文化的表现。

"蝠"与"福"谐音，至晋代以来，人们便以蝙蝠为福气、富贵的象征。随着时代的发展，明清时期，蝙蝠被人们充分美化为象征"福"的吉祥图案，常常出现在各种建筑物中。如在窗格或墙壁上雕刻或绘画五只蝙蝠，即表示"五福临门"；有一群蝙蝠在海上飞翔，则寓意"福如东海"。

蝙蝠的形象亦被广泛运用于中国民俗各领域中。中国北方地区流行将馒头捏制成蝙蝠形状，取其"福"之意。旧时许多丝绸锦缎常以蝙蝠图案为花纹。如在一些寿星图上，经常会发现寿星身旁有蝙蝠在飞翔。婚嫁、寿诞等喜庆妇女头上戴的绒花和一些服饰、器物上也常用蝙蝠造型。

安,静也。——《说文解字》

心安身自安

身安室自宽

汉乐府《孔雀东南飞》流传千古，讲述了焦仲卿、刘兰芝夫妇凄美动人的爱情故事。东汉末年，刘兰芝嫁给焦仲卿为妻，却不为婆婆所容。母亲要焦仲卿休妻另娶，焦仲卿不肯。刘兰芝被遣回家后，他的大哥将她强嫁给了太守之子。最后，刘兰芝揽裙投水自尽，焦仲卿亦自缢殉情。后两人合葬于华山旁。

诗歌中，刘兰芝曾对焦仲卿说："君当作磐石，妾当作蒲苇。蒲苇纫如丝，磐石无转移。"磐石由此成了爱情的象征，表达出了焦仲卿、刘兰芝二人坚贞的感情。

磐石是指极为坚硬而致密的大石头，它形态安稳、厚重坚实，难以移动，给人安定、稳妥的感觉，故而有"安如磐石"的说法。

安，会意字。

《说文解字》解释"安"字曰："静也。"清代段玉裁指出，《说文解字》中的"静"字本作清晰、翔实、妥当之义，"竫"字才表示安

静、宁静之义，所以"静"是"竫"的假借字。今天，我们用"安静"一词表示没有吵闹和喧哗的情状，用的是"静"字的后起义。《说文解字》有些版本或作："安，竫也。"

安居乐业是一种居住者的安全感

"安"字从"女"在"宀"下。"宀"是个象形字，即象交覆深屋之形状。古代的房屋，东西南北四方有柱，外有堂，内有室。《田艺衡曰》中记载："古者穴居野处，未有宫室，先有宀，而後有穴。宀，当象上阜高凸……室家官宁之制，皆因之。"这样既大而深的房屋，即称为"宀"，"安"字从"宀"，其下有人形，正表现出人在高屋覆蔽之下安全、稳定的生活状态。

清代段玉裁说，"安"字与"宓"同意。《说文解字》解释"宓"字亦曰"安也"。"宓"字亦从"宀"，《说文解字》曰："心在皿上。人之饮食器，所以安人。"将"安""宓"二字对看可见，希望有得吃、有得住，便是先民所向往的安宁稳定的简单生活。

在《说文解字》中，"宀"部的字大抵与房屋有关，如"宫""家""宗"，它们体现了先民对于居住的安全感的渴望。在传统中国，农耕生产深刻影响了中国人的民族意识。以农耕为主的生存环境使人们追求稳定安乐，崇尚安身立命，安土重迁。历代为政者亦重视使民安其居，新加坡的"屋村计划"，我国的安居工程，对房地产暴利的整治等，也是民生之计。

这在传统艺术上也有所体现。中国画中，专有以宫室、楼台、屋宇等建筑物为题材的绘画。画家一般需要用界尺引笔，使所画之线横平

竖直，表现出楼宇的方正严整，所以通常称之为"界画"。敦煌壁画和唐代墓葬壁画中已有描绘大型楼台的作品。宋代郭忠恕的《唐明皇避暑宫图》《雪霁江行图》，堪称界画的经典之作。这些艺术作品形象、科学地记录了古代建筑之盛，可谓是中国人对房屋的安全感，乃至对家庭情感的认可和浓厚表达。唐代诗人杜甫在《茅屋为秋风所破歌》中喊出"安得广厦千万间，大庇天下寒士俱欢颜，风雨不动安如山"的句子，即是从个人、家庭之"安"到国家、民族之"安"的一种崇高美的情感迁移。

静如处女展现了女性安娴之美

"安"字下部是"女"，象女子在大房屋下居住的情状。古人有"静如处子"的说法，女性与安静、稳定的审美元素天然地联系在一起。女性在中国具有特别的象征意义，它反映了中国哲学对于"坤德"的审美。

《易经》中有"坤"卦，"地势坤，君子以厚德载物"，唐代孔颖达解释说："言坤道柔顺，承奉于天以量时而行。"坤德便体现在它如大地般的"载物"之功。古人认为天圆地方，大地广阔有力，可以承载大自然中的万物。而且，大地具有巨大的生发力，可以化育生命，使草木、鸟兽、人类繁衍，生生不息。

在上古时期，生产力低，人类寿命短，故以繁衍求生存、求安定。"安"字下部为"女"，以女性的形象坐于房屋之下，有所庇护，无有危险。正是借女性形象指代人类繁衍生息之事，体现了对安定生活环境的期望。与之类似的还有"字"字，《说文解字》："字，乳也。"它的本义是指女性生育、哺乳孩子，后来引申出女子许嫁之义。又如"家"字，清代段玉裁提出"家从豕"的说法，认为它的本义是"豕之居"后引申假借为"人之居"。这些字都体现了先民的家庭观，说明了古代生殖繁衍之事的重要性。在中国传统观念中，女性属于坤道，将女性之德类比于坤德、大地之德，强调女性在生殖、哺乳、抚养方面的作用，注重女性的阴柔、顺从、化育之美。这种观念大概源于母系社会的原始审美意识。《诗经》有《硕人》等描写女性美的篇章。在战国、西汉墓葬中出土的帛画上，已有体态动人的妇女形象。"仕女画""美人图"，乃至描绘古代贤妇、仙女的民间艺术，无不以女性为艺术创作的题材。

安贫乐道是一种交易的境界

"安"字引申有缓慢之义，传达出一种徐徐有致的节奏和从容不迫的气度。这里的"安"不再描述外部社会的安稳状态，而转向对人的精神世界的探索，期待通过个人的内在修养，以达到"仁者安仁"之"安"。

孔子的弟子颜回，生活条件艰苦清贫，"一箪食，一瓢饮，在陋巷"，但是他从不怨天尤人，而是"不改其乐"。颜回这种安贫乐道的品格情操深契孔子之心，孔子连连称赞他："贤哉，回也！"

宋代邵雍在《心安吟》中写道："心安身自安，身安室自宽，心与身俱安，何事能相干？谁谓一身小，其安若泰山；谁谓一室小，宽如天地间。"居有其所，这是物质条件，但关键还有心安，即心灵有一个安放之地。身安与心安两者是不可或缺的。

《战国策》中有"安步以当车"的说法，意谓从容步行以代替乘车，形容节奏轻松缓慢，为人能够安守贫贱的生活。宋代文人苏东坡亦将此句奉为自己的养生之道。苏东坡在朝为官时与当权者相左，"乌台诗案"后，生活颠沛流离。但是他天性乐观豁达，在逆境中依然安贫乐道，淡泊自持。

颜回、苏东坡等人安贫乐道的心理状态，等同于美国心理学家亚伯拉罕·马斯洛在需求层次理论中所谓的实现了"审美需要"的人，进入了审美的艺术的境界，这对中国文化传统影响极大。

安贫乐道的精神境界，历代为中国士人所重视。儒家即讲究一种刚健乐观的精神气质，如"君子不忧不惧""君子不怨天，不尤人""饭疏食，饮水，曲肱而枕之，乐亦在其中矣"。这种内心安定、乐观的状态，不因时空之变异而消减，也不因生活贫困而改变，即使是身居陋巷，衣食不虞，依然可以安之若素，对人的内在生命本质有高度的自信心和尊严感。

汉字简说 宁

·小篆·

是故非澹薄无以明德，非宁静无以致远。
——汉·刘安《淮南子·主术训》

"宁"字的本义是安宁、平安，它的繁体字、异体字有"寕""寧""甯"等多种写法。按《说文解字》，此字取安宁之义，本当作"寍"，"从宀，心在皿上。人之饮食器，所以安人。"意思是住在屋里、有饭吃，就可以安心了。而"寧"字从"丂"，本义与人说话有关，后来被用作"寍"的假借字，才有了安宁、宁静之义。古代亦有"宁"字字形，本读作zhù，为象形字，是"贮"的本字，则另当别论了。

美学散步 | 建筑风

长安古城楼

"长安"是西安的古称，是历史上第一座被称为"京"的都城，也是历史上第一座真正意义上的城市。西汉初年，刘邦定都关中。汉高祖五年，置长安县，在渭河南岸、阿房宫北侧、秦兴乐宫的基础上兴建长乐宫，高祖七年营建未央宫，并将国都迁移至此取名"长安城"，即取"长治久安"之美好寓意。

长安是十三朝古都，周、秦、汉、隋、唐等朝代都建都于此，作为中国首都和政治、经济、文化中心长达一千多年。它是丝绸之路的东方起点和隋唐大运河的起点，是迄今为止唯一被联合国教科文组织确定为世界历史名城的中国城市，与雅典、罗马、开罗并称世界四大文明古都。

在中国历史上，"长安"一词一直是国都别称，始终寓意着中国人的美好愿望。今天，首都北京最重要也最知名的神州第一街——长安街，就是以古长安城来命名的，这是一种建筑美学意识的迁移。长安街以天安门为中心，东至建国门称东长安街，西至复兴门称西长安街，全长6.7公里，宽阔雄伟，横贯北京城，享有"十里长街"之美称。

吉，善也。——《说文解字》

似春知道

吉梦佳辰到

成语"吉星高照"的意思是吉祥之星高高照临。其中的"吉星",一般指福、禄、寿三星。民间艺术中,常常可以看到与之相关的雕塑、绘画作品等。

福星是个头戴官帽的天官,他有时手持玉如意,有时手捧小孩。或说他原本是汉武帝时人杨成,或说他原本是唐德宗时的道州刺史阳城。他因在民间待人有恩德,逐被祀为福神。

禄星是天上的文昌星,也称文曲星。或说他原本是一位身怀绝技的道士,或说他原本是五代十国时期后蜀皇帝孟昶。他被祀为禄神,能保佑考生金榜题名。

寿星是南极仙翁,又称南极真君。传说他是个白须老翁,手持长杖,额部隆起,有时手持仙桃,有时手捧灵芝,是有名的长寿之神。

古代对三位"吉星"的描绘,表达了人们追求吉祥的美好愿望。

吉,会意字。

《说文解字》:"吉,善也。从士、口。"《周书》:"礼义顺祥曰吉。"《易经》:"安贞吉。"《礼记》:"吉事先近日。""吉"字通常表示吉祥、吉利之意。

吉庆描绘一种和平、祥和的景象

甲骨文"吉"字的字形,上部象兵器,下部象盛放兵器的器具。依此,"吉"字表示把兵器盛放在器皿之中,不再使用。象征着天下太平,人民没有危难。由此可见,"吉"字的背后隐含着先民的反战意识,表达了人们对于和平祥和之社会美的期待。

传说,大禹治水,平定天下,使人民过上了和平稳定的生活,于是,他将四方进贡来的青铜铸造成九鼎,将全国九州的名山大川、奇异之物镌刻于九鼎之上。又,秦始皇统一天下后,收集天下的兵器,聚之于咸阳城中,削去这些兵器的锋芒,铸造成十二个金人。这两个故事传说,大抵可以成为"吉"字造字特点的注脚。

中国自战国时代,便有"奖耕战"的政策,秦汉以后,更是重农抑商,强调"崇本抑末"。中国是以农耕为传统生产模式的社会,对人民和土地的稳定性要求很高,孟子称之为"恒心""恒产"。所以,在中国的政制中,向来以农为本、以农为美。战争会导致农耕人口流失,破坏农业生产的周期,影响国家收入,是不利于国家机器运转的。正因为这样,在传统中国,特别是中原地区,无论是从政者还是普通人民,对和平、祥和的社会景象有着极高的期待,并由此构建一种集体性的美学意识。

老子的"小国寡民"的政治理想,否定了社会的发展,逃避了现实社会的问题，其实也代表了当时的人们对三代以前安定、和平、简单的政治生活的向往，对尧、舜治世的倾慕。孔子亦向往舜当政时的和平年代，他感叹道："能够无为而治的，恐怕只有舜了吧！"中国人热爱和平、反对战争的思想，从古代圣哲的思想中体现了出来。

吉祥寄托人们对生活的美好向往

中国传统习俗、民间风物等，有许多关于"吉"的表达，是一种集体无意识的表达，它传达出了中国传统社会下的群体意见。人们将向往吉祥美满生活的愿望寄托于"吉"字之上。

在我国南方，新春佳节之际，流行互赠橘子的风俗。晋代著名书法家王羲之有传世名帖《奉橘帖》，其中有"奉橘三百枚"之句，这说明当时人们已有互赠柑橘以表达情意之事。在民间，人们习惯上把"橘"字写成"桔"字，二字音韵相通，而且，"桔"字含有大吉之意，是人们追求吉利、表达祝福的一种方式。广东潮州地区，人们把柑橘称作"大桔"，亦取"大吉"的谐音。

古代重视祭祀之礼，祭祀也被认为是"吉礼"，而祭祀时所穿的礼服则是"吉服"。商周时期，便以紫羔裘、黑礼帽为吉服。行"吉礼"，当有吉月、吉日。古代以月朔为吉月，即每月的初一。士大夫在每月初一时，一定要穿着朝服上朝去。战国时期的楚辞多用楚地的巫祭之乐，如《东皇太一》等辞中，亦有"吉日兮辰良"的说法。一些古礼随着时间的推移早已不复存在，但是，人们追求吉祥美好的表达方式依然延续下来。如今天的婚嫁习俗依然有"择吉日"的传统。

新石器时代的彩绘鹳鱼石斧图陶缸上有鱼的形状，商代的器皿上有饕餮纹、玄鸟等图腾图案，图腾是作为保护神的某种物象，亦反映了先民追求吉祥的心理。在今天的许多传统节日中，依然沿用龙、凤、麒麟、龟等吉祥图案。这些元素与其说是图画，不如说是一种符号，是先民炽热的社会情感的重要物质载体，它包含着特定情感观念于其中的，是美学家克乃夫·贝尔提出的所谓"有意味的形式"。这种"有意味的形式"，正体现了人们在生产劳动过程中自然形成的趋吉避邪的本能观念和原始愿望。

吉士是对"士德"的赞美

"吉"从"士"，"士"在古代是男子的美称，《诗经》中便以"吉士"表示容颜美好、品质佳善的男子。这种观念亦体现在古代政治生活中，《书经·立政》说："其惟吉士，用劢相我国家。"即以"吉士"赞美志存高远、学识渊博之人，他们往往谋于邦家，为国为民。由此可见，"吉"字所表达的褒义，其背后体现了某种社会道德需求，它

关乎一种高尚人格品质的修养。

最初，士作为贵族阶层而存在，在中国古代各种原始宗教活动如祭祀、占卜等活动中，扮演着重要的角色，在生产力并不发达的社会，自然界，特别是天，被放在极其神圣的位置。祭祀、占卜等原始宗教活动，是沟通人神的方式。这是先民的体现。由此可见，在中国传统观念中，表现出了一种极其强烈的自我认知意识，人被赋予了极高的美学价值。

随着士族的平民化，士德的美学价值被提到了更高的层次，它强调"士"的"终极关怀"，即一种修身养性的自觉要求和甘于为民请命的崇高精神。《论语》中即对士德提出了要求："志于道，据于德，依于仁，游于艺。"意谓君子士人要立志于仁道、道义，立志于人生最高最基本的准则。又说："士志于道，而耻恶衣恶食者，未足与议也。"意谓一个士人如果立志于道，而又以自己穿得差、吃得差为耻辱，那就没有什么可以说的了。"吉士"即一个有高度审美和文化教养的人，这种精神和文化的教养，正是其内在的高尚道德品质的完满体现。

汉字简说 嘉

嘉 嘉
·小篆·

> 饮酒孔嘉，维其令仪。
> ——《诗经·小雅·宾之初筵》

"嘉"，形声字。《说文解字》曰："嘉，美也。"《尔雅》曰："嘉，善也。""嘉"字从"壴"。古文字"壴"是古代一种乐器，是礼乐文明的象征。它也是"喜"的初字，即是依此表达内心的喜悦之情。由此可见，"嘉"是描绘人们愉悦的情绪。清代段玉裁认为此字的本义与古代的嘉政、善政有关，"所以因人心所善者而为之制"，表示一种向善的行为。

西周利簋及其铭文拓片

古人把青铜称作"金"。古以祭祀为吉礼，故将铜铸之祭器如鼎、彝等称为"吉金"，这从某种角度表达了人们对于吉祥、美好愿景的追求。后来，"吉金"变成商周各种钟鼎彝器的统称，清代著录古器之书，多称作"吉金录"。青铜器上的铭文，称作"金文"。

吉金文字往往体现书法艺术之美，笔道遒劲雄美，形态波磔，结构严谨。如周代的利簋、大丰簋等，字体平易古朴，笔画方圆兼备，具有凝练平直之气。如西周利簋，其铭文字体扁长，字迹凝重稳健，并保留有商代铭文字体首尾尖中间粗的特征。这件器物上的文字开创了西周金文书法的先例。

仁,亲也。——《说文解字》

仁义为友
道德为师

  宋代李唐的名画《采薇图》，描绘了伯夷、叔齐二人在首阳山上采薇而食的情景。

  伯夷、叔齐是商代末年孤竹君的两个儿子。伯夷是老大，叔齐是老三。《史记·伯夷列传》记载："伯夷、叔齐，孤竹君之二子也。父欲立叔齐，及父卒，叔齐让伯夷。伯夷曰：'父命也。'遂逃去。叔齐亦不肯立而逃之。"由于伯夷、叔齐二人让贤，国人只好立老二为君，于是，伯夷、叔齐便去周文王姬昌管辖的地方去隐居了。

  周文王去世后，周武王继位，意欲征讨商纣王。伯夷、叔齐便在武王东征的路上叩马而谏："父死不葬，爰及干戈，可谓孝乎？以臣弑君，可谓仁乎？"武王终究没有听从伯夷、叔齐的劝阻，最终平定殷商，建立了周王朝。

  伯夷、叔齐对周武王的征伐之举深以为耻，决心"义不食周粟"，不再吃从周朝土地上收获的粮食，隐居于首阳山上采薇而食，最后饿死于首阳山。

春秋时期，孔子的弟子子贡曾经问孔子："伯夷、叔齐是什么样的人啊？"孔子高度评价了此二人："古之贤人也。"子贡又问："他们有怨悔吗？"孔子说："求仁而得仁，又何怨！"

伯夷是兄，叔齐是弟，父命叔齐为君，叔齐逊让给伯夷，伯夷若违父命而立，则其心将感到不安，故逃而去之。这是伯夷的"孝"。伯夷是兄，兄已逃去，自己作为弟弟，若叔齐自己登位，则叔齐之心亦将感到不安。叔齐因此亦逃而去之，这是叔齐之"悌"。孝悌之心，就是仁心；孝悌之道，就是仁道。伯夷叔齐逃国而去，只求心安，这是求仁的自觉表现，故孔子说他们是求仁而得仁，所以没有什么可以怨悔的。

仁，会意字。

"仁"字从"人"，表示此字与人有关，"仁"字从"二"，《说文解字》徐铉注曰："仁者兼爱，故从二。""仁"字在中国哲学思想史上占有非常重要的地位。

"仁"是人道主义的情怀

在古文字中,"仁"或不从"人"而从"尸",古文字中的"尸",亦象人身之形。不论是从"人"还是从"尸",都说明这个字是与人的生产生活紧密联系在一起的,它充分强调了人的价值。

《中庸》:"仁者,人也。"二字在音韵上相通,在字义上也可互训。古人认为,"仁"存乎日常生活之中的元素,具有"甚于水火"的重要性。水、火是人们日常生活的必需之物。孟子曰:"民非水火不生活。"而"仁",便如同水、火一般,是人们日常生活中不可或缺的,它存在于人性之中。清代学者史襄哉说:"仁义为友,道德为师。"人类社会中的道德修养、行为规范等,莫不是浸润在"仁"的光芒中。

成语"当仁不让",至今依然广为流传。"当仁"即以"仁"为己任,行仁之事,正义固存乎己身,理应勇往直前,不必谦让,不必退缩。这句话典出《论语》"子曰:'当仁,不让于师。'"其中,"师"字有两种说法,或谓"师"指师长。尊师是重要的品德,师长所教导的,便是要你修养仁德,故行仁之事,没有必要怕会超过老师。此解颇有古希腊亚里士多德"吾爱吾师,吾更爱真理"的味道。或谓"师"指众人,意谓自己应该有所担当,不必互相推诿,在众人面前尤当率先做仁义之事。

老子《道德经》中说:"天大,地大,人亦大。"这是强调了人的独立性和重要性。从"仁"的造字,亦可见先民对于"人"的独立意识。这在其他汉字中也可见一斑。"大"字像手足伸张、正面站立的人形。"立"字像人站立于地面的样子。"天"像人站立的样子,上部横画为指事,表示头顶。"人"在自身价值观念中的逐渐独立与放大,逐渐变成了一种以"仁"为己任的担当,体现了一种趋于善、美的价值追求。

"仁"体现天人合一之美

"仁"字从"二"。"二"在中国传统观念中具有特殊的意义。《易》曰:"天一地二。"老子《道德经》曰:"一生二。"《说文解字》说:"二,地之数也。""二"字的两横,在上者表示天,在下者表示地,这个简单的数字,其实体现了先民的宇宙观。

据《说文解字》,"仁"字还有另一种古文写法"忎",此则为形声字,从"心","千"声。由此可见,"仁"字具有关乎人心的内涵。宋代的张载说,读书人的理想之一即"为天地立心"。张载是著名的理学家,所谓"为天地立心",便是用理学家的治学方法架构出儒家"仁"的理念,说明"仁"是人立于天地之间的价值观与审美特质,是为仁心。

《易·系辞下》曰:"有天道焉,有人道焉,有地道焉。"指出了天、地、人三位一体的世界观。《易·系辞上》亦曰:"易与天地准,故能弥纶天地之道。仰以观于天文,俯以察于地理,是故知幽明之故。"则强调了人之于天地之间的特殊作用。"仁"字从"二",亦是表达了人立于天地之间的重要性。

中国文化艺术多源于这种"天人合一"的美学观念。传统诗词讲究情景交融。"采菊东篱下,悠然见南山。""山气日夕佳,飞鸟相与还。"在陶渊明的审美观照中,自己的生命与南山、菊花、夕阳、飞鸟等自然事物融为一体了。"落霞与孤鹜齐飞,秋水共长天一色。"王勃以造化之美照应个人内心之清澈与博大。苏轼的《赤壁赋》,更有"惟江上之清风,与山间之明月,耳得之而为声,目遇之而成色"的豁达。王国维《人间词话》把词的意境分为两种:"有我之境,以我观物,故物我皆著我之色彩。无我之境，以物观物，故不知何者为我，何者为物。"其中对于"我"的主体的认知，以及"我"对于客体的主宰视界，正阐释了"天人合一"的美学境界。

仁是中华民族的精神内核

　　果核的最内部分或其他硬壳中可以吃的部分通常亦称作"仁"。"仁"字固有内核、核心之义。在中华文明千年传承的历史上，儒家所强调的"仁"，一直是思想的主流，儒家之"仁"也逐渐成为中华民族最重要的精神内核之一。

　　仁，在孔子思想中的含义很广。它是一种人格的修养，是君子人格的灵魂所在。在儒家思想中，"仁"亦应是人生、社会、政治的最高准则。

　　孔子关于"仁"最重要的解释即是"仁者爱人"。古代"人"字有广狭两义：广义的"人"指一切人群，狭义的"人"只指士大夫以上各阶层的人。无论如何，"爱人"都是要求君子要有仁爱之心。"仁"是人与人之间的真情厚意，"爱人"原是氏族社会人与人之间的友爱关系在文明时代人们心理上的遗存，富有人道精神。在孔子看来，人人有了"仁"的品德修养，人人"爱人"，社会就会和谐、稳定，达到太平。孔子提出"爱人"，就是要恢复被文明社会所戕害的人类原有的美好本性，以维系现实社会秩序的稳定。由此"仁"的品德转化为处理人与人之间关系的总原则。

　　孔子关于"仁"的基本主张，对后世国人人格的建构发生了重要影响，像"己欲立而立人，己欲达而达人"与"己所不欲，勿施于人"等句子及其内涵的思想，已经融进中华民族的血脉之中，至于"推己及人"的思想，也成为民族的一种传统美德而发扬了下来。

汉字简说

慈

·小篆·

慈

慈母手中线，游子身上衣。

——唐·孟郊《游子吟》

"慈"字从心兹声，《说文解字》曰："慈，爱也。"《精蕴》解释说："父母之爱子也。""仁""慈"往往合而言之，均有爱人之义。后来，"慈"字有慈母之义，它更具有母性的阴柔、和善之爱的美学特质。

美学散步 | 建筑风

广州能仁寺

广州最美的寺院大概就是大隐于白云山中的能仁寺了。它始建于清道光四年,当时仅有"茅屋数椽",随后陆续增建,成为白云山规模最大的佛教寺院。能仁寺在民国时期毁于战乱,1993年广州市政府参照旧制重建。

能仁寺自上而下有慈云殿、甘露泉、大雄宝殿、虎跑泉、六祖殿、玉虹池、石桥、牌坊等建筑或古迹,它们与其他景点一起,构成了一幅绚丽多彩的图画。寺院中的古迹有山门外由抗法名将黑旗军领袖刘永福一笔书写的"虎"字摩崖石刻。寺门后的石桥,题有"流云漂月"四字,传为昔日之"虹桥"。佛殿侧之虎跑泉仍在,观音殿后现保留甘露井。

能仁寺之美,不仅在于景色,而且在于它所传达的精神。"能仁"一词是佛教术语,指释迦牟尼。佛典曰:"能仁者,能以仁慈一切众生。"即为有能力与仁义,并能仁慈对待他人的智者。除了广州,在江西、浙江、四川等地都有以"能仁"为名的寺庙。

和，相应也。——《说文解字》

松籁万声和管磬

2008年北京奥运会的开幕式表演,以恢宏的大手笔、新奇的想象力和高科技创新形式,为人们奉献了一场视听盛宴。表演中有一幕场景——《文字》:70多米长的画卷上,出现了巨幅竹简,向世人呈现中国古代最早的书籍形式。千人群舞,使巨幅画卷中间魔幻般地出现了立体的活字印刷板。方块汉字凹凸起伏不断地变化,如水波涌动,此消彼长,为我们呈现中国汉字的演化过程。首先,活字印刷版中间出现了金文字形的"和"字,接着,出现了小篆字形的"和"字。接着,我们看到了现代字体的"和"字。中央电视台的解说词道:"一个'和'字,荏苒千年,发展变化,表达了孔子的人文理念'和为贵',彰显出中华民族的和谐观,历史悠久,传统优良!"

和,形声字。

"和"从口,禾声。《说文解字》解释"和"字曰:"相应也。"意谓声音相应,取和谐、协调之义。

"和"是一种音乐美

"和"字从"口",意谓此字的本义与人嘴的发声有关,这反映出了"和"字的音韵特色。《尚书》曰:"诗言志,歌永言,声依永,律和声,八音克谐,无相夺伦,神人以和。"意谓人们追求音律的和谐之声,这大概是古人最早对于"和"的论述。

"和"字的另一种写法作"龢",从"龠",龠是古代一种像编管之形的管乐器,类似于今天的排箫。《说文解字》解释"龢,调也。"意谓它表示乐曲的音调。这些都说明,"和"字的本义与音乐有关。《老子》曰:"音声相和。"《国语·周语下》:"乐从和。"中国传统的音乐观念,往往讲究五音调和而成乐。

中国音乐中有五音——宫、商、角、徵、羽。《吕氏春秋》曰:"和五声。"五音的音阶有高下,表现出来的声音特质亦不相同,它们必须互相配合、彼此互补,才能演奏出完整的音乐,故曰"五音相和"。中国传统哲学为五音赋予了五行的属性,角音属木、徵音属火、宫音属土、商音属金、羽音属水。五行学说体现了古人对于天地宇宙运行规律的理解,表达了一种和谐之美。《广雅》曰:"和,谐也。"五行相生相克,正合音乐中各音阶互相应和的美感。

"和"字读去声,作动词用,表示唱和以使之声音相协。《易·中孚卦》:"鸣鹤在阴,其子和之。"《诗经·郑风·萚兮》:"倡予和女。"这种音声的呼应,是人的内心情感与外界事物的一种激荡与认同。随着诗词艺术的发展,历史留下了许多文人之间互相唱和的篇章,如联句,即每人各出一句,相联而成,汉代的《柏梁台诗》被认为是最早的联句诗。又如同题作品,即人们以同样的题目作诗、作赋,多以咏物为主。如诗歌的赓和，即写出新诗篇以附和朋友的原作，其中对诗歌的用韵颇为讲究，有次韵、依韵、用韵等方式，在音韵特点上也有承续之意。

"和"是一种饮食享受

"和"字右部为"禾"，本是表声之用，但是字中亦体现了一定的文化意味。"禾"字象垂穗的禾本科农作物之形，是中国传统农耕文明的象征。成熟的农耕文明社会带给了中国与传统独特的饮食审美体验，饮食之和也成了中国传统思想史中的重要命题。

古代的"五味"之说，即酸、甘、苦、辛、咸。在传统的观念中，五味亦合于五行，入人体之五脏。酸入肝，苦入心，甘入脾，辛入肺，咸入肾，五味的变化跟着五脏运转，与人类的身体互相感应。有些食

物味道寡淡，有些食物口感浓郁，有些食料大，有些食料小，它们的特质各有不同，它们在厨火之间实现调和，创造佳肴。清代的袁枚说："一物有一物之味，不可混而同之。犹如圣人设教，因才乐育，不拘一律。……各成一味。"这种审美心理，即受五味调和观念的影响。

春秋时期，晏婴曾向齐景公谈论"和"，便举了一个烹调的例子："和如羹焉，水、火、醯、醢、盐、梅，以烹鱼肉，燀执以薪，宰夫和之以味。""同"则不然，它与"和"的区别，钱穆在《论语新解》中作了一个极妙的譬喻："和如五味调和成食，五声调和成乐，声味不同，而能相调和，同如以水济水，以火济火，所嗜好同，则必互争。"儒家讲究"和而不同"的政治理想，亦是这些观念的一种提炼。

社会和谐是大美

在轴心时代的东方，老子、孔子、墨子、孟子等哲人都把"和"从自然法则推展成社会法则。《国语·郑语》曰："夫和实生物，同则不继。"《老子》："和其光，同其尘。"《吕氏春秋·慎行论》："圣人为能和。和，乐之本也。"这些观念，莫不把人与人的关系、人与国家的关系、人与自然的关系和国家与国家的关系，归宿到对于"和"的理解上。"和"是天地的法则，也是做人的准则，这种理想境界突显了民族精神和现代意识。

《论语》中说："礼之用，和为贵。先王之道，斯为美。"意谓礼的运用，贵在能"和"，过去圣明君王治理国家，其美好之处正在于此。杨树达《论语疏证》解释说："事之中节者皆谓之和。"由此可见，"和"为儒家的政治、社会理想提供了一个范本，乃至一种审美价

值标准。

"和为贵"的精神体现了儒家的中庸之道。"和"的状态，即是要求使矛盾的双方处在和谐的统一中，每一方都不片面地突出而压制另一方，双方的发展都应有其适当的限度而不破坏统一。这种对和谐的理解与追求，创造了一种"美"的人文精神。孔子要求美和艺术中处处都应当把各种对立的因素、成分和谐地统一起来，不要片面地强调某一方面而否定另一方面，对立因素的统一，每一因素发展的适度，这就是孔子作为美学批评尺度的"和"的基本要求。所以，儒家认为"过"与"不及"都有审美上的缺陷，主张"文质彬彬""乐而不淫"之美，这包含了中国传统观念中对人的尊严和生命的肯定。

今天，我们处在利益矛盾突显、思想多元的时代，如何促进人的身心和谐、人与人之间的和谐、人与自然的和谐，成为一个重要的命题。和为美、和为贵的传统思想依然能够给我们带来启发。

汉字简说 　信

·小篆·

> 人而无信，不知其可也。大车无輗，小车无軏，其何以行之哉？
> ——《论语·为政》

"信"是会意字。《说文解字》说："信，诚也。""信"从"人"，意谓诚信是做人之根本，孔子有言："人无信不立。"《国语·晋语》曰："定身以行事谓之信""信"又从"言"，清代段玉裁解释说："人言则无不信者。"《贾子道术》曰："期果言当谓之信。"意谓人不可信口开河，须言而有信，说出来的话应该用行动去兑现。古文的"信"或写作"訫"，从"心"，由此可见，诚信是君子修养之道，体现了一种心灵之美。

美学散步 | 建筑风

北京故宫的太和殿

北京故宫的"太和殿",为紫禁城内规模最庞大,也是等级最高、体量最大的建筑。"太和"之名,本指天地阴阳会合时的冲和之气,《汉书》曰:"是以六合之内,莫不同原共流,沐浴玄德,禀仰太和……"后来,"太和"也指太平盛世。此殿的用途亦秉承了"太和"二字的文化内涵。太和殿是古代用来举行各种重大典礼的场所,清代皇帝每年元旦、冬至、万寿三大节,均在此殿受贺,清朝初年,此殿还曾用于举行新进士的殿试。

太和殿上承重檐庑殿顶,下坐三层汉白玉台阶,采用金龙和玺彩画,屋顶仙人走兽多达10余件,开间11间,均采用最高形制。太和殿匾额"建极绥猷"匾,为乾隆皇帝的御笔,极具雍容华贵、庄严肃穆之美。

太和殿是中国现存最大的木结构大殿。除了太和殿,北京故宫还有"中和殿""保和殿"等以"和"为名的大殿。

孝，善事父母者。——《说文解字》

妻贤夫祸少
子孝父心宽

古人云:"羊有跪乳之恩,鸦有反哺之义。"

《公羊传·庄公二十四年》注曰:"羔取其执之不鸣,杀之不号,乳必跪而受之,类死义知礼者也。"意谓羊被宰杀时不鸣不号,似乎很有献身精神;羊羔吃奶的时候,跪在母羊身边,似是个有孝心的后辈,颇懂得感恩。杜甫有诗大赞羊羔"有礼太古前",因为它像极了一个死义知礼的君子。其实,羊羔跪乳是由羊体内的遗传物质控制的先天性行为,但是它被用来与人类作类比,成为一种象征。

据记载,"反哺"是乌鸦的习性。乌鸦辛勤地将雏鸟养大。当乌鸦年老,不能捕食时,老乌鸦的子女会外出衔食,给父母喂食,直至老乌鸦自然死亡。南朝梁代诗人刘孝威有一首古诗,专讲乌鸦反哺的故事:"城上乌,一年生九雏。枝轻巢本狭,风多叶早枯。氄毛不自暖,张翼强相呼。"

《本草纲目》中这样描述乌鸦:"此鸟出生,母哺六十日,长者反哺六十日，可谓慈孝矣。"古人把乌鸦反哺的行为比作子女孝敬父母，称乌鸦为"孝鸟"。

孝，形声字。

"孝"，《说文解字》解释道："善事父母者。从老省，从子。子承老也。"《墨子》："孝利亲也。"《贾子道术》："子爱利亲谓之孝。"《周书·谥法》："慈惠爱亲为孝。协时肇享为孝、五宗安之曰孝，秉德不回曰孝。""孝"的本义即是尽心奉养和服从父母。《增广贤文》写道："妻贤夫祸少，子孝父心宽。"

孝敬源于尊老敬老的精神

"孝"字从"老"字省。"老"是一个会意字，象一个须发长而白的人，手持拐杖，表示老者。在中国传统社会模式中，宗亲制度是维系基础群落的重要内容，而长者、老者则往往拥有宗主、家长的地位，参与乡党中的祭祀，主持族群中的重要活动。古礼中，乡人饮酒之蜡祭，即是以敬老为目的的。行饮酒礼时，"杖者出，斯出矣"，仗者，即指手持手杖的老者，恭顺地侍奉老者，老者未出，己不敢先，老者既出，己不敢后。

《礼·祭义》云："夫孝子之事其亲，视于无形，听于无声，致爱则存。"古人认为能在无形无声中体会到长辈之意才是孝。子女做到了赡养长辈、老者的责任，便是孝吗？这还不行。即使是饲养犬、马，也要给它吃饱。所以，仅仅养活父母、老人，而没有至亲之情、敬爱之心，是不行的。对此，孔子指出："不敬，何以别乎？"若不从心底深处敬爱自己的长辈，又和养犬、养马有何区别呢！儒家于"孝"，提出

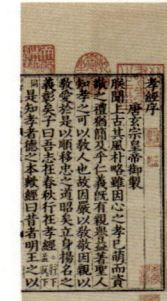

了一个"敬"字。

古代有许多描写老年、老者的文学作品,李白有"白发三千丈",杜甫有"人生七十古来稀",贺知章有"乡音无改鬓毛衰",韦庄有"老去不知花有态",对于老态的描绘,往往流露出人们对于时光易逝、人生苦短的感慨。敬重老年人的行为也是由这种体悟中生出,要求"老者安之"的社会状态,即是让老年人都有好的安顿。"安之",当然包括物质生活和精神生活,亦即在物质生活上使老年人得到良好的赡养,没有衣食之忧;在精神生活上使老年人安定快乐,没有烦心之事。

孟子曰:"老吾老以及人之老。"意谓,在赡养孝敬自己的长辈时,也要学会尊敬其他与自己没有亲缘关系的老人。中国人的敬老精神,即在这种推己及人、推亲及疏,由家庭推及社会的价值传递中,成为中国传统精神特质之一。

孝老是一种美德的传承

"孝"字从"子",体现了中国传统价值观对为人子女者的道德规范。"孝"音通效,或有长辈率先垂范、上行下效之意。文字中的"老"和"子"上下紧密相连,融合在一体,则似是一个历史的见证,讲述了孝道美德在中国传统文化中的不断传承。

古代重视"孝"的教育,如标榜"二十四孝",它是由历代二十四个孝子从不同角度、不同环境、不同遭遇行孝的故事集合,如"董永卖身,天赐良缘""黄香扇枕温衾""孟宗哭竹生笋"等故事都广为流传。湖北省孝感市是中国孝文化之乡。传说,"孝感"这个名字,便源自董永的故事。汉代有一位青年人名叫董永,他家里很贫穷,父亲死后

没有钱入葬，就变卖自身借钱安葬父亲。董永在去财主家做工抵债的途中，在槐荫遇到了一位仙女，她自言无家可归，两人结为夫妇。他们夫妇一同到了财主家。仙女以一月时间织成三百匹锦缎，为董永抵债赎身。在回家的路上，夫妇二人行至槐荫，女子告诉董永：自己是天帝之女，奉命帮助董永还债。言毕凌空而去。因此，"槐荫"后来便被称为"孝感"，意谓因孝行而感动上天。

"二十四孝"的主题还出现在不少浮雕建筑、名家书画中，如清代王素绘有《二十四孝图册》、国画大师陈少梅有《二十四孝图》。传统黄梅戏《天仙配》也演绎了孝子董永的故事。这些文化艺术，对培养中国人孝顺父母、养亲必敬的优秀道德品质外，对民间艺术的审美趣味也产生了很大的影响。

当然，"二十四孝"是一个历史的产物，在古代社会教化中或许有其积极作用，但是"二十四孝"中故事也有不少伦理观、价值观，如"郭巨埋儿""卧冰求鲤"等故事，并不适应当今的时代，不值得去放大宣传、强调。鲁迅先生就曾经写文章批判过它，"实在很觉得傻气"。

现在，随着对"孝"文化的深入理解，人们对"孝"文化有了更多的传承。2012年，全国妇联老龄工作协调办等发布了新版的"二十四孝"，其中有不少新鲜的行动标准，如"节假日尽量与父母共度""亲自给父母做饭""教父母学会上网""经常为父母拍照"等提法，可谓今天人们对"孝"文化的传承和创新。

移孝作忠、移孝为仁，构建了中国传统社会秩序

孝以儒家思想为基础的中国传统社会秩序，是通过"移孝"的方式建立起来的。儒家常常通过孝来导达人类的仁心，移孝作忠、移孝为仁成了一种积极的价值取向，即把孝顺父母之心转为效忠君主，乃至泛爱众人。子曰："弟子入则孝，出则悌，谨而信，泛爱众而亲仁，行有余力则以学文。"孔子是从"出"和"入"两方面讲对弟子的要求。孔子强调弟子"入"在家时，要讲"孝"，"出"在外时，则要讲"悌"，从家庭之爱出发，乃至于对朋友、对社会、对一般人都能够友爱，扩而充之爱国家、爱天下。

《国语·周语》："孝，文之本也。"《左传·文公二年》："孝，礼之始也。"历来，孝被看作是中华礼乐文明的基础。汉武帝以来，独尊儒术，儒家思想逐渐变成中国政治理念中的主流。汉代选拔官吏的方式中即有"举孝廉"，孝治也成了为政之道。

儒家的"十三经"中有《孝经》。什么是"经"呢？"经"的本义，是古代织布时用梭穿织的竖纱，是编织物的纵线。也就是说，"经"的一种贯穿始终的标准，具有核心的地位。将遵循孝道的精神推到"经"的地位，并以《孝经》这部典籍确定下来，无疑说明了孝在中国传统社会秩序中的重要价值。

《孝经》以孝为中心，比较集中地阐述了儒家的伦理思想。儒家指出，"孝"是上天所定的规范，"夫孝，天之经也，地之义也，人之行也。"它认为孝是诸德之本，认为"人之行，莫大于孝"。《孝经》在长期以来被看作是孔子述作，对传播和维护中国传统社会秩序起了很大的作用。

汉字简说 爱

·小篆·

停车坐爱枫林晚，霜叶红于二月花。

——唐·杜牧《山行》

"爱"是形声字，《尔雅》："惠，爱也。"《说苑·说丛》："爱施者，仁之端也。""爱"即是亲爱、喜爱的意思。根据"爱"字的古文字字形，《说文解字》解释作"行兒"，表示行走的状态。"爱"字从"夊"，"夊"象人的腿部被趿拉着的样子，表示行走时迟迟曳曳的样子。

诗经·凯风

凯风自南，吹彼棘心。棘心夭夭，母氏劬劳。

凯风自南，吹彼棘薪。母氏圣善，我无令人。

爰有寒泉，在浚之下。有子七人，母氏劳苦。

睍睆黄鸟，载好其音。有子七人，莫慰母心。

《毛诗序》说："《凯风》，美孝子也。"意谓这是一篇赞美孝子的歌诗。

开篇比兴，"凯风自南，吹彼棘心"，描写南风吹动荆棘木心的样子。这温柔的风长养万物，就像母亲；棘木之心稚弱难长，就像初生的孩子。母亲抚养孩子是多么辛劳！这平实的语言传达出了孝子婉曲心意。接着，诗中又以寒泉、黄鸟作比兴，反复咏叹，说寒泉能够滋益万物，说黄鸟之声清和宛转，以此反衬母亲如此辛劳，而自己兄弟七人不能安慰母亲的心。

全诗反复叠唱，道不尽孝子对母亲的深情。清代刘沅在《诗经恒解》中评价这首诗："悱恻哀鸣，如闻其声，如见其人。"

知（智），词也。——《说文解字》

智足以周知
仁足以自爱

在《水浒传》梁山一百〇八将中，有一位军师叫吴用，人称"智多星"。他生得眉清目秀，面白须长，而且满腹经纶，足智多谋。

当年，吴用进京赶考，文章被主考官看中，意欲点为状元。朝中奸臣蔡京见吴用既不来蔡府参拜，更不厚礼奉上，心中不满，于是，在定状元之时上朝奏道："吴用文章虽好，但名字不吉利，如果真点他'无用'为状元，岂不有损大宋形象？"皇上认为言之有理，于是对吴用不再录用。后来，吴用断绝了考取功名的念头，遍学六韬三略，与"托塔天王"晁盖结为莫逆之交。

吴用曾与晁盖等英雄"智取生辰纲"，打击蔡京、梁中书等奸恶势力。在梁山泊，吴用每每神机妙算，料事如神，用计谋破祝家庄和曾头市，攻取大名府等。后来，他又用智慧帮助宋江在破辽、平田虎、平王庆、征方腊等战争中取得胜利。《水浒传》的作者施耐庵在文中用一阕《临江仙》称赞吴用："万卷经书曾读过，平生机巧心灵，六韬三略究来精。胸中藏战将，腹内隐雄兵。谋略敢欺诸葛亮，陈平岂敌才能。略施小计鬼神惊。字称吴学究，人号智多星！"

智，会意兼形声字。

在先秦许多文献中，表示智慧之智多用"知"字。如《论语·里仁》："择不处仁，焉得知？"《列子·汤问》："汝多知乎？"其中的"知"字读去声，作名词，表示聪明、智力。"智"是"知"的后起字。今天"智"和"知"的区别在于，"智"表示智慧、明智之道，而"知"更偏重于知识、知晓之义。

智慧以博学多闻为基

"智"从"知"，《说文解字》解释道："知，词也。"《玉篇》曰："知，识也。""知"字的左部是"矢"，表示锋锐的箭矢，右部是"口"，表示说话的嘴。清代段玉裁解释此字的意思是"识敏，故出于口者疾如矢也"，意谓认识、知道的事物多，而且反应敏捷，对于所知之事可以像箭矢一样脱口而出。苏轼在《贺欧阳少师致仕启》中写道："智足以周知，仁足以自爱。"意思是说：知识丰厚，智慧充足就可以懂得许多事物；仁爱修养到家，仁爱充足就可以使自己尊重自己。

春秋时期的孔子被认为是一位有智慧的人，诸侯有问题常会去向他请教。《史记》中记载："季桓子穿井得土缶，中若羊，问仲尼云'得狗'。仲尼曰：'以丘所闻，羊也。丘闻之，木石之怪夔、罔阆，水之怪龙、罔象，土之怪坟羊。'"又载："吴伐越，堕会稽，得骨节专车。吴使使问仲尼：'骨何者最大？'仲尼曰：'禹致群神于会稽山，防风氏后至，禹杀而戮之，其节专车，此为大矣。'吴客曰：'谁为神？'仲尼曰：'山川之神足以纲纪天下，其守为神，社稷为公侯，皆属于王者。'客曰：'防风何守？'仲尼曰：'汪罔氏之君守封、禺之山，为厘姓。在虞、夏、商为汪罔，于周为长翟，今谓之大人。'客曰：'人长几何？'仲尼曰：'僬侥氏三尺，短之至也。长者不过十之，数之极也。'于是吴客曰：'善哉圣人！'"孔夫子见多识广，对别人不知道的事物、历史、掌故等，都能一一解答。

孔子并不认为自己是"生而知之者"（《论语·述而》），只不过他从小好学，故能博学多识，因而得到人们的尊重。"智"字拆开来是"日"和"知"，我们不妨简单地理解为通过每天不断地学习，日积月累，便会获得智慧，成为智者。知识不仅存在于书本上，亦存在于生活中，"纸上得来终觉浅，绝知此事要躬行。"博学多闻，也要通过亲身实践，使知识化为己用，有智慧而不困惑。

人类的求知欲是社会文明进步的巨大动力之一。自古以来，人们都崇拜博学多闻的人，把认识、知道视为是有智慧的重要表现。在中国文学史、艺术史上出现了许多博物、猎奇题材的作品，先秦古籍《山海经》就记载了大量的上古神话、地理、物产等内容，描述了一百多个邦国以及各地的山水地理、风土物产等。东汉时，广东的杨孚创作了《异物志》，记叙了岭南大量的陆产、水产，成为今天岭南植物学、动物学和矿物学研究的第一手材料。五代画家黄筌的《写生珍禽图》，用细密的线条和浓丽的色彩描绘了龟、蝉、麻雀、鸠等20多种动物，展示了大自然中的众多生灵。明代的李时珍编《本草纲目》，收载药物近两千种，附图一千多幅，并载附方一万余方，堪称是中国医学的百科全书。这些文明成果，都体现出中华民族热爱学习、尊重知识的传统美德。

心觉之美

智足以周知
仁足以自爱

智慧表现为心思灵巧

《韩非子·显学》:"智,性也。"《淮南子·俶真》:"智者,心之府也。"智慧往往与人的内心活动联系在一起,实则展示了人类思维的技巧灵活之美。

在四川成都武侯祠中,有许多赞美诸葛亮聪明智慧的对联:"伯仲之间见伊吕;指挥若定失萧曹。"这是将他与商代的伊尹、周朝的吕尚、汉代的谋士萧何、曹参作比。又,"能攻心则反侧自消,从古知兵非好战;不审势即宽严皆误,后来治蜀要深思。"上联谓诸葛亮善于攻心之计,不战而屈人之兵;下联谓诸葛亮在治理国家时宽严有度,是一位有智慧的政治家。在民间说唱艺术中,三国题材中的著名人物诸葛亮,往往被刻画成一个神机妙算、智谋纵横的人。巧借东风、火烧赤壁、巧取四郡、奇袭荆州、六出祁山、七擒孟获……在许多三国故事中,都展现了诸葛亮过人的智慧。

在古希腊,"智者"(Sophists)是一种职业。如普罗泰戈拉、高尔吉亚、希庇阿、克里底亚等人,他们都善于运用逻辑思考,巧于辩论,都是社会上有名的自然科学家、诗人、音乐家乃至政治家。他们拥有独立的思想意识,反对传统思想和宗教神话的束缚,热衷于语言、逻辑的说服力,在各派的互相诘难中形成了非常严密的逻辑思维,成为西方哲学的理论基础。在中国的春秋时期,"名家"的智慧与之有相似之处。如公孙龙辩"坚白""白马非马"等论调,惠施与庄子辩"子非鱼"的命题,都可谓是中国的逻辑学的先声。可惜,东、西方这两类"智者"都因缺乏社会价值引导的功用,而最终为历史所淘汰。然而,东、西方古代这种崇尚智慧、乐于运用智慧的积极精神传承下来,点亮了世界文明的智慧之光。

智慧的最高境界是有圆融通达之美

"智"字从"日",即表示如太阳一样富有光明。《法言·修身》曰:"智,烛也。"智慧就像富有光明一样,可以照亮自己的内心,使自己智慧通达。这种说法在佛教文化中也有体现。太阳、光芒是佛教艺术作品中常见的意象,佛教认为释迦牟尼的智慧有大庄严、大光明的美好境界。

真正的智慧是一种通达的大智慧。老子《道德经》:"大智若愚,大巧若拙,大音希声。"《论语》曰:"君子不可小知,而可大受也。"《庄子》中有这么一个故事:"魏王贻我大瓠之种,我树之成而实五石,以盛水浆,其坚不能自举也。剖之以为瓢,则瓠落无所容。"后人常用"瓠落"指大而无用。其实,在无用与大用之间,正展现出一种豁达超然的大智慧。

不同的智慧带来不一样的美学体验。当代著名哲学家冯友兰先生在《贞元六书》中,根据人们对于宇宙人生的"觉解",即理解、觉悟之不同,把人生智慧的境界分为四种:自然境界、功利境界、道德境界、天地境界。人拥有不同的智慧,将拥有不同的境界,亦当领略不一样的人生风景。站在高山上大海旁与站在小土丘上小沟旁,会看到大不相同的自然风光。使自己站得越来越高,是人之为人的根本特征之一,也是人类之发展进步的重要心理动力。这体现了孔子"登东山而小鲁,登泰山而小天下"所蕴含的哲学底蕴,展示了杜甫"会当凌绝顶,一览众山小"的精神追求。

汉字简说　　慎

·小篆·　　　　　　　　慎

怨不在大，可畏惟人。载舟覆舟，所宜深慎。
——唐·魏徵《谏太宗十思疏》

"慎"字从心，真声。《说文解字》："慎，谨也。"于"谨"字亦说："慎也。"二字转注，字义相通。"谨慎"二字亦往往合而言之，表示小心慎重。《尔雅》："慎，诚也。"《国语·周语》："慎，德之守也。"由于谨慎的心理活动往往伴随着人的恭敬、谦卑的情感态度，故而亦被赋予一定的道德高度。

美学散步 | 文学角

八阵图

唐·杜甫

功盖三分国,名成八阵图。
江流石不转,遗恨失吞吴。

唐代著名诗人杜甫的《八阵图》,赞颂诸葛亮的聪明智慧。

传说,诸葛亮精通易学,他在练兵时创设了一种阵法——"八卦阵",御敌时变化万端,可当十万精兵。后来,刘备兵败,吴国大将陆逊率兵追到江边,看到几堆乱石,便率军进入,可不料刚进入就飞沙走石,狂风大作,急忙退兵,却找不到归路。直到一位神仙老者出现,才将陆逊带出险地。

诸葛亮的八卦阵只是一种传说而已。杜甫诗中,对诸葛亮联吴抗曹的策略落空,统一中国的大业中途夭折而感到惋惜、遗憾。这首怀古绝句,语言生动形象,抒情色彩浓郁。诗人把怀古和述怀融为一体,给人一种此恨绵绵、余意不尽的意韵。

止戈为武。——《说文解字》

贫贱不能移
威武不能屈

1997年，以"屠式唱腔"独树一帜的华语歌手屠洪刚唱响了一首《中国功夫》，传唱中国大江南北："卧似一张弓，站似一棵松，不动不摇坐如钟，走路一阵风。南拳和北腿，少林武当功，太极八卦连环掌，中华有神功。棍扫一大片，枪挑一条线，身轻好似云中燕，豪气冲云天！外练筋骨皮，内练一口气，刚柔并济不低头，我们心中有天地！"

这首歌展示了中华武术的魅力。中华武术注重强身健体，故有站如松、坐如钟、行如风的说法。古代因有地域风格的差异，所以有南拳、北腿之分，南派武术大抵注重拳法，阔幅沉马、迅疾紧凑；北派武术大抵注重腿功，蹿纵跳跃，大开大合。少林、武当是中华武术中体系最庞大的两大门派。相传达摩祖师在少林寺面壁修炼十年，言传身教创造了少林武功。元末明初武当派道士张三丰将《易经》和《道德经》的精髓与武术巧妙融为一体，被尊为武当武术的开山祖师。中华武术文化不仅讲究外在的搏击技术，而且注重内在的人格修养，通过武术修身养性、善化人性，培养"武德"。中华武术之中蕴含了深厚的人文文化内涵。

武，会意字。

古文字中的"武"，从"止"，从"戈"。"止"象人脚趾之形，"戈"象古代作战所用的兵戈之形。"武"字象人持戈而行进的样子，表示将要动武、举行战争。所以，"武"字的本义与干戈军旅之事有关。

勇武展现了民间信仰之美

"武"字往往与金属联系在一起。"武"字从"戈"，戈是古代一种装有长柄的横刃兵器，通常用青铜、铁等金属制成。《礼记》的疏文中，汉代经师便从五行学说的角度解释了"武"："金属西方，可以为兵刃，故为武。"在以冷兵器战争为主的古代，战争等军事活动是一件关乎邦国命运的大事，政治地位提升了它的审美价值。

《玉篇》解释"武"字曰："健也。"这便是中国古代军事艺术带来的一种审美体验。《诗经·郑风·羔裘》描写男子之美："孔武有力。"《楚辞·九歌·国殇》中赞美楚国士兵："诚既勇兮又以武。"人们乐于欣赏通过武力所反映出的人类的力量之美、健康之美。

在元代以前，民间把祭祀姜太公吕望的庙宇称为"武庙"。相传姜子牙辅佐武王讨伐商纣王，建立了周朝，是一位在历史上影响久远的韬略家、军事家与政治家。明清以后，关羽崇拜文化在民间兴盛起来，故人们也将祀奉关羽的庙称为"武庙"。民国初年，也有将合祀关羽、岳飞的庙宇称为"武庙"。民间对于关羽等英雄的崇拜，体现了对勇敢、力量、正义的向往和追求。

三国故事中的关羽忠于汉室，他追随刘备，在多次战役中屡建奇功，曾水淹七军、擒于禁、斩庞德，威震华夏，被奉为"五虎上将"之首。民间尊称关羽为"关公"，历代朝廷多有褒封，清代奉为"忠义神武灵佑仁勇威显关圣大帝"，崇为"武圣"，与"文圣"孔子齐名。北宋末年，国势衰微，金国入侵中原，岳飞投军抗金，挥师北伐。"岳家军"进行了大小数百次战斗，所向披靡，收复大量失地。宋高宗赵构和秦桧却一意求和，以十二道"金字牌"下令退兵，岳飞在孤立无援之下被迫班师，并被诬陷而杀害。后人怀念岳飞的忠义勇武，"说岳"题材的评书、戏曲等广为流传。明朝，岳飞被列为历代三十七名臣之一，其庙名"精忠之庙"，后又被加封为"三界靖魔大帝"。可见，人们对于"武"的理解，往往与忠义、勇敢等传统美德联系在一起。

善武是不战而胜

"武"字由"止""戈"二字组成，《说文解字》引《左传》曰："楚庄王曰：'夫武，定功戢兵。故止戈为武。'"楚庄王根据"武"字的字形，提出"止戈为武"的著名论点，意谓能够停止战争、安定百姓、稳定社会，这就是"武"的最高境界。

"止戈为武"的说法背后是宣扬一种武德。《左传》曰："夫武，禁暴、戢兵、保大、定功、安民、和众、丰财者也。"古人将此称之为"武之七德"。禁暴，即制止暴力行为；戢兵，即防止战争兵乱；保大，即保障国家强大；定功，即巩固胜利；安民，即使民众生活安定；和众，即使社会团结和谐；丰财，即促进劳动生

产力。这是"武"的七种德行，可以说，它已超越了武力、战争之义，而指向了一种追求社会和平、国家安定的反战精神。

儒家推崇"文武之道"，其中的"武"，指周武王。周武王推翻了残暴的商纣统治，建立了周王朝，使天下摆脱了生灵涂炭、民不聊生的境地。《史记·周本纪》记载，周武王建国之后，兴灭国，继绝世，为黄帝、尧、舜、禹、夏、商等旧王朝的后代分封诸侯国，又"命召公释箕子之囚。命毕公释百姓之囚，表商容之闾。命南宫括散鹿台之财，发钜桥之粟，以振贫弱萌隶。命南宫括、史佚展九鼎保玉。命闳夭封比干之墓。"他断绝了纣王之前的所有暴虐，为遭难的贤达之人平反，恢复了社会的正常秩序，怀仁而治，天下民心归附。周武王以"武"为谥号，因为他的政治贡献，正合于"止戈为武"内涵。

武侠有一种为国为民的情怀

"武""侠"往往合而言之。早在春秋时期，贵族中的士阶层便有所分化，即所谓"文者为儒，武者为侠"。后来，武侠往往指具有高超武艺，能除暴安良、为民解忧、伸张正义的英雄，武侠精神则逐渐成为华人特有的一种流行文化，展现了一种正义、阳刚之美。

《韩非子》中认为："侠以武犯禁。"《荀子》中认为："立气齐，作威福，结私交，以立强于世者，谓之游侠。"均对当时的侠者持否定态度，其中最主要的原因，即侠者过分勇武，容易带来社会秩序的不稳定。汉代司马迁在《史记》中专立《游侠列传》，记述了朱家、剧孟、郭解等侠士的实际，赞扬了他们"其言必信，其行必果，已诺必诚，不爱其躯，赴士之厄困"等高贵品德，为宣扬武侠精神的首次发声。汉魏时的乐府亦有《游侠篇》《白马篇》《侠客行》等歌诗，赞颂少年英雄"捐躯赴国难，视死忽如归"的故事。

自古以来，许多史籍、志怪、话本、戏曲等都有讲述侠义英雄的故事，其中以明清时的侠义公案文学最为著名。如《水浒传》讲述宋江等一百〇八位好汉梁山聚义、替天行道的故事。《三侠五义》讲包公执掌开封府，在众位侠义之士的帮助下除暴安良、行侠仗义的故事。其他著名侠义公案小说还有《包龙图公案》《海刚峰公案》《儿女英雄传》等。民国以后，随着小说、影视、戏曲等艺术形式的发展，不少侠义公案文学还被改编成了评书、评话、弹词等，广为传唱。

20世纪以来，梁羽生、金庸、古龙等人创作的新派武侠小说，在情节安排等方面抛弃了封建思想，更体现对现实世界的人文关怀，表现出了侠骨柔情的精神内涵，令武侠小说风靡一时。如金庸的《射雕英雄传》，在宋金元易代、武林争霸、英雄纵横的宏伟叙事背景之下，刻画了郭靖、黄蓉等为国家与民族出生入死的侠义之士，为人们传递了武侠精神的深刻内涵："侠之大者，为国为民。"

汉字简说 威

·小篆·

富贵不能淫，贫贱不能移，威武不能屈，此之谓大丈夫。

——《孟子》

"威"，会意字，从女从戌。《吕氏春秋·荡兵》："威也者，力也。""戌"象古代的兵器之形，说明此字的本义或与军事有关。又，《说文解字》解释"威"曰："姑也。"《释名·释言语》："威者，畏也，可畏惧也。"古代已嫁的妇女称自己丈夫的母亲为"姑"，此言媳妇畏惧婆婆之意，封建社会的婆媳关系状况可见一斑。《说文解字》此种解法，与称父为"严"、称母为"慈"等有相似之处。

美学散步 | 音乐厅

　　《将军令》源于唐王朝皇家乐曲，流传至今已有一千多年的历史。它有扬琴、古筝、苏南吹打乐等多种曲谱和演奏形式，常用于戏曲中的开场音乐和摆阵等场面伴奏。全曲宏伟激昂，铿锵有力。

　　《将军令》主要展现古代将士征战沙场的勇武之美。开篇即表现号角声混合人的脚步声和马蹄的行军声，描写了将军运筹帷幄、威武高大的形象。接着通过演奏力度的变化，运用散板等艺术表现手段，描写了军队高昂的斗志和迎敌厮杀的勇武场面。最后，音乐气势辉煌激烈，表现了壮士得胜归营的情景。

汉 字 美 学
Hanzi Meixue